Les Anthologies du XXᵉ Siècle

ÉMILE LESUEUR

# Le Prince
# de La Tour d'Auvergne

## et le secret de l'Impératrice.

Contribution à l'histoire diplomatique
du second Empire.

PARIS
EUGÈNE FIGUIÈRE, ÉDITEUR
17, RUE CAMPAGNE-PREMIÈRE, 17

À Monsieur de Wendel,
en le priant d'agréer l'hommage
de ce petit écrit
où j'ai tenté de faire revivre
une époque à la fois si proche
et si éloignée de nous

P. Lesueur

# Le Prince de La Tour d'Auvergne
## et le secret de l'Impératrice

# DU MÊME AUTEUR

## ETUDES ECONOMIQUES :

L'AGRICULTURE ET LES SYNDICATS AGRICOLES DANS LE PAS-DE-CALAIS, Préface de J. Viseur, sénateur, 1 volume in-8, Librairie agricole de la Maison Rustique, Paris 1905   .fr.      5

LES ASSOCIATIONS AGRICOLES EN TUNISIE, rapport de mission, 1 vol. in-8, Office Tunisien de Colonisation, Paris 1906 . . . .fr.    3,50

POUR L'EDUCATION DU SOLDAT, suite de conférences, 1 vol. in-8, Berger-Levrault et Cie, éditeurs, Paris, 1906 . . . . . . .fr.    3,50

LES ANGLAIS EN PERSE, 1 vol. in-1, La Renaissance du Livre, 1921 . . . . . .fr.      6

## ETUDES HISTORIQUES :

LIVRES D'ARCHITECTURE DE LA L.∴ DE LA FIDÉLITÉ, A L'O.∴ D'HESDIN (1769-1804), 1 vol. in-8, Leroux, édit., Paris, 1914    épuisé

LA FRANC-MAÇONNERIE ARTÉSIENNE AU XVIII$^e$ SIÈCLE, 1 vol. in-8, illustré de 12 planches hors-texte, Leroux, éditeur, Paris, 1914 . .    épuisé

LE MARTYR DE BRUCKENKOPF, 1 vol. in-12, A. Lemerre, éditeur, Paris, 1922 . . .fr.      6

LE CARDINAL DE LA TOUR D'AUVERGNE-LAURAGUAIS, ouvrage couronné par l'Académie Française, 1 vol., Payot, éditeur, 1927. fr.      18

Le Prince de la Tour d'Auvergne
Ambassadeur de France
(1823 — 1871)

# ÉMILE LESUEUR

## Le Prince
## de La Tour d'Auvergne
### et le secret de l'Impératrice.

Contribution à l'histoire diplomatique
du second Empire.

PARIS
EUGÈNE FIGUIÈRE, ÉDITEUR
17, RUE CAMPAGNE-PREMIÈRE, 17

A LA MÉMOIRE

DE

Monsieur C. JONNART,

DE L'ACADÉMIE FRANÇAISE,

ANCIEN GOUVERNEUR GÉNÉRAL DE L'ALGÉRIE

ET AMBASSADEUR DE FRANCE AUPRÈS DU SAINT SIÈGE,

CE LIVRE EST DÉDIÉ,

EN TÉMOIGNAGE DE RECONNAISSANCE,

PAR SON ANCIEN COLLABORATEUR,

E. L.

ABREVIATIONS :

*Arch. Nat.* — Archives Nationales.

*Arch. Etr.* — Archives du Ministère des Affaires Etrangères.

*Arch. Etat Vienne.* — Archives d'Etat de Vienne.

*Arch. de la T. d'A.* — Archives de la Tour d'Auvergne.

*Arch. Etat Turin.* — Archives d'Etat de Turin.

*Mus. Nap.* — Musée Napoléonien, à Rome.

*Arch. Risorg.* — Archives et Bibliothèque du Risorgimento, à **Rome.**

*Arch. dép. Vienne.* — Archives départementales de la Vienne.

# INTRODUCTION

Le 21 février 1863, l'ambassadeur d'Autriche à Paris, le prince de Metternich, eut un important entretien avec l'impératrice Eugénie.

La souveraine voulait, selon sa propre expression, « jeter son bonnet par-dessus les moulins » ; persuadée que, d'elle à lui, les confidences ne tiraient pas à conséquence, elle entreprit, en présence de ce diplomate, de remanier, au gré de sa fantaisie, la carte d'Europe.

Metternich était trop avisé pour ne pas favoriser cette rêverie politique ; dès le lendemain, il en rendait compte au chef de son gouvernement, le chancelier Rechberg.

— « Je sais, lui avait dit l'impératrice, que votre empereur vous écoute et vous aime ; faites-lui connaître le fond de notre sac. Il en fera ce qu'il voudra ; du moins, il rendra justice à la franchise d'une femme qui est naturellement plus fantasque que les hommes, mais qui a trop à cœur l'intérêt de son pays adoptif, de son époux et de son fils pour se risquer de mentir en parlant de l'avenir. » (1)

Sur une réplique engageante de son interlocuteur, elle ajouta : « Pour vous faire comprendre ce que je voudrais, l'idéal de ma politique, il faut que nous prenions la carte. »

---

(1) Arch. Etat Vienne, dossier France, rapports, 1863 ; lettre particulière du 22 février 1863.

« J'avoue, raconte Metternich, que ma curiosité fut piquée au plus haut degré par la perspective de voyager avec l'impératrice à travers une carte bien souvent parcourue par le couple impérial.

« Sa Majesté prit l'atlas de Le Sage et m'expliqua, pendant plus d'une heure, le plan utopique, mais très curieux, qui l'enthousiasme. »

Le voici : la Russie, amputée de la Pologne et refoulée en Orient, obtiendrait une maigre compensation dans la Turquie d'Asie ; reconstituée avec un archiduc autrichien ou le roi de Saxe pour souverain, la Pologne recevrait la Posnanie de la Prusse qui donnerait encore la Silésie à l'Autriche, la rive gauche du Rhin à la France, mais s'en verrait dédommagée par l'attribution de la Saxe, du Hanovre et des duchés du nord du Mein ; l'Autriche qui abandonnerait la Vénétie au Piémont, Lemberg et Cracovie à la Pologne, prendrait une partie de la Serbie, la Silésie et tout ce qu'elle voudrait au sud du Mein ; la France ne cèderait naturellement rien ; par contre, elle s'installerait sur la rive gauche du Rhin, tout en respectant la Belgique à cause de l'Angleterre, à moins que cette puissance ne lui laissât Bruxelles et Ostende pour prendre Anvers ; le Piémont s'approprierait la Lombardie, la Vénétie, la Toscane, Parme, Plaisance, Bologne et Ferrare, mais restituerait les Deux-Siciles au roi de Naples qui « arrondirait le pape » ; enfin, la Turquie serait supprimée, en fait, « pour cause d'utilité publique et de morale chrétienne ».

Les rois et les princes dépossédés en Europe iraient « civiliser et monarchiser les belles républiques américaines » qui, toutes, s'empresseraient de suivre l'exemple du Mexique.

« Voilà, continue Metternich, le plan de l'impératrice et je vous prie, Monsieur le comte, de vouloir bien ne pas le considérer comme une plaisanterie ; je crois l'impératrice et même l'empereur très convaincus de la possibilité et de la **nécessité** de le réaliser, une fois. »

Ayant ainsi examiné la situation de l'Europe, à travers ces « fantasmagories napoléoniennes », l'ambassadeur suggère une entente entre la France, l'Autriche et l'Angleterre, celle-ci devant, dans son esprit, modérer nos manifestations diplomatiques et éviter un tête-à-tête parfois gênant.

Drouyn de Lhuys, qui vient précisément de reprendre le portefeuille des Affaires Etrangères à Paris, pourrait être, suivant lui, le bon artisan de cette politique.

Reconstitution de la Pologne, maintien du pouvoir temporel du pape, avec agrandissement de ses états, création d'un royaume de l'Italie du nord, mais sans Rome, ni Naples, démembrement de la Turquie, attribution à la France de la rive gauche du Rhin, reconnaissance d'une frontière du Mein délimitant, en Allemagne, les zones d'influence de l'Autriche et de la Prusse, tel est donc le secret de l'impératrice.

Quelque extravagant qu'il puisse paraître aujourd'hui, il méritait, en 1863, de retenir l'attention du cabinet de Vienne ; Napoléon III, depuis le congrès de Paris, conservait un certain prestige à l'étranger ; sa modération avait étonné l'Europe et, de son adversaire d'hier, la Russie, il s'était fait une amie ; à l'intérieur, les élections s'annonçaient comme un succès pour la politique impériale ; rares étaient les esprits perspicaces qui, avec Guizot et Tocqueville, ne jugeaient point le régime sur ses apparences brillantes et regrettaient l'affaiblissement de nos forces militaires, pour d'assez piètres résultats.

L'insurrection de Pologne, les troubles balkaniques laissaient présager de prochains remaniements territoriaux ; l'heure semblait propice à ces vastes rêveries qui, depuis le début du siècle, avaient souvent enflammé les imaginations françaises et auxquelles Polignac, si prompt aux illusions, s'était longtemps complu.

Rechberg ne s'étonna donc point ; « Je suis bien loin, répondit-il à son agent, de considérer comme une plaisanterie le voyage que vous avez entrepris, à travers trois parties du monde, en si auguste compagnie. Tout en faisant la part de ce qu'il y a de chimérique et d'irréalisable dans ces remaniements de la carte, il se révèle, dans de pareilles idées, des tendances dont il n'est pas indifférent de prendre note. » (1)

Le chancelier d'Autriche n'acceptait pas la ligne du Mein ; c'était là une conception éminemment prussienne, caressée, depuis longtemps, à Berlin et à laquelle il ferait, en toute circonstance, « l'opposition la plus vive ». Puis il concluait mélancoliquement en rejetant, en ces termes, les

_______________

(1) Arch. Etat Vienne, dossier France, expéditions 1863 ; lettre particulière du 27 février 1863.

présents de l'impératrice : « Perdre la Vénétie et la Galicie pour acquérir une maigre compensation en Orient et se trouver, en Allemagne, dans une situation pire que la présente, serait une perspective peu attrayante. Si le couple impérial veut nous séduire, il faudrait nous présenter un appât plus puissant. »

Dans les mois suivants, des propositions d'entente furent adressées, à deux reprises, par le gouvernement français au ministère autrichien des Affaires Etrangères, le Ballplatz ; en échange des provinces qu'elle délaisserait, la double monarchie obtiendrait l'empire du Bas-Danube et la prédominence sur l'Allemagne du sud ; elle devait, par contre, nous laisser les mains libres sur le Rhin.

Ces pourparlers ne furent jamais complètement abandonnés ; les variations de la politique étrangère de l'empereur, le mirage italien, la crainte de mécontenter l'Angleterre vinrent empêcher leur réussite ; cependant, à la veille de la guerre de 1870, les idées de Drouyn de Lhuys retrouvèrent crédit ; le voyage de l'archiduc héritier d'Autriche à Paris rendit son actualité au projet d'alliance ; un rapprochement s'opéra entre les chancelleries ; les souverains échangèrent des lettres autographes ; malheureusement, aucun instrument diplomatique ne fut signé ; du résultat de ces négociations devait dépendre, sans qu'on s'en doutât, le sort de l'Empire et celui de la France.

✳ ✳ ✳

Le jeune Henri de La Tour d'Auvergne en faisant, sous Guizot, ses débuts au ministère des

Affaires Etrangères, apprit à connaître les avantages que pouvait présenter, pour nous, un rapprochement durable avec l'Autriche ; depuis lors, il resta constamment fidèle à cette politique ; aussi, lorsqu'en juillet 1870, la guerre surprit la France isolée en Europe, Gramont le nomma-t-il ambassadeur à Vienne, dans l'espoir d'obtenir un concours si nécessaire à notre pays.

Le diplomate à qui incombait cette lourde tâche avait occupé, avec distinction, plusieurs postes importants ; c'était un homme réfléchi et de bon conseil ; intelligent, travailleur, possédant admirablement son métier et l'aimant, apprécié de ses chefs pour la sûreté de ses informations, il s'était vu confier, à vingt-six ans, une mission auprès du général Oudinot, commandant en chef le corps expéditionnaire français à Rome ; voici l'éloge prophétique qu'en décembre 1853, lui décernait le comte de Rayneval, notre représentant auprès du St Siège : « Je fais le plus grand cas de M. de La Tour d'Auvergne. Il a les qualités les plus essentielles pour la carrière diplomatique : esprit pénétrant, toujours calme, coup d'œil juste, jugement sûr, beaucoup de tact, un grand sentiment des convenances, beaucoup de savoir-faire ; il n'est pas difficile de prédire, quelque délicate mission qu'on lui donne, qu'il s'en acquittera toujours à son honneur. »

Le jeune secrétaire d'ambassade tint ces flatteuses promesses ; il plut au cardinal Antonelli pour sa finesse, toute de nuances, et Pie IX mit souvent à l'épreuve son intelligent dévoûment.

De longs séjours à Florence, Turin et Rome lui

révélèrent la question italienne ; après la mort de Cavour, nul ne la connaîtra mieux que lui ; Weimar deviendra un poste d'observation utile pour sa carrière ; à Berlin, il assistera aux premières manifestations de la politique adoptée par Guillaume I$^{er}$, au lendemain de son couronnement ; ses rapports signalèrent les armements prussiens ; perça-t-il à jour, à ce moment, les sourdes menées de Bismarck, cachées sous une invariable courtoisie ? J'aurai à le rechercher.

Après une période de calme relatif, La Tour d'Auvergne fut appelé à la direction de notre ambassade en Angleterre ; il vécut, pendant six ans, à Londres, représentant la France en plusieurs circonstances importantes, notamment dans la discussion du traité de paix entre le Danemark et la Prusse ; le prince de Galles, qui règnera sous le nom d'Edouard VII, Gladstone, Palmerston et Clarendon lui témoignaient plus que de l'estime, de l'amitié et il fut l'un des premiers apôtres de l'entente cordiale.

Partout, ce diplomate avisé laissa le souvenir d'un homme du monde accompli, d'un grand seigneur fastueux, tenant table ouverte, comme jadis le cardinal de Bernis à Rome, apprécié, dans la société, pour la distinction de ses manières, l'autorité de son nom, la sûreté de son jugement.

Telle est la brillante carrière qui, vers le milieu de 1869, conduisit, à l'âge de quarante-six ans, La Tour d'Auvergne au Quai d'Orsay, pour y prendre la direction du département des Affaires Etrangères.

* * *

Comme le remarque judicieusement Henry d'Ideville, l'un de ses collaborateurs, il ne suffit pas de vivre dans l'intimité des personnalités les plus considérables d'une époque pour gagner nécessairement du génie à leur contact ; le malheur de la Tour d'Auvergne fut d'avoir à se mesurer avec Cavour et Bismarck; il n'était pas à la taille de ces géants ; en face d'eux, il demeura toujours plus fonctionnaire qu'homme d'état ; sa souplesse, qualité pour un diplomate, devenait défaut chez un ministre rencontrant devant lui ces adversaires d'une suprême habileté, souvent dépourvus de scrupules.

Les connaissances de La Tour d'Auvergne étaient plus variées que profondes, son esprit plus distingué que puissant ; le temps lui manqua pour s'assimiler suffisamment toutes choses ; tel est l'un des dangers d'une trop rapide carrière ; à aucune époque, il ne jouit d'une autorité qui lui permit d'imposer à Napoléon III, dont il était le loyal serviteur plutôt que l'ami ou le confident, une ligne de conduite sûre et d'assurer les alliances indispensables.

Si, au cours d'un premier ministère de six mois, il ne s'imposa pas à l'attention européenne par le redressement de notre politique extérieure, du moins sa prudence suffit-elle à écarter les embûches de notre chemin ; les instructions données par lui, en vue du concile œcuménique du Vatican, au marquis de Banneville, notre ambassadeur à Rome, sont des modèles du genre ; Daru n'eut pas à se féliciter de s'en être écarté.

La Tour d'Auvergne dénoua, non sans habileté,

le conflit turco-égyptien, organisa le voyage de l'impératrice en Orient avec, comme apothéose, l'inauguration du canal de Suez ; ce fut un bon pilote pour temps calmes.

En août 1870, quand notre situation militaire parut irrémédiablement compromise, c'est cependant à lui que l'impératrice eut recours ; il reçut le portefeuille des Affaires Etrangères dans le cabinet Palikao ; ce choix, en un pareil moment, honore celui qui en fut l'objet.

De Vienne où il poursuivait la plus décevante des missions, il revint à Paris au premier appel de la souveraine ; malgré le mauvais état de sa santé — Emile Ollivier le disait moribond — il s'employa, de son mieux, à réparer les fautes commises par Gramont, ouvrant des négociations diplomatiques avec St Petersbourg, Londres et Vienne ; le prince Napoléon partit pour Florence où il tenta, en vain, d'entraîner son beau-père dans la guerre ; cette fois, la perspicacité de notre ministre des Affaires Etrangères ne fut point en défaut : il avait prévu l'ingratitude italienne.

Pour seconder ses efforts, il fallait un succès de nos armes ; on l'attendit en vain ; aussi, ses démarches les plus pressantes demeurèrent-elles inutiles.

La Tour d'Auvergne échoua, c'est entendu ; mais, dans les mêmes circonstances, un autre eût-il été plus heureux ?

Voici Sedan, la captivité de Napoléon III ; dans le cabinet Palikao, le régime possède un piètre soutien ; le 4 septembre voit son effondrement complet ; l'événement, prévu depuis plusieurs semaines, s'opère presque sans secousse ; l'Empire ressemble à un fruit mûr, rongé par les vers ; le premier souffle du vent le détache de l'arbre...

La carrière de l'homme d'état et du diplomate à qui sont consacrées ces pages est terminée ; il ne survivra pas aux désastres du pays.

* * *

Le prince de La Tour d'Auvergne demandait à une Europe conservatrice d'assurer le bonheur des peuples ; pour lui, le gouvernement autocratique représentait l'idéal des régimes politiques.

Bien que ne partageant point cette opinion, j'ai entrepris d'écrire la relation de sa vie ; pourquoi l'ai-je fait ?

C'est, d'abord, parce qu'il me plaisait d'étudier cette époque pleine de contrastes à laquelle mes travaux historiques m'avaient insensiblement amené; Napoléon III était-il un rêveur perdu au milieu des chimères et l'impératrice une femme impulsive et trop crédule? M. Paléologue a fait justice de cette seconde critique ; restait la première ; j'ai recherché dans quelle mesure elle était fondée ; la publication des papiers de Drouyn de Lhuys, dont s'inspira Rothan dans ses « Souvenirs », du « Secret de l'Empereur », par Thouvenel, des « Essais diplomatiques » de Benedetti laissait subsister des lacunes ; la correspondance de La Tour d'Auvergne vient parfois les combler.

Si j'ai écrit ce livre, c'est aussi parce que, dans le village d'Etrun où s'écoula sa première jeunesse et qu'il affectionnait tant, j'ai grandi au milieu de souvenirs le rappelant à ma pensée ; souvent, mon père me disait quelle magnifique leçon d'énergie et de persévérance se dégage de toute l'existence de ce diplomate ; quand il meurt, âgé de quarante-huit ans à peine, il a représenté la France dans les postes les plus en vue ; il est grand'croix de la Légion d'Honneur ; à deux reprises différentes, la direction du Quai d'Orsay lui a été confiée ; il siège au Sénat et préside le Conseil général de la Vienne.

A notre époque placée sous le signe du mercantilisme, il n'est pas inutile de montrer aux jeunes gens qu'il existe un autre idéal que la conquête des richesses : servir son pays dans les hautes charges de l'Etat.

* * *

Si j'ai pu composer cet ouvrage sur des documents pour la plupart inédits, c'est grâce à d'aimables concours.

La princesse douairière de La Tour d'Auvergne, née Pleumartin, m'a ouvert, une fois encore, ses archives de famille où j'ai puisé tant d'anecdotes et de renseignements précieux ; j'ai eu à ma disposition les copies conservées par l'ambassadeur des dépêches envoyées ou reçues par lui, sa correspondance confidentielle avec les hommes d'état de son temps : Guizot, Drouyn de Lhuys, Walewski, Persigny, Cavour, Gladstone, Palmerston, Clarendon, et ses collègues Lavalette, Gramont, Benedetti, le général Fleury, Metternich, etc....

Ses lettres à sa mère, femme de haute intelligence et de grand cœur, à ses frères, à son ami Charles de Senévrier, la correspondance si curieuse d'Elise Veuillot m'ont permis de mieux connaître, en lui, l'homme privé et d'apprécier l'affectueux dévoûment qu'il ne cessa de témoigner aux siens.

Je dois, enfin, à M. l'ambassadeur Jules Cambon, de l'Académie française, d'avoir pu librement consulter, aux archives du Quai d'Orsay, les dépêches échangées entre le prince de La Tour d'Auvergne et les différents ministres des Affaires Etrangères, ainsi que les documents relatifs à ses deux passages au pouvoir, au concile œcuménique du Vatican et à la guerre de 1870.

Etrun-Paris-Rome, 1928-1930.

I.

## LA JEUNESSE

A l'angle des rues de l'Université et de Belle-chasse, dans ce faubourg St Germain où revivent tant de souvenirs du passé, on remarque un vaste hôtel qui, à la veille de la Révolution, appartenait aux La Châtre ; le premier étage comprend de beaux appartements de réception ; la cour intérieure est fermée par une élégante grille en fer forgé, défense accessoire contre les indiscrétions du dehors. (1)

Vendu comme bien national, le 13 prairial an XII, cet immeuble fut occupé, sous l'Empire, par un sieur Dubreton ; il retrouva un peu de sa splendeur passée lorsque la Restauration ramena, dans ce quartier, l'ancienne aristocratie que Polignac voulait reconstituer sur le modèle anglais.

Là naquit, le 21 octobre 1823, à 6 heures du soir, Henri-Godefroy-Bernard-Alphonse de La Tour d'Auvergne, fils de Melchior et de Laure de Chauvigny de Blot, son épouse.

---

(1) En 1823, cet immeuble portait le N° 84 de la rue de l'Université ; c'est actuellement le N° 82 (plan annexé à l'ordonnance royale du 7 mars 1827).

L'enfant entrait dans une ancienne et noble famille, originaire de l'Aude, dont releva jadis le fief de St Paulet, près de Castelnaudary ; son grand-père paternel, le comte de La Tour d'Auvergne-Lauraguais, en était le chef ; quoiqu'ayant dépassé de peu la cinquantaine, il avait eu, jusque-là, une existence bien remplie, mouvementée même ; après une jeunesse consacrée au service du roi, dans la compagnie des chevau-légers de la garde, il avait émigré en 1792 ; retiré à Jersey, puis à Londres, avec sa femme, née Vaudreuil, et ses trois enfants, il avait connu toutes les vicissitudes de l'exil.

Au retour des Bourbons, il fut élu membre de la Chambre introuvable et, son mandat de député achevé, rentra dans l'armée en qualité de maréchal de camp ; cette année 1823, qui lui donnait un petit-fils, le trouvait exerçant, à Tarbes, ses fonctions militaires ; c'était un gentilhomme d'ancien régime, d'une droiture scrupuleuse, d'un esprit ouvert et méthodique ; les malheurs de l'émigration, en altérant sa santé, avaient quelque peu aigri son caractère.

Il venait, pourtant, d'obtenir du roi Louis XVIII une importante satisfaction : le cœur de Turenne lui avait été remis, sur l'ordre de ce souverain, comme au dernier descendant des ducs de Bouillon ; cette précieuse relique, précédemment conservée à l'hôtel de ville de Cluny, dans un mausolée de marbre blanc édifié par l'un des derniers abbés, en souvenir du grand général, son parent, accomplit, par la diligence, le trajet de Mâcon à Carcassonne, puis fut transportée au château de

St Paulet où elle existe encore de nos jours. (1)

Henri de La Tour d'Auvergne était le premier né de sa famille ; il devra à cette circonstance d'en devenir, un jour, le chef à son tour ; son père servait, en qualité d'officier, au corps royal d'état-major ; il avait, dans la physionomie, quelque chose d'étrange : un collier de barbe brune, très touffu, contrastait avec un crâne entièrement chauve ; téméraire et processif, dépourvu d'idées de suite, peu doué pour le métier militaire, moins encore pour les affaires, il parvint difficilement à sauvegarder un patrimoine, d'ailleurs modeste.

Sa mère, nièce de la duchesse d'Aumont qui la considérait comme sa fille adoptive, était, par contre, une fort jolie personne ; l'ovale régulier de son visage, son large front entouré de boucles brunes, son regard à la fois doux et fier, sa taille bien prise, tout décelait, en elle, une origine aristocratique ; elle joignait à ces dons naturels une vive intelligence et une énergie peu commune; soutenant les siens au milieu de l'adversité, elle exerça sur l'éducation et la vie entière de ses enfants la plus heureuse influence ; de ses trois fils, elle fit des hommes remarquables ; aussi, ses amis voyaient-ils en elle une nouvelle Cornélie.

---

(1) Texte de l'inscription figurant sur l'écrin contenant le cœur de Turenne : « Ici est enfermé le cœur de très haut et puissant prince Henri de La Tour d'Auvergne, vicomte de Turenne, colonel-général de la cavalerie légère de France, gouverneur du haut et bas Limousin et maréchal général des camps et armées du roi. »
Extrait du procès-verbal du 30 août 1818 ; celui de la remise est du 2 janvier 1819.

Un instant, les jeunes époux pensèrent obtenir lui une place de gentilhomme de la chambre du roi, elle une situation dans la suite de la duchesse d'Angoulème ; bientôt déçus dans leurs espérances, ils quittèrent Paris et séjournèrent dans différentes garnisons ; Melchior était, en dernier lieu, à Bourges, l'auxiliaire du général de Cannuel ; il quitta l'armée vers 1828 et vint alors se fixer, avec les siens, à Etrun, charmant village de l'Artois, où l'évêque d'Arras, frère cadet de son père, possédait une maison de campagne ; le prélat loua, à proximité de cette résidence, un immeuble important qu'il mit à la disposition de son neveu ; là, d'une terrasse orientée au midi, la vue s'étendait sur la rivière du Gy, aux bords plantés d'aulnes et de peupliers ; un jardin abondait en arbres fruitiers et en ressources variées ; pour une famille nombreuse, la vie, en cet endroit, était agréable et facile.

Henri avait alors cinq ans ; c'est en ces lieux que s'écoula sa première jeunesse ; ses frères et lui se mêlaient aux ébats des gamins de leur âge ; ils grandirent ainsi à l'air vivifiant de la campagne artésienne.

Cette existence saine, mais monotone, ne convint pas longtemps au comte de la Tour d'Auvergne ; pour son malheur, il voulut entreprendre des affaires, renonça, pour des avantages incertains, à la pension que lui servait son oncle et quitta Etrun, d'abord seul, puis en emmenant avec lui sa femme, sa fille et ses deux fils cadets.

Jusqu'alors, Mgr de la Tour d'Auvergne s'était occupé d'Henri ; on le lui laissa ; à la rentrée d'octobre 1833, celui-ci fut mis au petit séminaire d'Arras dont il suivit les cours de septième ; il s'y montra indocile, peu appliqué au travail, ennemi de toute contradiction ; combien au collège il préférait Etrun, surtout quand, au grand désespoir du prélat et de ses serviteurs, il pouvait s'évader, une journée entière, monté sur un baudet du village !...

Cependant, sous cette rude écorce, de solides qualités apparaissaient déjà ; l'évêque remarquait qu'une intelligence peu ordinaire, une grande curiosité, une mémoire rare distinguaient son enfant adoptif. « Il sera, disait-il, très bon ou très mauvais » ; la première alternative devait se réaliser.

L'année 1834 ayant été médiocre en succès scolaires, le jeune homme fut placé, pour quelque temps, dans un pensionnat de Lille, puis il réintégra le palais épiscopal.

Peu à peu, il prenait goût à l'étude ; sa santé s'affermissait ; le bon oncle s'en réjouissait : « Henri, écrivait-il à sa nièce Laure, se porte à merveille ; son teint s'éclaircit et ses joues se colorent. Vous sentez que je tiens à ce qu'il me fasse honneur puisqu'il m'est confié et j'ajoute que je l'aime ; aussi, dans toutes vos courses, n'en soyez point inquiète ; votre fils est aujourd'hui mon enfant. »

La sollicitude du prélat s'étendait également à ses autres petits-neveux ; pendant les vacances, il réunissait autour de lui cette bruyante « infanterie » qui jetait beaucoup de trouble dans sa paisible demeure ; Henri en était le chef ; il donnait le bon exemple, à présent, et stimulait le zèle de ses frères pour le travail ; le soir, après une journée partagée entre les devoirs et de longues courses à travers la campagne, on jouait aux cartes, à un sol la partie, car l'évêque perdait toujours.

A St Paulet, les récoltes de 1843 furent médiocres ; dans cette circonstance, le cœur généreux du futur diplomate se dévoile à nous : « Ce qui me tourmente le plus, écrit-il à sa mère, c'est de te savoir seule, au milieu de tant d'ennuis ; je me prends alors à regretter de n'être pas moi-même marié et assez bien établi pour t'avoir avec moi. » (1)

* * *

L'évêque d'Arras ne se laissait pas atteindre par le découragement ; il aidait les siens à faire face partout et suivait, d'un œil attendri, les progrès de ses petits-neveux. « Henri, répétait-il souvent, courra la carrière des ambassades ; elle lui convient et il y est propre ; à Edouard, il faut des épaulettes de mer ou de terre; quant à Charles, si la coadjutorerie d'Arras pouvait lui convenir. je serais content de le laisser à mes chers diocésains. »

Sans cesse, il revenait sur ce sujet, dans sa correspondance avec sa nièce : « Que vos enfants comprennent bien, écrivait-il, qu'avec le nom qu'ils portent et l'éducation qu'ils ont reçue, tout doit être noble, grand, généreux dans leurs habitudes et leurs actes. Quoiqu'obligés d'être rangés et économes, ils ne doivent jamais paraître avec la

---

.(1) Arch. de la T. d'A. 9 et 24 mars 1846.

manière de ceux qui ne savent rien donner à propos... ils honoreront leur nom. »

On comprend sa fierté pour cette belle famille en qui il a placé ses espoirs humains ; la cadette est une fille, Henriette, née, détail curieux, au palais épiscopal d'Arras ; elle entrera, comme chanoinesse, au chapitre royal de Ste Anne de Bavière.

L'âge venant, Henri apparaît sous les traits d'un jeune homme de taille moyenne, portant coupés courts cheveux et barbe qu'il a très bruns ; sa physionomie est d'une finesse accentuée, son sourire franc ; ses yeux bleus ont une expression enveloppante ; pour combattre une obésité naissante, il s'adonne aux sports, fait de longues parties de chasse chez les Vaudreuil, à Pringy, près de Corbeil, ou parcourt la campagne à cheval avec son cousin Raoul de Quélen ; un instant, il se découvre des goûts champêtres ; une bonne vie de famille, simple et douce, avec une légitime influence dans le milieu social, lui semble alors la seule condition raisonnable ; son ambition ne tardera pas à découvrir et à poursuivre un tout autre idéal.

Sa santé paraît médiocre ; ses lettres particulières contiennent maintes doléances à cet égard ; sans doute a-t-il une tendance à exagérer ces petites misères, puisque, le 14 août 1869, le rédacteur de l'Illustration rend compte, en ces termes, de son arrivée au pouvoir : « Le ministre actuel des Affaires Etrangères est un de nos plus jeunes diplomates. Il paraît trente ans à peine, malgré l'embonpoint qui ajoute, dit-on, à l'âge ces hommes. »

Ses frères diffèrent de lui, au physique comme au moral ; autant il est calme, réfléchi, de manières élégantes, autant Edouard, le militaire, est brusque, original, énergique ; il porte la barbe taillée à l'impériale, ce qui durcit ses traits ; « des os et des muscles de fer » rappellent, en lui, la race corse à laquelle cependant il n'appartient pas.

Quant à Charles, le futur archevêque, avec ses cheveux et ses yeux très noirs, son teint orangé, son profil impeccable, il possède une tête de prélat romain dont se fussent enthousiasmés les peintres toscans du XVIe siècle ; Bronzino Angiolo eût su rendre l'expression de son regard, Lippi Filippino son attitude en prières et Botticelli l'air à la fois doux et impénétrable qu'il prenait dans le monde.

## II.

## DEBUTS DANS LA DIPLOMATIE

Au milieu du siècle dernier, le ministère des Affaires Etrangères n'occupait pas son emplacement actuel au quai d'Orsay ; il était installé dans un immeuble situé à l'angle du boulevard et de la rue des Capucines ; sa grande entrée donnait accès à une cour intérieure spacieuse, en forme de triangle ; au fond, s'étendait le corps de logis habité par le ministre et prolongé, sur l'autre face, par un agréable jardin ; à droite, de vieux bâtiments abritaient des bureaux incommodes et mal entretenus.

Le 4 novembre 1841, La Tour d'Auvergne fut admis, en qualité de surnuméraire, au service des archives installé dans un hôtel du XVIII^e siècle séparé, par plusieurs maisons, de l'immeuble principal ; l'historien Mignet, personnage distant et rébarbatif, en assurait la direction.

Henry d'Ideville raconte, dans ses souvenirs, comment y était organisé le travail : les débutants se montraient, d'ordinaire, peu assidus, car leurs chefs ne s'en occupaient guère; chacun d'eux, à son arrivée, rendait visite au directeur; après quelques paroles de bienvenue, il était renvoyé à un sous-ordre qui lui remettait un gros volume de correspondance diplomatique, le plus souvent d'époque lointaine et peu intéressante, pour l'analyser « à sa convenance, à son temps et à ses heures ». C'était tout.

Les uns rapportaient leur travail au bout de quelques jours, d'autres après plusieurs mois ; les jeunes gens arrivaient, quand bon leur semblait, au bureau où toute discipline était bannie ; sur les tables devant lesquelles prenaient place les plus zélés, gâteaux, cigares, dominos voisinaient avec de vieux parchemins ; certains écrivaient leur courrier personnel ; d'autres causaient de sports, de femmes ou de politique.

Généralement, le stage accompli aux archives durait deux ans ; pour La Tour d'Auvergne, il fut écourté en raison de son assiduité ; le 26 octobre 1842, le jeune attaché recevait son brevet de surnuméraire à la direction politique.

Emile Desages était l'âme de ce service ; de haute taille, les traits réguliers rappelant ceux de Guizot, la physionomie intelligente, fine, mais sévère, c'était un fonctionnaire modeste et laborieux ; il exerça, pendant dix-huit ans, une influence réelle autour de lui, forma une génération de diplomates consciencieux et composa, pour ses ministres, une série de mémoires appréciés.

Les bureaux de la direction politique, comme ceux des archives, manquaient de confort, mais le travail de copiste auquel on s'y livrait présentait un certain intérêt ; là, on commençait à s'initier aux affaires importantes.

Guizot se trouvait à la tête du département ; sur la recommandation de l'évêque d'Arras, il accueillit la Tour d'Auvergne avec une bienveillance marquée et lui proposa de remplacer Génie, son chef de cabinet ; le nouveau surnuméraire craignant, avec raison, l'instabilité ministérielle, déclina cette offre.

Il fut placé, par Desages, dans la division du nord que dirigeait le comte de Viel-Castel, esprit réfléchi, rédacteur à la plume alerte, chef bienveillant quoiqu'un peu faible.

Tout en s'initiant aux principes de la politique étrangère, La Tour d'Auvergne poursuivait ses études de droit ; à partir de novembre 1843, son nom cesse de figurer sur les registres de la Faculté de Paris ; dès lors, c'est vers la carrière diplomatique que vont converger ses efforts.

Dans un petit appartement situé au numéro 22 de la rue Vanneau, il habite seul, en compagnie de son chien Caprice ; l'étude de l'histoire occupe les rares loisirs que lui laissent ses occupations professionnelles ; les derniers travaux d'Augustin Thierry, Le XVIIIe siècle de Lacretelle retiennent surtout son attention ; les ouvrages de Thiers sur la Révolution française, le Consulat et l'Empire lui semblent sérieux et impartiaux ; il ne désespère point de faire revenir sa mère de ses préventions contre cet auteur.

Serviable, ponctuel, laborieux, il « prend pied » à la direction ; Desages lui confie de petites négociations avec l'ambassadeur de Russie et s'adresse plus volontiers à lui qu'à ses collègues Lafont, Billing, Morell et même qu'au « cher prince » de Broglie qui, avec sa fureur de mêler la politique à toute conversation, devient « mortellement ennuyeux ». (1)

---

(1) Arch. de la T. d'A. 20 août 1843.

Sa cousine Valentine de Serrant, duchesse de La Trémouille, facilite ses débuts (1) ; appréciée dans la société parisienne et aux Tuileries où elle a ses entrées, elle intervient, en sa faveur, auprès du Roi, le recommande à ses chefs et le reçoit dans son hôtel de la rue Las Cases ou au château de Belle Fontaine ; c'est, pour lui, la meilleure, la plus dévouée des parentes.

Au mois d'août 1843, sitôt nommé attaché d'ambassade non rétribué, il se rend en Artois pour se montrer sous sa nouvelle tenue ; dans une lettre du 1<sup>er</sup> octobre, son frère Charles raconte la scène à sa mère en termes plaisants : « Henri est venu à Arras, avec son uniforme d'attaché, fier de ses plumes et de ses galons ; il n'a rien eu de plus pressé, malgré un violent mal de tête, que de revêtir son costume et d'aller se montrer aux curieux et, par parenthèse, il n'en manquait pas, outre ses frères qui n'étaient pas fâchés de voir leur aîné en bel habit brodé, outre l'oncle qui le contemplait avec plaisir, outre la domesticité qui voulait faire venir de suite l'attaché au milieu du chœur de la cathédrale ; les couvents de la ville d'Arras s'étaient crus obligés d'envoyer une députation au nouvel ambassadeur pour le féliciter et lui présenter leurs hommages. L'Hôpital lui avait adressé sa supérieure, la Charité sa mère et tous n'avaient eu qu'une voix pour complimenter M. le comte Henri ; on admirait alternativement le

---

(1) Veuve de Charles-Marie-Joseph Bretagne, duc de la Trémouille et de Thouars, prince de Tarente et de Talmond, décédé en 1839.

chapeau, le gilet, l'habit, le pantalon ; on demandait si l'épée était bien cadenacée (sic), s'il n'y avait pas de danger à la porter. Tout en rendant hommage à la grâce du pantalon, on eut préféré une culotte qui eût mieux dessiné les formes et fait paraître davantage les molets. Chacun avait une remarque à faire et peut-être nous serions encore là, bouche béante, si une heureuse visite n'était venue interrompre notre admiration... »

Le comte Melchior, lorsqu'il le pouvait, aidait lui-même à la toilette de « M. le Dauphin » ; il le trouvait « ravissant de beauté » dans son uniforme. « J'ai fait jabot, écrivait-il à sa femme, le 24 mars 1844, en entendant le concert d'éloges accordés à tes fils et, il faut dire vrai, Henri est réellement un jeune homme remarquable ; on ne se fait pas d'idée de ce que disent toutes les grandes dames du noble faubourg jusqu'à la princesse de Bethune, si difficile, qui ne lui voit rien de comparable, sous aucun rapport, dans Paris. »

La Tour d'Auvergne venait de recevoir sa première mission officielle ; à la fin d'août 1843, Guizot l'avait chargé d'une communication pour le Foreign Office ; descendu, à Londres, dans un hôtel voisin de l'ambassade de France, le jeune attaché reçut le meilleur accueil; le duc de Rohan-Chabot lui fit visiter les hôpitaux et arsenaux militaires ; les Maillé l'accompagnèrent à Windsor, à Richmond, dans ces résidences royales qui, plus tard, lui deviendront familières; il fut l'hôte de lord Aberdeen, secrétaire d'Etat aux Affaires Etrangères, dîna chez le duc de Sutherland et au Travellers Club, où on lui porta un toast auquel il répondit de son mieux ; à son retour, Desages lui ayant réservé la place de Broglie, il se trouve, à vingt ans et demi, en tête de la direction politique.

Son existence laborieuse ne l'empêche pas de prendre part aux distractions mondaines ; il danse chez les Ligne et les Pozzo di Borgo ; les ambassadrices de Sardaigne et de Naples l'invitent à leurs bals ; on le rencontre aux réceptions du duc de Nemours où, avec Valentine de la Trémouille, il fait, un soir, vis-à-vis aux princesses ; il fréquente assidûment les Maillé, les Rothschild, les Courbonne ; on le compte au nombre des familiers de madame de St Priest et de la duchesse de Galliera; on le reçoit chez les Vigier dont le duc de Montpensier est l'hôte habituel ; il manque rarement aux fêtes des Tuileries où la foule est si dense, qu'une fois, il y laisse la moitié de son épée ; ces divertissements officiels n'ont pas sa faveur, surtout quand, pour tout spectacle, on donne le « Menteur » de Corneille.

Au ministère, la nouvelle circule bientôt que Rossi, ce spirituel italien, hier suisse, aujourd'hui français, demain sujet du pape, dont Louis-Philippe a fait un ambassadeur, va partir en mission à Rome pour demander au souverain pontife le rappel des Jésuites ; il doit déclarer que, si le Vatican n'intervient pas officieusement pour éloigner ces religieux, notre gouvernement fermera leurs noviciats et les chassera du pays, à moins qu'ils n'y vivent, comme prêtres séculiers, sous l'autorité d'un évêque.

Partout, constate La Tour d'Auvergne, soit en Orient, soit en France, les Jésuites nous créent des embarras ; mais il redoute la lutte qu'on entreprend contre eux ; ce qui le chagrine davantage, c'est que Rossi ne manquera pas de pousser son fils dans la carrière, au détriment des collègues de celui-ci ; un instant, il croit même l'avenir compromis ; son abattement est tel qu'il songe à abandonner la diplomatie pour aller, en Afrique, chercher fortune ou... « autre chose ». (1)

* * *

A ce moment, se produisit l'événement capital dont allait dépendre sa destinée.

Valentine de La Trémouille, connaissant les mérites de son parent, voulait qu'on le rétribuât sur les premiers fonds disponibles au ministère des Affaires Etrangères ; or, la caisse du Trésor était vide ; Guizot, pour accorder à cette aimable femme une satisfaction au moins partielle, décida d'envoyer son protégé en mission à Rome.

Il reçut La Tour d'Auvergne en audience privée et lui donna ses instructions ; il s'agissait de remettre au pape une lettre autographe de Louis-Philippe, dans laquelle le souverain, après avoir rappelé les services rendus par lui à la chrétienté, réclamait la nomination de deux cardinaux français.

Les termes employés par le roi étaient pressants, presque comminatoires ; sans cette satisfaction, les partis d'opposition ne manqueraient pas de déclarer au clergé : « Sous Louis XVIII et Charles X, vous aviez quatre ou même six cardi-

------

(1) Arch. de la T. d'A. 3 et 10 mars 1845.

naux, mais sous Louis-Philippe, la cour de Rome estime qu'il y en a assez de deux ! »

Le 24 décembre 1845 dans la matinée, La Tour d'Auvergne arrive à Toulon ; il s'embarque, le lendemain, sur le « Phare » qui, en trente-six heures, le conduit à Civita-Vecchia ; quoique par temps favorable, le premier contact avec la mer fut assez déplaisant ; jamais ce grand voyageur ne s'habituera aux traversées maritimes ; maintes fois, pour gagner l'Italie, il empruntera la voie de terre, même au prix de longs parcours en diligence.

Malgré le voisinage de la Méditerranée, Civita Vecchia lui paraît une ville d'une accablante tristesse ; dans ses rues desséchées par le soleil, les maisons s'alignent comme des casernes ; quelques années plus tôt, Stendhal, incapable d'y vivre, maudissait, lui aussi, ce ciel trop bleu auquel on refuse l'aumône de quelques nuages.

Du port de débarquement à Rome, le trajet s'accomplit en six heures de voiture, à travers une campagne en friche, coupée, à de longs intervalles, par quelques prairies ; en cours de route, le médecin du bord mourut subitement dans les bras de La Tour d'Auvergne dont il partageait l'équipage ; on dut remettre son corps à des paysans qui ne l'acceptèrent qu'à force de prières et d'argent.

La suite de la mission devait être plus heureuse.

A son arrivée à Rome, notre envoyé descendit à l'hôtel d'Allemagne, vit Rossi, puis Grégoire XVI ; le pape l'écouta avec bienveillance, se rendit à ses raisons et accorda un chapeau de cardinal pour l'archevêque d'Aix.

Ce succès obtenu, La Tour d'Auvergne prolongea son séjour à Rome ; les habitants lui parurent de vrais mendiants ; par contre, les monuments publics et les palais l'enchantèrent ; la princesse Doria l'accueillit aimablement dans sa somptueuse villa ; parmi les réceptions dont il garda longtemps le souvenir, je citerai celles de madame Potemkine, de lady Acton, amie de la reine Amélie, et de la comtesse de Menou.

Aux cérémonies du Vatican, il préféra les fêtes données par la société romaine et, malgré sa richesse, le cortège du pape lui sembla dépourvu d'élégance.

Dès son retour à Paris, le jeune diplomate alla, en compagnie de Valentine de la Trémouille, faire sa cour au roi ; il fut reçu « en famille », rendit compte de ses négociations et fut félicité de leur résultat.

Le 22 juin 1846, il était nommé expéditionnaire à la direction politique.

Successivement, on pensa l'envoyer au Brésil avec le comte Niel, à Vienne en remplacement de M. de Gabriac, puis à Madrid comme deuxième secrétaire.

Morny, dont la fortune s'annonçait, protégeait ses débuts ; un jour que La Tour d'Auvergne dînait chez lui, un petit singe ramené de Chine et encore peu familiarisé avec les figures européennes, lui fit mille grimaces et finit par déchirer son pantalon ; ce désastre contribua peut-être à fixer l'amitié du frère du futur empereur.

Malgré cet appui, l'avancement espéré tardait à se produire ; en se présentant, comme candidat légitimiste, aux élections législatives, dans l'Aude,

Melchior avait gravement mécontenté le pouvoir ;
déçu, son fils le pria de ne plus agir aussi inconsidérément, à l'avenir ; « Autrement, lui manda-t-il,
M. Guizot ne permettrait même pas qu'on lui
parlât de moi. Avis à ceux qui font de l'opposition ; il faut savoir ce que l'on veut et peut. »

* * *

La Révolution de 1848 contraria, une fois de
plus, ces projets d'avenir ; sur les conseils de
l'évêque d'Arras, La Tour d'Auvergne se mit au
service du gouvernement provisoire ; dès la fin
de février, il entra, comme chacun, dans la garde
nationale, monta la faction à la porte du citoyen
Ledru-Rollin ou à la mairie de son arrondissement
et se rendit à son poste quand battit le rappel ;
parfois, il restait sous les armes du matin au soir
et la perspective de guerroyer en qualité de simple
soldat ne l'enchantait guère ; pendant quatre jours,
il participa, en juin, à la répression de l'insurrection ; sa compagnie, à la barrière de St André
des Arts, compta vingt-cinq tués sur un effectif
d'une centaine d'hommes ; lui-même se conduisit
honorablement et sa giberne fut traversée par une
balle. « Sans la ligne et l'artillerie qui sont venues
à notre secours, remarque-t-il, il est probable que
nous y serions tous restés ! »

En raison de sa belle conduite, on lui proposa
le poste de capitaine d'état-major de la garde
nationale, attaché au général Changarnier ; il
refusa cette « corvée ». à cause de son peu de
goût pour le métier militaire et par mesure
d'économie.

Le calme revenu dans la capitale, La Tour

d'Auvergne ne retrouva plus ses amis ; les d'Osmond et les Maillé étaient à Tours, les Quélen à Orléans, madame de Morell à Nice, les Béthune à Bruxelles ; seules, Valentine de la Trémouille et la vieille cousine d'Aumale demeuraient encore à Paris ; de temps à autre, il leur rendait visite ou allait, à Passy, chez les Portalis ; d'autres fois, il suivait, pour se distraire, les conférences de Proudhon qui le déçut ou les représentations du théâtre de la Porte St Martin ; il renseignait ses parents, fixés à St Paulet, sur la situation politique telle qu'il la voyait : chacun, suivant lui, devait faire abstraction de ses sentiments personnels et essayer sérieusement de fonder la république · le pourra-t-on ? Voilà la question. Pour réussir, il faudrait grouper tous les honnêtes gens, sans distinction d'opinion ; M. Thiers lui paraissait leur chef le plus désigné ; quant à faire le jeu des prétendants au trône, ce serait pure folie car on doit assurer le présent avant de songer à l'avenir.

Il conseille à son père de se présenter de nouveau à la députation, dans l'Aude, pour servir le pays avec les amis de l'ordre, sans cependant se montrer trop acharné contre le gouvernement déchu, bien que celui-ci ne lui ait jamais témoigné beaucoup de sympathie.

Melchior saisit cette occasion de se mettre en évidence ; mais son manifeste n'est point jugé assez républicain ; il ne visite pas les électeurs et ne fait rien pour être nommé ; aussi n'obtient-il que sept cents suffrages ; seule, la fidélité des habitants de St Paulet le console de cet échec.

Pendant ce temps, à Paris, la situation de son

fils ne s'était point améliorée ; au lendemain de la chute du roi, il avait reçu une proposition d'avancement ; il la refusa ne voulant pas, dit-il, profiter d'un moment de désorganisation pour faire sa carrière ; il ajouta que « le premier enthousiasme pour les places passé », il serait heureux si l'on voulait penser à lui.

Or, on l'oublia ; coup sur coup, M. de Monthe-rot, nommé attaché rétribué après lui, remplaça, à Londres, le comte de Jarnac en qualité de secrétaire d'ambassade ; Charles de Jussieu, qui avait épousé une nièce de Lamartine, fut désigné comme consul général à Livourne; l'avocat Brueil, parent par alliance du poète, obtint également un bon poste ; « le népotisme n'est pas mort avec la royauté », constate amèrement La Tour d'Auvergne.

A présent, sa seule ambition est de conserver une situation obscure au ministère et de la faire respecter par la commission d'organisation prési-dée, heureusement pour lui, par Desages.

* * *

Sur ces entrefaites, un ancien collaborateur de Lamartine, le représentant du peuple Jules Bastide, reçoit de Cavaignac le portefeuille des Affaires Etrangères ; c'est, au physique, un homme aux traits austères ; ses idées républicaines, défendues jadis au péril de sa vie, s'unissent chez lui à des convictions catholiques profondes ; il connait La Tour d'Auvergne ; aussi, à peine arrivé au pouvoir, va-t-il lui apporter un appui efficace.

Dans une dépêche du 4 novembre 1848, le ministre de France près du Saint Siège, le duc d'Harcourt, grand seigneur d'ancien régime dont la diplomatie pontificale se fera, sous peu, un jouet, vient d'annoncer que des troubles graves ont éclaté à Rome ; le quartier des juifs, créanciers de tout le bas peuple, a failli être la proie des flammes ; comme sa destruction donnerait quittance à chacun, bien des gens ont approuvé ce procédé par trop sommaire.

La position du pape est menacée ; depuis la fin de 1847, les chefs de la jeune Italie, ne trouvant pas en lui le concours qu'ils attendaient, se sont rapprochés de la maison de Savoie ; les sociétés secrètes, nombreuses en Piémont, entrent en action pour la libération des races opprimées ; la proclamation de la République, en France, décuple leur audace ; les armoiries et le buste de l'empereur d'Autriche sont brûlés à la porte de son ambassade, à Rome ; sous la pression des événements, Pie IX accorde une constitution à ses sujets et le roi de Naples, François II, suit son exemple ; ces mesures apparaissent bientôt comme tardives et insuffisantes ; l'émeute se propage rapidement ; le 21 mars, la révolution éclate à Parme ; Charles II de Bourbon, après quelques hésitations, prend le chemin de l'exil, tandis que Gioberti rentre en triomphateur dans sa capitale ; le lendemain, la république est proclamée à Venise ; Milan se révolte ; le roi de Sardaigne, Charles Albert, déclare la guerre à l'Autriche, passe le Tessin, occupe Lodi, Crémone et Brescia, s'empare de Peschiera, mais, malgré l'arrivée de secours, venus de tous les coins de l'Italie, il est contraint de capituler à Custozza et regagne le Piémont.

Devant le formidable mouvement d'opinions qui secoue la péninsule, Pie IX tergiverse ; Rossi, appelé par lui au ministère de l'Intérieur, ne se fait point d'illusions sur le caractère de son maître. « Ce pontife, écrit-il, est animé d'une foi profonde ; il a l'âme élevée, mais il est fort irrésolu dans l'exercice de sa souveraineté politique et très lent dans toutes ses décisions. Le courage actif lui manque ; cependant, il trouvera dans sa foi celui de la résistance passive avec une grandeur et un éclat qu'aucun de ses prédécesseurs n'a surpassé. Nous nous sommes bien souvent aperçus, d'après les mots de découragement qui lui échappent dans l'abandon d'une conversation intime, que la responsabilité d'un parti politique à prendre lui pesait singulièrement ; tantôt il parlait, avec des larmes dans les yeux, du désir qu'il aurait d'abdiquer et de se retirer dans la solitude d'un cloître ; tantôt, il exprimait, avec une sorte de ressentiment douloureux, l'intention de demander un asile, même à l'Amérique, si l'on troublait sa liberté. » (1)

Le Vatican ne repoussait pas la protection autrichienne ; le peuple le pressentait confusément et englobait, dans une même réprobation, le pape et son ministre ; le 15 novembre 1848, Rossi était lâchement assassiné, sans que ses meurtriers fussent inquiétés.

En apprenant ces évènements, Bastide dépêchait à Rome un envoyé extraordinaire, M. de Corcelles, républicain modéré mais sincère, et ferme catho-

---

(1) Arch. Etr. Cor. pol. Rome, 988.

lique, pour étudier la situation, de concert avec d'Harcourt, et provoquer, si la sécurité du pape était menacée, le débarquement de nos troupes.

La Tour d'Auvergne était désigné pour accompagner, en qualité de secrétaire, le chef de la mission.

Le voici donc prenant, pour la seconde fois, le chemin de l'Italie ; quand il arrive, le 7 décembre, à Civita-Vecchia, en compagnie de Corcelles, le pape n'est plus à Rome ; il s'est enfui devant la révolte populaire et, par les marais pontins, a gagné Gaëte dans la voiture du ministre de Bavière, tandis que d'Harcourt y parvenait par mer, emportant les bagages pontificaux et persuadé que c'était là une étape vers la France. « Pas un des grands personnages romains, écrit ce dernier, à Bastide, dont plusieurs commandent des bataillons civiques, pas un officier, pas un ministre, pas un cardinal n'a eu le courage de venir offrir ses services au pape dans cette triste conjoncture. Il n'y a eu littéralement autour de lui, pendant toute la journée, que le corps diplomatique. »

Corcelles et la Tour d'Auvergne se dirigent, par voie de mer, sur Gaëte où ils débarquent après avoir couché, pendant dix-neuf jours, à bord de « l'Osiris » et du « Ténare » qui, de Marseille, les ont conduits à la baie de Naples.

Gaëte est une petite ville bâtie sur un rocher fortifié ; une seule rue, digne de ce nom, relie la porte de terre à celle de mer ; d'un côté, on rencontre les casernes et les magasins militaires adossés aux remparts, de l'autre, quelques habitations dont le palais royal, maison de mesquine apparence, à cinq fenêtres de façade, que seuls des volets verts et un peu plus de propreté distinguent des vieux bâtiments du voisinage.

Au rez-de-chaussée, habite un officier napolitain, le capitaine des gardes ; au premier étage, l'appartement du pape se compose d'une antichambre précédée d'un salon d'attente, d'un autre plus petit et suivie d'une pièce transformée en chapelle ; le cardinal Antonelli occupe le second étage ; la suite du souverain pontife est logée dans de piètres immeubles mis à sa disposition par le roi de Naples ; celui-ci a élu domicile, avec sa famille, au cercle militaire ou casino.

En arrivant à Gaëte, Corcelles et La Tour d'Auvergne trouvent d'Harcourt toujours imbu des mêmes illusions ; il est persuadé que le pape se réfugiera en France, après avoir refusé la protection de l'armée napolitaine, « gendarmerie de l'absolutisme » ; Bastide partage à ce point ses espérances qu'il télégraphie, le 2 décembre 1848, au préfet des Bouches-du-Rhône : « Tirer le canon, comme pour un souverain, à l'arrivée et au débarquement du pape. Le préfet ira chercher à bord Sa Sainteté. Le pape sera conduit à l'hôtel de la préfecture, les troupes sous les armes, tambours battant aux champs. Sa Sainteté sera défrayée de tout. Elle recevra une garde d'honneur. Ses ordres seront pris sur la manière dont elle jugera convenable de recevoir. » (1)

Ces préparatifs demeureront superflus.

Le 9 décembre, Pie IX confirme à Corcelles

_______________

(1) Arch. Etr. Cor. pol. Rome, 988.

son intention de « visiter » la France quand les circonstances le permettront ; tous deux jugent inutile, dangereuse même, l'aide éventuelle de nos troupes, alors réunies à Pomègue ; leur présence compromettrait l'avenir de la papauté car le parti exalté ne manquerait pas d'en profiter pour a grir davantage la susceptibilité nationale ; déjà, Mamiani engage ses amis de Civita-Vecchia à repousser par la force tout débarquement de nos soldats.

Le souverain pontife se refuse à préciser l'époque de son départ pour Marseille ; on n'en obtient que des réponses évasives ; il promet d'écrire à Cavaignac, confie qu'il a reçu des propositions d'hospitalité de Madrid, Munich, Bruxelles, Berlin même et, pour montrer la pureté de ses intentions, offre à La Tour d'Auvergne un beau chapelet, la veille du départ de celui-ci pour Rome...

En vain, Louis-Napoléon Bonaparte, en annonçant son élection à la présidence de la République, propose-t-il au pape de venir chercher en France des « témoignages d'attachement et de vénération » ; il ne parvient pas à vaincre son obstination.

Pour d'Harcourt, la grande affaire serait de décider le Saint Père à secouer le joug d'un entourage timide, craignant de s'éloigner de l'Italie et heureux de trouver, après les périls de la révolution, une hospitalité généreuse ; de son côté, le roi de Naples cherche à retenir Pie IX ; il le défraie de toute dépense, le met en mesure d'ouvrir, chaque jour, une table de trente à quarante couverts, avec son service et ses gens ;

le corps diplomatique en profite habituellement, sauf nos représentants qui, par dignité, couchent et mangent à bord du stationnaire français.

Bastide veut connaître les véritables intentions du pape ; vain espoir ; un jour, notre système républicain effraie le souverain pontife ; le lendemain, il craint la jalousie des autres nations catholiques ; bientôt, le séjour projeté se change en une simple « visite de remercîment » à la France.

De retour à Paris, au milieu de décembre 1848, La Tour d'Auvergne s'efforce de remettre les choses au point ; il lui faut bien reconnaître que notre mission n'a pas eu de « résultats immédiats. »

Drouyn de Lhuys vient de succéder à Bastide ; il convoque le jeune attaché, au début du mois suivant, et a une longue entrevue avec lui ; il s'agit de porter de nouvelles instructions à Corcelles et à d'Harcourt qui inviteront le pape à se placer, à l'avenir, sous la sauvegarde des rois de Piémont et de Naples.

Le 9 janvier 1849, La Tour d'Auvergne s'embarque sur le « Mentor », après avoir dîné au « Jockey » de Marseille et dévisagé les « lions » de l'endroit, aussi peu élégants que leurs collègues de Toulouse ou de Castelnaudary ; à son arrivée à Gaëte, il voit Pie IX, d'Harcourt et Antonelli ; mais ni le Saint Père, ni ses ministres, ni l'Autriche n'acceptent l'expédient proposé...

Après trois jours passés à la mola de Gaëte, dans la maison de Cicéron, et pour se consoler de l'insuccès de ses démarches, La Tour d'Auvergne visite la côte italienne sur le

« Ténare », mis gracieusement à sa disposition par les autorités françaises ; il gagne successivement Baïa où l'amiral Baudin le reçoit à bord du « Friedland », puis Naples dont le comte de Rayneval, notre ministre en cette ville, lui fait les honneurs.

Pendant cette croisière, les événements se précipitent dans la péninsule ; en l'absence du pape, une Assemblée Constituante est élue, à Rome, et, le 6 février, proclame la république ; quinze jours plus tard, Pie IX adresse un appel aux quatre puissances catholiques pour leur demander de rétablir son pouvoir temporel ; cette initiative, ne l'oublions pas, vient de lui et non d'elles.

Les patriotes italiens se soulèvent, à nouveau, contre l'Autriche, mais sont défaits à Mortara, puis à Novare (25 mars) et Charles-Albert est contraint d'abdiquer en faveur de son fils Victor-Emmanuel.

A Gaëte, le cardinal Antonelli profite, avec une suprême habileté, de cette situation troublée pour engager son maître dans la voie réactionnaire ; progressivement, il parvient à s'insinuer dans l'esprit du pape, à le dominer ; pendant trente ans, la direction de la politique pontificale restera entre les mains de ce rénovateur de l'absolutisme.

Pour l'instant, il se borne à proposer la réunion d'une conférence des puissances afin de régler toutes les questions en suspens.

## III.

## LES FRANÇAIS A ROME

En France, la situation politique se précise ;
pour restaurer le pouvoir temporel des papes,
Montalembert et Falloux réclament l'intervention
de nos troupes dans la péninsule ; mais la majorité
de l'Assemblée Constituante ne les suit pas ; Louis-
Napoléon, placé entre deux intérêts opposés,
ménage à la fois les catholiques dont l'appui le
conduira à l'Empire et ses anciens amis, les fonda-
teurs de la République romaine ; il parvient, non
sans peine, à faire voter les crédits nécessaires à
l'expédition militaire qui se prépare.

Le ministre des Affaires Etrangères met La
Tour d'Auvergne, récemment promu secrétaire de
légation, à la disposition du général Oudinot, duc
de Reggio, commandant du corps d'occupation.
« La connaissance qu'il a des affaires de Rome,
mande-t-il à ce dernier, le 17 avril 1849, où il a
déjà été envoyé deux fois, le rend propre à vous
seconder dans une partie de la tâche importante
que vous aurez à remplir. Je vous prie de lui
accorder toute votre confiance qu'il saura
justifier. »

Le même jour, Oudinot reçoit des instructions
verbales peu précises : il doit maintenir notre influence dans les états romains et y ménager le
rétablissement d'un ordre de choses régulier « sur

des bases conformes aux intérêts et aux droits légitimes des populations ». (1)

Le 22 avril 1849, la mission s'embarque sur le « Labrador », avec son chef ; la flotille, forte de douze bâtiments aux ordres de l'amiral Tréhouard — une belle figure de marin —, lève l'ancre, le même jour, à 8 heures du matin ; arrivé à la hauteur du cap Corse, Oudinot envoie des parlementaires aux autorités de Civita-Vecchia pour réclamer l'entrée du port et prévenir les consuls étrangers qu'un asile sera offert à leurs ressortissants à bord de nos navires ; La Tour d'Auvergne et le chef d'escadron Espivent de la Ville Boisnet sont chargés de ce soin ; après quatre heures de discussion, le préside leur remet une protestation de l'assemblée romaine et, ceci fait, nous livre passage ; le 25 avril, à 11 heures, l'escadre mouille en rade.

Si les autorités civiles et militaires républicaines font bon accueil aux français, par contre, Oudinot remarque que les partisans de Pie IX ne montrent ni initiative, ni énergie ; nos troupes à peine débarquées, il envoie La Tour d'Auvergne à Gaëte, afin d'y annoncer cet heureux évènement, pensant stimuler ainsi les zèles défaillants.

Le quartier général s'installe dans le château de Civita-Vecchia où les papes venaient, jadis, passer l'été ; des personnes se disant bien informées engagent le commandant du corps expéditionnaire à brusquer la marche sur Rome, afin de surprendre l'ennemi ; on sait la suite de l'aventure : malgré

------

(1) Arch. Etr. Cor. des généraux, 1/993.

4

leur bravoure, nos soldats, en nombre insuffisant et dépourvus de grosse artillerie, éprouvent un sanglant échec, le 30 avril, devant les portes Pertusa et Angelica.

La Tour d'Auvergne, revenu de Gaëte, coucha au bivouac pendant six nuits consécutives ; au cours de l'action, il resta près de son chef, donnant, comme lui, maintes preuves de courage ; puis, après l'assaut malheureux, visita nos blessés et nos prisonniers.

En France, cet échec émut douloureusement l'opinion publique ; l'Assemblée législative somma le gouvernement de ne plus s'écarter du but assigné à l'expédition ; Ferdinand de Lesseps, ingénieur et diplomate, fut adjoint à Oudinot pour traîter avec les triumvirs ; il devait, suivant les instructions du prince-président et de Drouyn de Lhuys, concilier les aspirations romaines avec les garanties nécessaires à l'exercice, par le pape, de son autorité spirituelle.

Arrivé, le 15 mai, au quartier général français, il se dirigea, sans tarder, sur Rome, en compagnie de La Tour d'Auvergne ; dans la ville, tout le monde paraissait décidé à la résistance ; les négociateurs virent les triumvirs, Mazzini notamment qui exerçait, en fait, un pouvoir absolu.

Le but de Lesseps était d'empêcher que le rétablissement de l'autorité régulière fût accompagné d'une « réaction aveugle » ; personne ne seconda ses efforts.

Pendant qu'il se dépensait en vaines démarches, Oudinot recevait deux brigades d'infanterie, son artillerie lourde et poursuivait ses derniers préparatifs ; en France, les réactionnaires avaient triomphé aux élections législatives ; dès lors, les républicains romains comprirent qu'ils seraient abandonnés de tous ; ils se battirent pour sauver l'honneur ; du moins le firent-ils avec courage.

On les vit, dans une pensée de conciliation, libérer 250 soldats français prisonniers à St Pancrace et entourer d'égards nos blessés ; mais Drouyn de Lhuys qui, huit jours plus tôt, proposait d'entrer à Rome, d'accord avec les habitants, se rangeait, à présent, dans le parti de l'action ; en vain Mazzini adressa-t-il, le 12 mai, une lettre très digne à Kolb, consul de Wurtemberg, chargé par lui des pourparlers avec nos plénipotentiaires : « Faibles ou forts, y lit-on, nous représentons trois millions d'hommes et le principe qui fait leur vie politique... Or, il commence à être évident que le général ne veut pas avoir de contact avec nous... Voici un corps d'armée qui nous arrive sans la moindre communication antérieure, avec une proclamation décidément hostile à l'état de choses actuel. Nos troupes sont désarmées, le préside de Civita-Vecchia arrêté, la ville mise en état de siège. Des milliers de fusils, achetés en France et qui nous serviraient à nous battre contre les autrichiens et les napolitains, (sont) mis sous séquestre. Rome (est) attaquée ; des opérations militaires s'accomplissent autour de nous. Pas un mot positif direct sur les intentions du gouvernement français à notre égard. On nous dit qu'on est venu pour nous protéger. Protège-t-on en se taisant, en excluant toute intelligence directe ? Protège-t-on en nous prenant nos armes ? Protège-t-on en nous empêchant d'aller nous battre contre les napolitains qui dévastent nos bourgs et massacrent nos prisonniers ?... On veut occuper Rome ; on nous le demande... C'est, vous le savez, notre ville sacrée. Vous connaissez notre peuple et vous savez ce que c'est pour lui que l'occupation de sa ville... Il est impossible que vous ne nous donniez pas raison. Il est impossible que le général ne soit pas, à l'heure qu'il est, éclairé sur les vœux de toute la partie saine de la population et qu'il ne sente pas lui-même ce qu'ily aurait de brutal, de violent, d'antipathique aux tendances françaises, dans une oppression du faible par le fort, dans une persistance à vouloir nous imposer un gouvernement temporel du pape dont personne ne veut et qui organiserait chez nous l'anarchie, la révolte, la conspiration, le désordre en permanence. » (1)

Le 17 mai, le consul de Wurtemberg, accompagné d'un officier romain, vient apporter des paroles de paix à notre quartier général ; il est éconduit ; Oudinot établit son poste de commandement à Castelguido, à Maglionella, puis à la Villa Santucci ; il se rapproche progressivement de la ville à investir.

Lesseps, de son côté, n'abandonne pas la partie; le 31 mai, il conclut, avec le gouvernement romain, un arrangement plaçant la république sous la protection de nos troupes et dissipant les derniers malentendus.

Ceci ne fait l'affaire ni des catholiques italiens, ni des militaires français ; Oudinot dépêche La

---

(1) Arch. Etr. Cor. des généraux, 1/993.

Tour d'Auvergne à Paris pour exposer la situation aux ministres et demander de nouvelles instructions ; à la suite de cette visite, Lesseps est désavoué pour ne pas avoir suffisamment tenu compte de l'autorité du Saint Siège ; le 1er juin, il quitte le quartier général pour défendre, devant ses mandants, la convention signée par lui ; accusé d'avoir outrepassé les ordres reçus, il est déferé au Conseil d'Etat et sévèrement blâmé, malgré la publication de deux mémoires justificatifs.

De Tocqueville, qui a succédé à Drouyn de Lhuys à la tête du département des Affaires Etrangères, approuve la ligne de conduite adoptée par d'Harcourt et Oudinot ; des renforts arrivent au secours de la victoire ; le général Cordova, avec quelques troupes espagnoles, puis un détachement napolitain se mettent à la disposition de notre commandement ; on n'agrée pas leur offre ; un ultimatum est adressé au gouvernement romain qui proteste, par la voix de Galletti, président de l'Assemblée Constituante, contre la méconnaissance de la convention du 31 mai, « en violation flagrante du droit des gens ».

On passe outre ; un corps français occupe Acqua Traversa, interceptant les arrivages de Florence et d'Ancône sur Rome ; dans la nuit du 2 au 3 juin, les brigades Mollière et Levaillant débusquent les troupes garibaldiennes des villas Pamphili, Valentini, Corsini et de l'église St Pancrace ; la tranchée s'ouvre à trois cents mètres de la place ; le 13 juin, nos batteries entrent en action, en même temps qu'échoue, à Paris, la tentative insurectionnelle de Ledru-Rollin.

Bien que, dès le 21 juin, le génie déclare les brèches praticables, les travaux d'approche sont continués jusqu'au 30, par mesure de précaution ; ce jour-là, l'assaut est enfin donné par trois colonnes qui se rendent maîtresses de Rome, après une vigoureuse résistance des assiégés.

Le 1er juillet 1849, la ville capitule, sans conditions ; les triumvirs résilient leurs fonctions et Garibaldi, avec ses derniers fidèles, s'enfuit vers les Apennins...

Corcelles, Rayneval et La Tour d'Auvergne ont pris part à toutes les négociations ayant précédé la reddition de la place ; ils sont maintenant à l'honneur ; lors de l'entrée de nos troupes dans la ville, ils accompagnent le cortège du général en chef, depuis la porte Pertusa jusqu'au palais Colonna ; la réception du peuple romain est « satisfaisante » ; les transtevérins nous témoignent une certaine « bienveillance » ; mais le quartier bourgeois du Corso reste froid, hostile même par endroits ; quant à l'aristocratie, en grande partie en fuite, elle ne peut manifester son sentiment.

Les autorités françaises s'établissent dans la cité conquise ; le général Oudinot occupe le palais Rospigliosi dont l'immense cour se peuple des tentes blanches de nos soldats ; au général Rostolan échoit, sur la place de Venise, l'élégant palais Torlonia que le prince de ce nom vient de restaurer ; le général Regnault de St Jean d'Angéli loge chez les Grazioli ; son collègue Gueswiller chez les Borghèse dont la galerie de tableaux est célèbre, le commandant de place Sauvan chez les Simonetti ; le général Morrès, chargé de poursuivre

Garibaldi, prend possession, à son retour, d'une partie charmante du palais Colonna.

Grâce à l'énergie des chefs militaires, à la fermeté des fonctionnaires civils, les étrangers suspects sont expulsés, la police réorganisée, la population approvisionnée ; la situation générale s'améliore progressivement, malgré la défiance des consuls anglais et américain.

La Tour d'Auvergne, pendant cette période d'installation, fait la navette entre Rome et Gaëte; du service d'Oudinot, il passe, le 5 juillet, à celui de Corcelles. « Il connaît parfaitement la situation du pays, écrit celui-ci, le 12 juillet 1849, au ministre des Affaires Etrangères, et les divers personnages avec lesquels nous sommes en relations ; j'ai à vous remercier de m'avoir prêté l'appui d'un auxiliaire aussi distingué sous tous les rapports. »

Si, pour le jeune attaché, Corcelles n'est point un habile diplomate, il sait, du moins, prendre ses responsabilités, mérite aussi rare alors qu'aujourd'hui.

Le 15 juillet 1849, la bannière blanche et jaune flotte au sommet du château St Ange ; le général Oudinot passe en revue nos troupes massées sur la place St Pierre ; dans l'antique basilique, on chante un Te Deum ; des centaines de soldats français ont, au prix de leur sang, rendu à la papauté son pouvoir temporel ; ce service sera vite oublié.

Corcelles, les derniers lampions éteints, retourne à Gaëte afin de profiter de l'effet produit par la prise de Rome pour obtenir l'adhésion de Pie IX à une politique vraiment libérale ; La Tour d'Auvergne doute du succès ; il connaît, en effet, le fâcheux état d'esprit du souverain pontife, son irritation de ce que tel ou tel ecclésiastique ne soit pas encore réintégré dans ses fonctions. « Je crains, écrit-il à sa mère, le 12 juillet 1849, qu'il se fasse bien des illusions sur les dispositions du pays à son égard et surtout à l'égard des cardinaux. »

L'avenir ne tarda pas à prouver à quel point ses prévisions étaient fondées.

Arrivé devant Gaëte, le 16 juillet, sur le « Cerbère », Corcelles est d'abord retenu en quarantaine, sous prétexte de choléra ; il faut l'intervention personnelle du roi de Naples pour le libérer ; de là, une première perte de temps.

Le pape le reçoit enfin ; il se montre plein d'une « douce effusion » et de « tendresse paternelle », mais assez peu préparé aux réformes réclamées ; « Rossi, explique-t-il, est le seul homme d'état capable de soutenir une nouvelle politique que j'ai pu trouver et on me l'a tué ! » Il se déclare prêt à nommer, à Rome, un ministère composé de laïcs et d'un seul cardinal, mais manifeste peu d'empressement pour introduire notre code civil dans la législation du pays.

Corcelles rend visite au cardinal Antonelli ; il l'entretient de l'appel pontifical aux sujets, document « vague et insignifiant » où l'on garde le plus complet silence sur les mesures destinées à remédier aux anciens abus et répète que l'opinion publique, en France, est délibérément hostile à la restauration, par nos soins, de l'absolutisme pontifical ; « Tout cela a fort peu ému le cardinal, écrit-il à Tocqueville ; je suis rentré sur le « Cerbère » résolu à dégager immédiatement ma responsabilité. »

Le lendemain, le pape l'accueille avec un « redoublement de bonté », mais Antonelli laisse entendre qu'à son grand regret, il ne pourra faire de communications officielles à notre envoyé, le gouvernement français ayant omis de l'accréditer régulièrement auprès du St Siège ; ainsi se poursuit le jeu alterné, cher à la diplomatie pontificale.

Pendant que se discute cette question de pouvoirs, le cardinal d'Andréa quitte Gaëte pour porter à Oudinot, avec une croix en diamant, une proclamation réactionnaire destinée à détruire, par avance, les résultats que, par ses négociations, Corcelles pourra obtenir.

« Si l'on se tait, dès le début, sur les réformes nécessaires, observe celui-ci, nous devons renoncer à nous distinguer des Autrichiens et à rallier les modérés libéraux du pays ; nous serons en l'air, sans appui, sans considération. »

Devant l'inutilité de ses démarches, il rentre à Rome, le 19 juillet, pour se concerter avec Oudinot et Rayneval au sujet des mesures à prendre ; d'Harcourt, désabusé, a repris le chemin de Paris.

Quand on lit, aux archives du Quai d'Orsay, la correspondance de nos agents, on mesure les difficultés qu'ils éprouvèrent pour obtenir ces institutions libérales, si souvent promises et jamais réalisées.

Le 24 juillet, Corcelles et Rayneval reviennent à Gaëte pour tenter d'arracher au pape les garanties indispensables à la tranquillité publique et au bien de l'Eglise ; avant leur départ, d'Andréa a

accepté de différer la publication de la proclamation pontificale, mais, à peine ont-ils tourné les
talons, qu'elle se trouve affichée sur tous les murs
de Rome !...

A son arrivée, Corcelles se voit, une fois de
plus, comblé de paroles affectueuses par le pape
et d'égards, par Antonelli ; le premier se déclare
prêt à accorder, en fait, plus de réformes qu'il
n'en promettra ; le second se montre moins formaliste ; Pie IX, confie-t-il à notre envoyé, est
personnellement favorable à une amnistie générale;
son entourage seul y est hostile ; on va peut-être
renoncer à désigner une commission de cardinaux
parce qu'on n'en rencontre pas trois qui soient
d'accord !... (1)

La Tour d'Auvergne écrit à sa mère, le 10 août:
« Nous avons ici bien des ennuis ; je commence
à craindre qu'il ne soit difficile de rétablir, pour
longtemps, l'autorité temporelle du pape. Tout
ce qui l'entourne est aveugle et ne veut pas comprendre qu'il faut faire des sacrifices. » Il termine
sa lettre par ces paroles prophétiques : « Le jour
où nous quitterons ce pays-ci, il y aura une nouvelle
révolution. »

Quarante-huit heures plus tard, Corcelles était
officiellement nommé ambassadeur de France à
Rome, en remplacement de d'Harcourt, et La
Tour d'Auvergne succédait à Forbin-Janson, en
qualité de premier secrétaire.

* * *

Jusque là, Corcelles avait été tenu éloigné de

---

(1) Arch. Etr. Cor. pol. Rome, 991.

la conférence de Gaëte par les « chicanes » du cardinal Antonelli ; la maladie, à partir de la fin de juillet, l'empêcha d'y participer ; en son absence, La Tour d'Auvergne remplit, avec plus d'intelligence que de succès, son ingrate mission ; il souligna les trois buts poursuivis par la France : exercer une légitime influence sur les affaires italiennes, rendre au pape son indépendance, assurer des institutions modernes aux états romains ; le troisième point demeurait le plus délicat.

Chaque nouveau courrier, mande Tocqueville à Corcelles, le 15 août 1849, nous montre de plus en plus le caractère « violent et antilibéral » des mesures prises par les principaux agents du gouvernement pontifical qui ne tient aucun compte de nos avis et procède à la restauration des anciens abus, absolument comme si nous n'étions pas là.

Il désavoue l'attitude purement passive d'Oudinot, le rétablissement des tribunaux ecclésiastiques qui fonctionnent déjà avec une extrême rigueur, les excès des trois cardinaux exerçant le pouvoir, au nom du pape, et dénommés le « triumvirat rouge ».

Jules Favre, au cours de ses interpellations des 6 et 7 août, couvre d'invectives le ministère coupable, à ses yeux, d'avoir violé la constitution et mis l'épée de la France dans la main de l'Autriche ; Tocqueville et Falloux lui répondent en relisant les dépêches de Corcelles ; l'assemblée les approuve ; malgré ce succès, les meilleurs amis de l'Eglise s'inquiètent ; Louis-Napoléon adresse, le 17 août, sa fameuse lettre au colonel Edgar

Ney ; il y accuse Pie IX d'ingratitude et le met en demeure d'accorder une amnistie générale, de séculariser l'administration, de rétablir le code Napoléon et de doter ses sujets d'un gouvernement libéral.

Le pape proteste de ses bonnes intentions et promet, une fois de plus, les réformes demandées ; quant à Oudinot dont on s'accorde à critiquer la faiblesse, il est rappelé, le 23 août, et remplacé par le général Rostolan.

Corcelles, après une convalescence passée à Castellamare, reprend ses fonctions ; il retrouve Pie IX et son entourage toujours aussi défiants envers la France ; voici la dépêche adressée par notre agent à Tocqueville, le 2 septembre 1849; « Je ne veux pas nier, écrit-il, que le Piémont, la Toscane et les libéraux de Rome n'aient, en ce moment, des griefs très légitimes contre les tendances du gouvernement pontifical ; j'espérais pouvoir vous dire que la promulgation de l'ensemble des institutions exposées devant la conférence dissiperait beaucoup d'ombrages. Nos derniers renseignements ne me permettent pas de vous présenter de telles illusions, quoique les conversations de la cour de Gaëte soient meilleures que ses actes. Malheureusement, on y promet verbalement ce qui est, à chaque instant, démenti dans l'application. Ce n'est pas que l'on puisse accuser le chef de l'Eglise d'un manque de foi, mais il ne faut pas oublier que, pendant un quart de siècle, le sacré collège a été recruté de personnages médiocres et hostiles à l'esprit de leur temps. Le pape n'a aucun appui. »

Au début de septembre, Pie IX consent, enfin, à se rapprocher de Rome ; il quitte Gaëte pour Portici; Corcelles en profite pour l'entretenir à nouveau ; il parle à cœur ouvert, avec une émotion sincère, lui montrant la commission de gouvernement composée de gens «inhabiles et passionnés», l'opinion publique française irritée du rôle qu'on fait jouer à nos soldats ; le socialisme naissant, appuyé par les protestants et les schismatiques d'Europe, pourrait bien, en présence de menées aussi réactionnaires, tenter d'ébranler la papauté dans ses fondements.

Le souverain pontife écoute avec intérêt, approuve souvent son interlocuteur, mais, quand il s'agit d'émettre une conclusion pratique, cherche à gagner du temps.

Alors, notre ambassadeur rappelle que Rossi lui trouvait déjà beaucop d'irrésolution et ajoute : « Le scrupule qui empêche l'action, lorsqu'il faut agir très vite, au milieu des tempêtes déchaînées, est un défaut politique fort dangereux. Je suis effrayé de consater qu'en de telles circonstances, le souverain spirituel mette si souvent en quarantaine le souverain temporel. »

Pie IX reconnaît que le reproche a du vrai et communique à Corcelles le texte d'un nouveau manifeste reproduisant le sommaire des institutions proposées à la conférence de Gaëte ; tous deux examinent les principaux points en litige : amnistie, réorganisation de la justice, dette publique, liberté individuelle, abolition des confiscations, sécularisation des emplois, extension du pouvoir de la Consulte, etc.... Malgré les continuelles réticences du pape qui gâtent trop souvent ses bons mouvements, un accord de principe intervient enfin ; après avoir repoussé, une fois de plus, le projet d'un voyage en France, le souverain pontife accepte de rentrer à Rome lorsque la ville sera purgée des éléments douteux ; le manifeste est retouché dans un sens libéral ; va-t-on trouver un terrain d'entente ? Non, car, à ce moment, Pie IX émet la prétention de soumettre ses concessions à l'agrément du sacré collège ; une fois de plus, tout est remis en question !

Lassé de ces continuels aternoiements, mais désireux d'éviter une rupture, Corcelles menace alors le pape de réclamer la réunion d'un congrès où les grandes puissances, même schismatiques, seront représentées ; le coup porte et les conversations reprennent, les jours suivants, dans une atmosphère de détente.

Comme bien on pense, le sacré collège critique vivement le manifeste libéral ; de Rome, Rayneval joint ses efforts à ceux de Corcelles et lui fournit des arguments en signalant les actes de persécution commis contre les républicains ; le 28 septembre, il doit prendre la défense de l'avocat Lunati et du colonel Calderari menacés d'emprisonnement par les cardinaux ; deux jours plus tard, il s'oppose à l'arrestation des anciens chefs de corps ; depuis l'entrée des français, 13.144 passeports ont été visés à Rome, 180 constituants, une douzaine d'officiers, 300 amnistiés récidivistes ont été expulsés ; la plupart du temps, La Tour d'Auvergne est chargé par l'ambassadeur de France d'assurer la protection de ces malheureux contre les membres de la commission de gouvernement. (1)

Le 15 octobre, Tocqueville mande à Corcelles : « Les faibles concessions obtenues du St Siège par vos pressantes instances et par celles de M. de Rayneval, n'ont pu que très peu modifier le jugement sévère que nous avions d'abord porté de l'acte d'amnistie. Je vous invite à persister dans vos efforts pour adoucir des rigueurs aussi impolitiques. »

Dans sa réponse à cette dépêche, Corcelles trace ce curieux portrait du cardinal Antonelli : « Il est d'un naturel peu affectueux et très froidement formaliste, ce qui lui donne souvent des apparences poliment désobligeantes... J'avoue que je me suis figuré longtemps en sa personne une sorte de prélat des écoles du XVIe siècle, arrivant à ses fins par des moyens peu édifiants. Une observation plus attentive m'a détrompé... c'est un doctrinaire dans toute la force de cette expression, c'est-à-dire un homme très sincèrement passionné pour ses idées ; il possède un système gouvernemental historique comme le roi de Prusse en avait un ; ce système consiste dans la vie municipale et provinciale développée largement et assez démocratiquement. Dernièrement, M. de Rayneval l'a surpris dans ses études, face à face avec notre législation des communes qu'il trouvait fort illibérale. Il reste absolutiste et routinier en beaucoup d'affaires, mais on sait, du moins, en

_______

(1) Arch. Etr. Cor. pol. Rome, 991. — Arch. de la T. d'A. 10 octobre 1849.

luttant contre ses dispositions, qu'elles sont mêlées d'intelligence et de qualités que M. Rossi avait fort appréciées. »

Tocqueville maintient ses précédentes instructions ; il faut empêcher les violences contre les personnes et, en particulier, ne pas souffrir qu'on frappe d'expulsion ou d'exil toute une catégorie de suspects ; suivant lui, aucun souverain ne s'est montré aussi implacable que Pie IX dans la restauration de son pouvoir. (1)

Les rigueurs, répond Corcelles, n'ont pas été aussi nombreuses qu'on le pense et il affirme avoir fait de son mieux pour en limiter les effets.

Bien que l'Assemblée législative ait approuvé sa conduite, il est relevé de ses fonctions, le 20 novembre 1849, et remplacé par le général Baraguay d'Hilliers.

* * *

La Tour d'Auvergne s'était lié d'amitié avec Corcelles dont il partageait entièrement les vues ; il regretta son départ qui paraissait devoir coïncider avec la reprise d'une politique de contrainte à Rome.

Baraguay d'Hilliers arriva doté d'attributions diplomatiques et militaires ; son premier soin fut de dénoncer à Tocqueville la prétention de l'Autriche de faire du pape son vassal et le mécontentement des Romains contre les abus du gouvernement ecclésiastique. « Y a-t-il avantage pour la France, se demande-t-il, à garantir la

---

(1) Arch. Etr. Cor. pol. Rome, 991.

neutralité du St Siège et le pouvoir temporel du pape ? Peut-elle, doit-elle, avec ses institutions, s'engager à maintenir un pouvoir absolu qui n'offre aucun espoir d'amélioration, qui ne donne aucune satisfaction au légitime désir du peuple d'accroître son bien-être, de diminuer ses charges ou, tout au moins, de mieux employer les sacrifices d'argent qu'on lui demande ? Peut-on dire aux Romains : Vous serez, à tout jamais, les ilotes de l'Europe ? Ce serait cependant la conséquence de la garantie du pouvoir temporel comme il est compris par le clergé. » (1)

Pendant que le prince-président, las de se voir bafouer de la sorte, renvoie le cabinet Odilon-Barrot et appelle au pouvoir Rouher, son homme de confiance, Baraguay d'Hilliers se rend auprès du pape pour presser son retour à Rome ; celui-ci lui parle de stylets, de poignards, d'assassinats et refuse de rentrer dans sa capitale avant que tous les mauvais sujets y aient été désarmés.

La Tour d'Auvergne, durant le voyage du général, remplit les fonctions de chargé d'affaires et continue de batailler contre les cardinaux ; le 29 novembre, il s'oppose à l'arrestation du chef populaire Civevuacchio, les français ne devant pas être, selon lui, les « exécuteurs des hautes œuvres » du gouvernement ecclésiastique ; une autre fois, il intervient pour faire amnistier les délits remontant à 1847 ; le 1er décembre, il dénonce la « voie déplorable » dans laquelle s'engage la commission dite processante ; trois jours plus tard,

_______

(1) Arch. Etr. Cor. des généraux, 1/993.

il obtient à grand peine un sauf-conduit pour le patriote Mannucci désireux de se retirer en Piémont.

Après quinze jours d'absence, Baraguay d'Hilliers revient à Rome, non sans avoir constaté, une fois de plus, la mauvaise gestion des cardinaux.

Au cours de ces négociations, La Tour d'Auvergne faillit-il être assassiné ? Le marquis de Maussabré l'affirme dans une petite monographie consacrée à la mémoire de son ami ; appelé, entre les deux sièges de Rome, à se rendre auprès des triumvirs, le jeune diplomate aurait saisi, grâce à un jeu de glaces, le signal que l'un d'eux faisait à un sbire qui devait l'assassiner à la sortie du palais où avait lieu l'entretien ; une retraite immédiate, accomplie en regardant bien en face ses adversaires, lui aurait seule sauvé la vie.

Je n'avais pas attaché grand crédit à ce récit quand, dans une lettre adressée, au mois de mai 1849, par l'intéressé lui-même à son père, alors très malade à Toulon, je lus ces lignes : « Pendant le court séjour que j'ai fait à Rome, j'ai failli, deux fois, être assassiné et je me félicite d'en être sorti. »

On peut donc considérer l'anecdote comme exacte.

La désignation de La Tour d'Auvergne en qualité de premier secrétaire d'ambassade suivit de peu ces incidents tragiques.

En même temps qu'il recevait cette récompense méritée, la réaction triomphait dans la péninsule entière : le 15 mai, les troupes de Filangieri reprenaient Parme et la révolution de Sicile était terminée ; Livourne et Venise capitulaient ; le grand duc de Toscane rentrait à Florence, le 23 juillet, et l'Autriche reprenait toutes ses anciennes possessions.

L'Italie rouge avait vécu.

* * *

Au début de novembre 1849, La Tour d'Auvergne s'installait au palais Colonna, à Rome, avec le général Baraguay d'Hilliers.

A cette époque, la mission française comprenait, en outre, M.M. de Belcastel, deuxième secrétaire, Roederer, colonels Callier et Espivent, attachés ; leur principal souci était de hâter le retour du pape dans sa capitale ; celui-ci ne voulait pas rentrer sans argent et on ignorait quand il en aurait ; les conversations continuaient donc entre interlocuteurs bien décidés à se faire le moins possible de concessions.

Le 4 avril 1850, Pie IX quitta enfin Portici, gagna Caserte par le chemin de fer ; puis, le lendemain, poursuivit son voyage par la route, accompagné du roi de Naples et du prince-héritier jusqu'à Portella, localité frontière.

La Tour d'Auvergne attendait le souverain pontife au relais suivant, à Terracine ; il le félicita au nom de son chef et s'achemina vers Rome avec lui ; dans une lettre adressée à sa mère, le 14 avril suivant, il rend compte de la rentrée du pape dans la vie éternelle ; l'état-major français et le corps diplomatique l'attendaient sous le portique de St Jean de Latran ; près du carrosse pontifical, traîné par six chevaux noirs richement harnachés, s'avançaient, sur leurs montures, le général Baraguay d'Hilliers à la portière de droite, le prince Altieri, commandant la garde noble, à celle de gauche ; le clergé, les autorités civiles. les missions étrangères suivaient ; La Tour d'Auvergne avait pris place, avec ses collègues, dans les voitures de gala de l'ambassade qui les conduisirent à la basilique de St Pierre; l'émotion, observe-t-il, était générale.

Les fêtes terminées, on parla, à mots couverts, d'un prochain changement dans le personnel de notre mission ; la politique du général-diplomate n'était pas jugée assez favorable au gouvernement ecclésiastique ; de plus, la société romaine lui reprochait sa ladrerie ; le 30 mai 1850, il fut remplacé par le comte de Rayneval qui occupa le poste pendant six ans.

Ce choix plut, dans les milieux pontificaux, car le nouvel ambassadeur avait longtemps séjourné à Rome où presque tous les cardinaux étaient ses amis ; d'aucuns reprochaient seulement à sa femme, personne douée de beaucoup d'esprit, d'être un peu « rouge », ce qui était probablement exagéré.

Le carnaval de 1850 se passa fort gaîment ; les salons rouvraient leurs portes, l'un après l'autre; la princesse Doria et les grandes dames de l'aristocratie se montraient accueillantes envers nos compatriotes ; en France, les affaires de Rome étaient de grande actualité ; le peintre Raffet vint faire le portrait des diplomates qui avaient été mêlés à ces délicates négociations. Le jeune secrétaire d'ambassade fut de ce nombre.

* * *

Les évènements du 2 décembre comblèrent
d'aise La Tour d'Auvergne ; comme s'il pressentait que le nouveau régime le comblerait d'honneurs, il écrivit, sitôt après, à sa mère : « Je
préfère Louis-Bonaparte au général Cavaignac,
voire même au général Changarnier. J'espère qu'il
n'y aura pas de résistance sérieuse dans les dépar-
tements. Le coup d'état a fait ici très bon effet. »
Son mariage avec Emilie-Céleste Montault des
Iles avait été célébré, quelques semaines aupara·
vant, au château d'Angliers, près de Loudun ;
un tableau du peintre romain D. Bartoloni nous a
conservé les traits de la jeune femme ; elle était
de taille moyenne, de silhouette élégante ; l'ovale
allongé et très fin de son visage s'ornait d'une
chevelure brune, coiffée en bandeaux ; elle appartenait à une ancienne et opulente famille du Poitou
qui avait donné un conseiller du roi, à Rouen, et
de nombreux hommes de robe ; sous le premier
Empire, trois de ses membres occupaient, en même
temps, à Angers, les fonctions de préfet, de maire
et d'évêque.
Charles Montault des Iles, dont la fille épousait
le prince de La Tour d'Auvergne, était un homme
de naturel affable ; il se plaisait surtout au milieu
de ses belles collections d'objets d'art ; la crainte
des « manœuvres décevantes » du corps électoral,
jointe à une certaine indépendance de caractère,
le tinrent toujours éloigné de la politique.
Après un court séjour en France, les jeunes
époux gagnèrent Rome où ils s'installèrent dans
un appartement de la place d'Espagne ; leur

premier soin fut de monter leur maison ; à Jean Izaru, fidèle serviteur, originaire de St Paulet, qui avait suivi La Tour d'Auvergne en Italie et ne le quittera point jusqu'à sa mort, fut adjointe une domesticité dont la livrée blanche, avec col et parements bleus, attira bientôt les regards sur le Corso.

Les Rayneval présentèrent la princesse au pape et à la société romaine ; partout elle reçut le meilleur accueil et se montra touchée de la manière dont on la traitait dans le monde ; cardinaux, généraux, diplomates rivalisaient d'empressement pour lui plaire ; or, c'était son mari qu'on honorait en elle ; elle le comprit et lui en sut gré.

D'autres soucis allaient la solliciter ; dans les derniers jours de l'année, elle annonça aux siens qu'elle attendait un « figlio » ; l'enfant naquit, le 20 juin 1852. « Il a, note son père, une gentille petite figure et est, avec cela, bien doux » ; ses yeux sont bleus, son teint clair, ses cheveux très bruns ; dès les premiers jours, La Tour d'Auvergne s'intéresse à sa santé, à ses progrès, aux détails même de sa toilette ; « Godefroy, écrit-il, à sa mère, le 14 novembre 1853, porte un petit chapeau de velours bleu, avec une plume blanche sur l'oreille, qui lui va à merveille. » (1)

Hélas ! Ce tableau familial avait son ombre ; la santé de la princesse Emilie laissait beaucoup à désirer.

---

(1) Charles-Laurent-Bernard-Godefroy, prince de La Tour d'Auvergne-Lauraguais, épouse, le 8 mai 1875, Marie-Léontine-Antoinette-Françoise Ysoré de Pleumartin ; il décède le 17 janvier 1903.

Le malheur allait frapper ce foyer heureux.

* * *

Dans les jours qui suivirent le coup d'état du
2 décembre, le prince-président organisa sa maison
militaire ; le Consulat préludait au rétablissement
de l'Empire ; le colonel Fleury fut nommé aide
de camp et, parmi les officiers d'ordonnance, figura
le lieutenant Edouard de la Tour d'Auvergne,
récemment sorti de l'école de St Cyr, dans un
rang honorable.

Son frère aîné, pendant ce temps, se trouvait
mêlé à de nouveaux conflits ; les divisions surve-
nues dans l'épiscopat français, au sujet de
l'enseignement des auteurs païens, avaient leur
répercussion à la cour pontificale ; une vive
polémique mettait aux prises Mgr Dupanloup
partisan de ces études et le nouveau titulaire du
siège d'Arras, Mgr Parisis, leur détracteur ; le
premier, dans une lettre à l'Univers, traita sans
ménagement son adversaire ; La Tour d'Auvergne
était en relations amicales avec l'évêque d'Orléans,
depuis le séjour que celui-ci avait fait à Rome,
en 1851 ; tout en regrettant ses violences de forme,
il lui donnait raison sur le fond du débat ; exa-
minant la question à un point de vue plus
personnel, il regrettait que son frère Charles, alors
vicaire général de Mgr Parisis, fût à « pareille
école » ; mais il lui savait assez de force et de
jugement pour résister aux entraînements du
milieu ; « L'école de Mgr de Bonald, écrivait-il
à cette occasion (1), est celle de Bossuet et

_______________

(1) Arch. de la T. d'A. 31 juillet 1851.

j'avoue que je la préfère, comme français, à celle
de Mgr Parisis. »

A Rome, les bons esprits déploraient ces dissentiments ; bien qu'on y fût « naturellement
ultramontain », on critiquait le zèle excessif de
ces messieurs de l'épiscopat français.

Le principal évènement diplomatique de
l'époque fut la négociation entamée par Mgr de
Ségur pour obtenir que le pape en personne vint
sacrer, à Paris, le nouvel empereur ; on sait
comment elle échoua, à cause du peu d'empressement de Pie IX à créer un précédent et du refus
de Louis-Napoléon Bonaparte de se rendre à
Rome pour y recevoir l'investiture.

Le prélat-diplomate estimait et aimait La Tour
d'Auvergne ; profitant d'un voyage à Paris, il le
recommanda à Thouvenel, nouveau titulaire des
Affaires Etrangères, pour un poste de ministre
plénipotentiaire ; en attendant, le jeune secrétaire
d'ambassade continuait d'assurer son service avec
zèle ; les rapports annuels adressés de Rome à
Paris sont de sa main ; on y retrouve ce style
alerte et précis qui est dans sa manière ; la vie
intime de la mission est racontée, au jour le jour,
dans ces documents.

En tête du mémoire, daté de janvier 1854, et
relatif à l'année précédente, on relève ces appréciations : « La politique qui, partout ailleurs, tient
la première place, n'occupe ici qu'un rang secondaire. Toute la diplomatie du Saint Siège, en effet,
à part de rares exceptions, s'exerce uniquement sur
les questions religieuses. Une vérité aussi incontestable devrait, il faut en convenir, le protéger

contre l'accusation qu'on adresse souvent à sa politique d'être ou trop autrichienne, ou trop française. Nous croyons qu'elle ne mérite aucune de ces appréciations. Le Saint Siège peut, il est vrai, selon les circonstances et les hommes qui sont placés à la tête de son gouvernement, avoir plus ou moins de sympathie pour telle ou telle nation, plus ou moins de confiance dans les institutions de tel ou tel pays, plus ou moins de reconnaissance pour les services rendus, mais sa politique est tout à fait en dehors des tendances qui, ailleurs, font les amitiés ou les alliances entre nations. A Rome, on n'a qu'un but, la religion... »

Les principales affaires traitées, au cours de l'année 1853, sont ensuite énumérées : condamnation de Veuillot par le pape, dans l'affaire des classiques, à cause de la « vivacité des formes », remplacement du nonce à Paris, Mgr Garibaldi, « si habile et modéré » au milieu de l'agitation des partis religieux en France, règlement des honneurs à accorder à nos représentants dans le Levant ; l'auteur fait ensuite un tour d'Europe : la Sardaigne discute avec Rome au sujet de l'exil des évêques de Turin et de Cagliari compromis dans la lutte du clergé contre certaines lois nationales ; la Hollande rétablit la hiérarchie ecclésiastique ; l'Autriche suit son exemple en Transylvanie; la Suisse, imitant certaines puissances américaines, songe à passer un concordat avec le souverain pontife.

Les questions économiques ne sont point négligées : concession à une société franco-anglaise de la ligne Rome-Frascati, à une compagnie française de celle qui reliera la capitale à Civita-Vecchia ; les travaux de la voie ferrée conduisant de Rome à Bologne sont achevés ; un nouveau pont réunit les deux rives du Tibre et l'éclairage de la ville s'organise de façon plus moderne.

Les relations des fonctionnaires locaux et de la population avec les troupes d'occupation sont meilleures à présent ; on n'a plus à regretter l'assassinat de soldats français ; les rixes deviennent moins fréquentes ; quant au général de Montréal, qui commande notre division, il reste fidèle à son rôle de protecteur bienveillant.

Après avoir passé en revue toutes les questions d'actualité romaine, La Tour d'Auvergne termine, sur une note optimiste, son rapport, le dernier qu'il rédigera dans ce poste.

IV

## WEIMAR

Par décret du 4 décembre 1854, le prince de La Tour d'Auvergne fut nommé ministre plénipotentiaire près du grand duc de Saxe-Weimar, en remplacement du marquis de Ferrière le Voyer.

Il ne tarda pas à rejoindre son poste auquel les circonstances donnaient une certaine importance.

On était aux premiers jours de la guerre de Crimée ; les victoires de l'Alma, de Balaklava et d'Inkermann venaient d'illustrer nos armes ; le gouvernement français avait intérêt à connaître les véritables intentions et le degré de ténacité de l'adversaire ; or, d'étroits liens de famille unissaient la maison régnante de Saxe-Weimar aux Romanow ; la grande duchesse mère, Marie Paulowna, était fille de l'empereur Paul de Russie; ses frères Alexandre et Nicolas, qui se succéderont sur le trône des tsars, faisaient de fréquents séjours au palais de l'Hermitage ; tous deux appréciaient la compagnie de la femme intelligente, avisée en politique, qu'était leur sœur ; en l'honneur des souverains russes, on donnait, à Weimar, des fêtes splendides auxquelles assistait l'aristocratie du pays.

Au début de 1855, l'attitude de l'Autriche,

dans le conflit oriental, préoccupait vivement la cour grand ducale qui redoutait d'être entraînée dans la guerre, d'où nouvelle raison, pour nous, de faire accréditer auprès d'elle un agent intelligent et sûr.

Lorsque La Tour d'Auvergne arriva à Weimar, les positions y étaient nettement prises ; le comte de Knefstein, représentant de l'empereur François-Joseph, s'efforçait d'excuser l'apathie de son gouvernement ; par contre, le ministre de Prusse, Redern, le blâmait ouvertement ; il attribuait les hésitations du Ballplatz à entrer dans le conflit au refus de Napoléon III d'employer un corps de 100.000 hommes à la défense des frontières nord de l'Autriche.

Fidèle à sa politique de prédilection, notre agent répondait que les divisions de l'Allemagne expliquaient le parti adopté par la double monarchie et que, si celle-ci n'accordait pas aux alliés l'appui de ses troupes, du moins pouvaient-ils compter sur sa neutralité et sa loyauté.

Cette année 1855 marque une phase grave dans l'histoire diplomatique du second Empire ; des décisions qui vont être prises dépendra l'orientation définitive de notre politique ; deux chemins s'offrent à nous ; l'un est un peu aride mais, croit Thouvenel, ne s'écarte pas des « limites de la sagesse » ; l'autre est ensoleillé, séduisant, plein de « mirages enchanteurs » ; le premier mène à Vienne, le second à Turin.

Si les hésitations de l'Autriche n'avaient, à ce moment, permis au Piémont d'intervenir à nos côtés en Crimée, les prophètes après coup affirment que la guerre de 1859 n'ayant pas eu lieu, nous en eussions évité les conséquences lointaines : unification de l'Italie, agrandissement de la Prusse, défaite de la France.

Drouyn de Lhuys eut-il, alors, la claire vision du danger qui nous menacait ? On peut en douter.

A l'arrivée de La Tour d'Auvergne, la ville de Weimar conservait encore le cachet d'originalité qu'un siècle plus tôt, lui avait donné la princesse Amélie de Brunswick, veuve, très jeune, du duc Ernest de Saxe ; on montrait, dans le parc, la longue allée de tilleuls séculaires où Wieland, Schiller et Helder venaient méditer et l'humble maison longtemps habitée par Gœthe ; les égards dont les princes avaient comblé ces écrivains, ceux que Listz recevait du nouveau souverain Charles-Alexandre, le milieu même dans lequel vivaient, cote à cote, seigneurs et artistes, hôtes assidus du palais grand ducal dont plusieurs salles étaient dédiées aux poètes, tout contribuait à faire de Weimar, en même temps qu'un centre intellectuel important, la patrie du souvenir.

Richard Wagner venait d'y donner, avec succès, la première représentation de son Tannhauser et Berlioz vantait cette cité privilégiée « calme, lumineuse, aérée, pleine de paix et de rêverie ».

Avec Listz, Weimar allait devenir la ville de l'amour.

Mais ce n'était point là ce que venait étudier La Tour d'Auvergne lorsqu'au printemps de 1855, il s'installa à la légation de France qui occupait, le long des remparts, une imposante et lourde construction, dépourvue de décoration extérieure, comme l'époque du premier Empire en fournit trop.

Il présenta ses lettres de créance au grand duc Charles-Alexandre dont le principal souci était de maintenir les traditions de famille en conservant sa réputation d'ami des belles-lettres et des arts ; les questions de politique présentaient, pour lui, peu d'attrait ; elles étaient du ressort de Wartz-dorff, son ministre.

Notre représentant eut des loisirs dans cette petite capitale ; il en profita pour étudier les diverses constitutions allemandes ; si l'on en croit son ami Maussabré, il comprit, dès ce moment, les avantages que nous pouvions tirer de l'imbroglio de la Confédération germanique dont les rouages compliqués se mettaient si difficilement en mouvement ; pourquoi, s'il en fut ainsi, ne s'opposa-t-il pas plus vigoureusement, une fois parvenu au pouvoir, aux tentatives d'unification de la Prusse ? Pourquoi ne se souvint-il pas, alors, du sage conseil que lui donnait Thouvenel dans sa dépêche du 5 avril 1855 : « Le rôle de la diplomatie est de prévoir pour n'avoir pas à réagir plus tard contre des faits accomplis » ?

Le zèle du nouveau ministre s'exerça surtout dans le domaine économique ; grâce à ses diligences, une compagnie anglo-française obtint, pour les duchés de Saxe-Weimar, de Gotha et de Meiningen, la concession de la ligne ferrée d'Eisenach à Lichtenfels, destinée à établir des relations nouvelles avec la Thuringe.

Là ne se borna pas son activité ; Walewski, successeur de Drouyn de Lhuys au Quai d'Orsay, redoutait que la Prusse, forte du concours armé de l'Allemagne, intervînt pour imposer la paix aux belligérants de Crimée ; il fit part de ses inquiétudes à notre agent qui questionna habilement les hommes d'état du grand duché ; le 15 mai 1855, Wartzdorff le rassura sur les intentions de nos voisins, de plus en plus inébranlables dans leur neutralité ; l'Autriche imita cet exemple et, malgré la longueur du siège de Sébastopol, la Diète approuva son attitude prudente.

De temps à autre, des réceptions officielles réunissaient les personnalités en vue de la cour et de la ville ; à la fin de juin 1855, eut lieu l'anniversaire de la naissance de Charles-Alexandre ; en dehors du corps diplomatique et de quelques généraux prussiens, peu d'étrangers participèrent aux réjouissances ; les princes allemands se rendaient avec moins d'empressement que jadis à Weimar, car la grande duchesse régnante ne possédait pas les aimables qualités qui distinguaient sa belle-mère, Marie Paulowna, et avaient valu à celle-ci d'exercer, sur ses contemporains, une si durable influence.

Rarement, par contre, la fête de l'empereur Napoléon III fut célébrée avec plus de faste ; la direction de la partie musicale fut confiée à Listz avec qui La Tour d'Auvergne entretenait d'amicales relations.

Ce compositeur occupait, depuis treize ans, les fonctions de maître de chapelle du grand duc ; jamais son génie n'avait été plus fécond ; il venait d'écrire ses douze poèmes symphoniques et sa

messe de Gran ; comme s'il lui répugnait de prolonger une vie d'hypocrisie, il s'était installé à
l'Altenburg, auprès de son amie la princesse Caroline de Sayn-Wittgenstein ; tout le monde connaissait leur liaison ; bien mieux, les deux filles de
Listz l'avaient rejoint, en ce mois d'août 1855 ;
le ministre de France accepta, à son tour, une
situation généralement tolérée et fit appel au
concours du célèbre artiste.

Les réunions mondaines n'intéressaient pas
seules La Tour d'Auvergne ; dans une dépêche
adressée, le 30 août, à Walewski, il lui raconte
comment s'est déroulée la fête des arbalétriers à
laquelle il a assisté pour se distraire ; cette manifestation a lieu, quelques jours avant l'ouverture
de la chasse, dans une propriété située aux
environs de Weimar et spécialement mise à la
disposition des concurrents ; les plus fortunés de
ceux-ci revêtent un uniforme tyrolien dont ils se
montrent fiers ; les exercices de tir à la carabine
se poursuivent pendant plus d'une semaine ; entre
temps, des bals, des concerts s'organisent, en
plein air, dans des sites ravissants ; cette année-là,
on visite même un diorama représentant les principaux épisodes de la guerre de Crimée.

Tous les regards convergent, en effet, de ce
côté ; le 12 septembre 1855, La Tour d'Auvergne
reçoit les félicitations du corps diplomatique et
des ministres à l'occasion de la prise de Malakoff ;
Wartzdorff lui demande l'autorisation de transmettre, sans retard, la « bonne nouvelle » au
grand duc ; cependant, si l'opinion populaire
manifeste quelque sympathie à notre égard, on

remarque un certain embarras dans les sphères dirigeantes ; ces préoccupations tiennent à l'attachement traditionnel de la cour de Weimar pour ses hôtes d'autrefois et au regret de voir des questions intéressant l'avenir de l'Europe tranchées sans que l'Allemagne ait su faire usage de son influence comme grande nation.

La presse manifeste des appréhensions ; le journal « Deutschland » écrit, au début de septembre : « Tandis que, là-bas, ils ensevelissent leurs morts et pansent leurs blessés, nous pouvons observer les nuages précurseurs des tempêtes qui s'amoncellent sur nos têtes. »

On croit discerner un péril du côté de l'Autriche ; l'article continue, en effet, en ces termes : « Pendant plus de quarante ans, le vent d'est a soufflé sans interruption sur l'Allemagne et a desséché nos poitrines ; mieux vaut le vent d'ouest ; il est plus chaud et plus vivifiant. »

Au mois d'octobre suivant, La Tour d'Auvergne assiste aux manœuvres d'automne de l'armée grand ducale ; le souverain a quitté sa résidence de Wilhelmstall pour présider, en personne, ces exercices dont l'exécution ne laissa, parait-il, rien à désirer.

Ce fut l'occasion, pour notre représentant, de prendre congé des princes ; après dix mois de séjour auprès d'eux, il venait d'être appelé à un autre poste.

A en croire son ami Maussabré, La Tour d'Auvergne entrevoyait, dès cette époque, des menaces pour l'avenir de la France ; il répétait souvent, dans ses conversations pleines de charme

et de prédictions « qui semblaient alors hasar-
dées », que la guerre de Crimée nous avait
valu des avantages militaires et surtout financiers,
mais qu'elle pouvait nous « faire perdre la tête »
et nous conduire à une politique d'aventures.

Il faut reconnaître que l'heureuse politique suivie
par Napoléon III, entre 1852 et 1856, ne fut
pas complètement exploitée ; elle nous avait valu
l'alliance effective de l'Angleterre, la neutralité
bienveillante de l'Autriche et celle, plus condi-
tionnelle, de la Prusse ; la Russie vaincue nous
faisait des avances.

Comme nous cherchions à développer ces
avantages, on se réfugia, outre-Manche, dans une
hostilité bougonne ; Bismarck, ne parvenant point
à nous rallier à ses vues, chercha un point d'appui
vers le sud ; pour faire l'unité italienne, nous
allons sacrifier l'amitié autrichienne et nous n'ob-
tiendrons même pas la reconnaissance du peuple
libéré par nous du joug étranger ; nous
abandonnerons, sans compensation, l'entente avec
la Russie, tout en renonçant à secourir la
Pologne !...

La série va commencer des fautes qui ne se
pardonnent point.

# V.

## FLORENCE

Le voyageur qui, au milieu du XIX$^e$ siècle, se rendait de Paris à Turin et dans l'Italie centrale, avait le choix entre deux routes pour franchir les Alpes au pied desquelles diligences et chemins de fer combinés l'avaient amené : il pouvait, après avoir traversé, jusqu'à St Pierre d'Albigny, la Savoie, pauvre mais pittoresque province du royaume de Piémont, soit gagner Suse par le col du Mont Cenis, soit, après une halte à l'hospice du Petit St Bernard, descendre sur Aoste.

C'est ce parcours, dont l'agrément des sites compense la longueur, qu'adoptait, d'ordinaire, La Tour d'Auvergne.

Cependant, la voie des montagnes lui étant fermée pendant l'hiver de 1855, il s'embarqua à Marseille pour Livourne et de là se rendit à Florence où il venait d'être nommé ministre plénipotentiaire près du grand duc de Toscane.

La légation occupait le palais Soderini édifié, en 1377, par la maison de ce nom, sur la rive gauche de l'Arno.

L'immeuble, maintes fois transformé depuis lors, n'a point d'architecture particulière ; il se recommande seulement à notre attention par les statues mythologiques décorant sa façade et par quelques souvenirs historiques ; si l'on en croit une inscription placée dans le vestibule d'honneur, Ste Catherine de Sienne l'aurait habité ; par la suite, Raphaël, Napoléon Ier, Walter Scott et lord Byron en furent les hôtes.

L'intérieur du palais, aujourd'hui hôtel, ne manque pas de majesté ; de part et d'autre du hall d'entrée, on rencontre une succession de pièces réservées, jadis, aux bureaux de la chancellerie ; certaines sont peintes en grisailles ou en coloris vifs, dans le goût florentin ; on accède au premier étage par un large escalier à double circonvolution, garni de rampes et de colonnes en grès de Fiesole ; un plafond représentant les neuf muses le décore et, sur le palier, s'ouvrent les appartements de réception dans lesquels subsistent des vestiges d'un glorieux passé.

Le ministre de France, de son cabinet situé à cet étage, jouit d'une vue que j'ai souvent admirée : à ses pieds coule l'Arno ; les premiers rayons du soleil levant, apparus derrière le vieux pont, donnent à ses eaux la patine d'un beau vert florentin ; en même temps que se répondent les carillons des églises et des couvents, une multitude de gens affairés et de véhicules bariolés encombre les quais étroits, dallés de pierres plates ; sur l'autre rive, les palais Corsini et Fontebuoni, celui-ci cher au poète Alfieri, mirent, dans le fleuve, leurs imposantes silhouettes ; au-dessus des terrasses, on aperçoit les coupoles roses du dôme de Brunellescho et de la chapelle St Laurent où reposent les Médicis, le campanile de Giotto, aux mosaïques de marbre, la tour moyennâgeuse du vieux château ; plus au nord, l'élégant clocher de Santa Maria Novella se découpe sur le ciel d'un bleu lumineux, tandis qu'à l'est apparaît la masse sombre du palais Pitti, résidence du grand duc de Toscane ; enfin, au second plan, le mont Morello, les hauteurs de Fiesole, puis la chaîne des Apennins forment le fond de ce somptueux décor ; ils prennent, à l'aube, des nuances mauves extrêmement douces qui, peu à peu, s'estompent pour ne laisser subsister que les contours d'un inimitable relief.

Le premier janvier 1856, M. de Fleuriau, chargé de l'intérim, remit les services à La Tour d'Auvergne, arrivé l'avant-veille.

Celui-ci, en l'absence du ministre des Affaires Etrangères, le duc de Casigliano, que des deuils cruels éloigneront bientôt de la politique, vit Baldasseroni, président du conseil toscan ; bien qu'il exerçât le pouvoir au nom d'un monarque absolu, cet homme d'état professait des opinions modérées.

Le 6 janvier, le représentant de la France fut reçu par Léopold II ; un dessin de Bonaiuti, conservé à la bibliothèque du Risorgimento, à Rome, nous montre ce souverain dans son uniforme d'apparat ; il a le visage allongé, entouré d'un collier de barbe blanche, la bouche souriante, le regard assez profond.

Son règne, jusqu'alors, a connu bien des vicissitudes ; ses tendances libérales, ses ambitieux projets économiques, une certaine popularité l'avaient mis à l'abri de la révolution de 1848 ; chassé de ses états, un peu plus tard, il y est rentré avec le concours des baïonnettes autrichiennes ; pourtant, son retour n'a pas été suivi d'une trop violente réaction ; l'année qui s'achève ayant vu le départ de protecteurs souvent gênants, il est un peu remonté dans l'affection de ses sujets.

Au cours de ce premier entretien, le grand duc fait part à La Tour d'Auvergne de ses craintes de voir la guerre d'Orient se prolonger et des inquiétudes que lui cause le Piémont ; son caractère « faible et timoré » frappe le ministre de France.

Celui-ci va présenter ensuite ses lettres de créance à la princesse Louise-Marie-Thérèse de Bourbon, duchesse et régente de Parme, auprès de laquelle il est également accrédité.

L'entrée de la ville illustrée par le Corrège ne manque point de charme ; dans les rues, une foule rieuse, paisible et douce, se presse pour apercevoir la silhouette rigide du diplomate qui passe, sans se retourner, devant la statue prétentieuse et laide de l'impératrice Marie-Louise, représentée en vestale par Casanova, d'ordinaire mieux inspiré.

La duchesse possède, au physique, les traits marquants de sa famille : bel ovale du visage, nez aquilin ; rien, chez elle, ne dénote une intelligence supérieure ; pour la réception, elle a piqué une aigrette dans ses cheveux bruns, revêtu un manteau royal et porte une broche sur laquelle son frère, Ferdinand VII, roi d'Espagne, est peint en miniature.

Pendant l'audience, La Tour d'Auvergne remarque, chez la princesse, un peu « de gêne et d'hésitation », qu'il attribue à la présence de son jeune fils Robert Ier ; ce malaise s'expliquerait aussi par le peu d'agrément qu'éprouve sans doute la fille de la duchesse de Berry à recevoir l'envoyé de l'empereur des Français.

Le malheur, l'année précédente, s'est lourdement abattu sur la maison de Parme : Ferdinand-Charles III a été assassiné sans que le coupable fût découvert ; les espoirs de la dynastie reposent, à présent, sur la tête d'un enfant.

Le marquis Pallavicino, issu d'une famille illustre, gouverne au nom de la régente ; c'est un homme de forte taille, chauve, aux longues moustaches tombantes ; son regard, abrité derrière des lunettes, ne manque ni d'intelligence, ni de pénétration ; par une délicate attention, il présente au ministre de France deux vétérans de nos « vieilles guerres », qui occupent d'importantes fonctions à la cour parmesane.

* * *

A Florence, comme à Weimar, les préliminaires de la paix en Orient font l'objet des conversations ; on s'étonne que la Russie, incomplètement vaincue, accepte de s'humilier ; Baldasseroni, interprète du sentiment général, confie à La Tour d'Auvergne, le 2 février 1856, que la valeur déployée par nos troupes en Crimée, la sagesse et la fermeté de la politique impériale font de Napoléon III l'arbitre de l'Europe.

Nous profiterons peu d'avantages si chèrement acquis.

La politique réaliste de Cavour va entrer dans sa phase préparatoire ; nous ne saurons ni en empêcher le développement, ni aider jusqu'au bout à son succès ; le grand ministre sarde n'attend rien de bon des soulèvements populaires ; il ne compte pas sur le concours des bandes d'insurgés pour chasser l'Autrichien du sol de la patrie ; il veut une alliance solide ; la France seule peut la lui fournir ; à l'intérieur, il entend cristalliser les jeunes enthousiasmes autour de la maison de Savoie et, pour cela, canaliser même l'effort des républicains, de Mazzini surtout, cet inlassable conspirateur, au teint olivâtre, aux yeux de flamme, utopiste, sincère et désintéressé comme un apôtre, qui parle de régénérer, puis d'unifier l'Italie.

Cet état d'esprit des dirigeants piémontais alarme leurs voisins ; pour s'en convaincre, il suffit de parcourir la correspondance échangée entre La Tour d'Auvergne et Walewski ; dès le 17 février 1856, Baldasseroni s'étonne de voir le représentant de Victor-Emmanuel admis au congrès de Paris ; il proteste contre la trop large « rémunération » accordée aux maigres services du roi de Sardaigne ; si le premier ministre toscan demeure « calme et modéré », par contre, son collègue de l'intérieur, Landucci, se montre moins réservé ; il dénonce, sans se lasser, les agissements de ses compatriotes émigrés en Piémont, se plaint qu'on y conserve le drapeau de l'unité italienne et regrette que son gouvernement se soit trop empressé de nommer un chargé d'affaires auprès de ce remuant voisin ; les débats du parlement sarde sont commentés sans aménité à Florence; des polémiques de presse enveniment encore la situation ; le journal le Courrier italien, paraissant à Vienne, publie, le 25 mai, un article menaçant contre Victor-Emmanuel : « Ce qui peut arriver, y lit-on, c'est que le plus fort des deux adversaires se lasse des vexations continuelles qui lui viennent de la part du plus faible et qu'oubliant alors sa générosité habituelle, il se laisse aller à infliger au « jouvenceau railleur » une correction, dont celui-ci se souviendra long-temps » ; l'Italie, feuille d'ordinaire contrôlée par Cavour, plaint la Toscane gouvernée par un « souverain en démence » qui fait assassiner juri-diquement ses adversaires et peut être compris parmi les bourreaux de son pays ; les libéraux, à l'issue du congrès de Paris, offrent à Cavour son buste en marbre par Giacomo Vela, ainsi qu'un peu de la terre natale de Nicolas Pisano et de Michel Ange ; partout, se développent des sociétés secrètes ; des banquets politiques ont lieu à Lucques et à Pistoïa ; les incidents se multi-plient ; à l'occasion de l'anniversaire de la bataille de Curtatone qui, en 1849, fut fatale à la cause de l'indépendance, un service est célébré à l'église du Corpus Domini de Turin ; une inscription outrageante pour le grand duc Léopold II est placée sur la façade du sanctuaire ; on s'en émeut à Florence ; le placard disparait, mais non l'agitation.

Quelques semaines plus tard, un bateau débarque, pendant la nuit, à Gombo, près de Pise, cinq cents fusils destinés aux insurgés ; un autre navire, surpris à l'île de Maloria, ne peut se débarrasser de sa cargaison ; l'agitateur Ma-lenchini cherche à soulever les ouvriers de Livourne.

Au milieu de ces troubles, l'inquiétude grandit au palais Pitti ; Léopold II y reçoit fréquemment La Tour d'Auvergne ; il se répand en lamentations, se plaint de l'insuffisance de sa police et redoute les pires malheurs tant pour lui que pour le roi de Naples qui, pour assurer sa tranquillité, voudrait transférer en Argentine tous les détenus politiques.

C'est le moment choisi par le Saint Siège pour entreprendre la négociation d'un concordat avec la Toscane ; le nonce, Mgr Franchi, prélat entreprenant, désire régler, en particulier, la question de l'admission des femmes dans les couvents ; il se heurte à la résistance courtoise de Lenzoni, ministre des Affaires ecclésiastiques, esprit éclairé, conciliant, « appui des modérés » ; bien que favorable à la cour de Rome, cet homme d'Etat ne seconde pas ses desseins. (1)

La Tour d'Auvergne cherche à discerner la vérité au milieu de cet imbroglio ; « On ne peut nier, écrit-il à Walewski, le 24 août 1856, qu'à l'affection dont était entouré le grand duc, à une autre époque, a succédé un sentiment d'indifférence complet et presque général ; son gouvernement n'obtient à un degré suffisant ni l'estime, ni la confiance du public ; enfin, les hautes classes de la société, qui devraient l'appuyer sont ici mécontentes, se plaignent d'être tenues à l'écart et comme en suspicion. »

------

(1) La Tour d'Auvergne fut probablement renseigné à ce sujet par son frère Charles qui, depuis décembre 1855, avait succédé à Mgr de Ségur comme auditeur de rote, à Rome.

Notre représentant n'enquête pas seulement dans les milieux réactionnaires ; il s'est lié d'amitié avec plusieurs libéraux, dont le baron Ricasoli, destiné à jouer un rôle important dans l'annexion de la Toscane à l'Italie.

D'illustre naissance, propriétaire de l'immense domaine de Briolo, d'où l'on tire l'un des vins réputés de la péninsule, ce patricien florentin possède une silhouette élégante ; il se donne, avec ses longues moustaches cirées, un air napoléonien — seconde manière — ; ses ambitions sont alors modestes ; plus tard, après l'expulsion de Léopold II, il prendra conscience du but à atteindre et le poursuivra avec ténacité.

Pour l'instant, son opinion est celle des libéraux modérés. « Ce que nous demandons, disent-ils, c'est à être comptés pour quelque chose. Quel danger y aurait-il pour le gouvernement à s'entourer des sommités du pays, à former autour de lui comme un conseil provenant soit de l'élection, soit même du choix du souverain, dont on prendrait l'avis en matière d'administration, de finances, d'agriculture. Si les choses n'allaient pas mieux, la responsabilité du grand duc serait, en tous cas, moins lourde ; mais elles iraient certainement mieux. »

Sondant également les dispositions des classes populaires, La Tour d'Auvergne a peine à croire que Mazzini parvienne à faire beaucoup d'adeptes parmi ces gens au caractère doux et insouciant, dont le gouvernement est peu oppressif et qui ne connaissent pas l'occupation étrangère.

Il se rassure en les voyant reprendre leurs

divertissements de jadis ; pour la première fois, depuis treize ans, on autorise, en 1856, les fêtes du Carnaval ; des masques nombreux circulent dans les rues de Florence ; les veglione se succèdent ; des courses de chevaux ont lieu, en présence du prince Alexandre de Hesse, général au service d'Autriche, et la cour elle-même donne le signal des réjouissances ; l'année suivante, les promenades sont plus brillantes encore sur le Corso ; des étrangers arrivent des quatre coins de la péninsule ; La Tour d'Auvergne, entraîné par l'exemple, offre, le 21 février, un bal auquel assistent le grand duc, sa famille, les ministres et la haute société florentine ; en l'absence de la princesse Emilie, qui se soigne à Pise, la comtesse Ricci fait les honneurs des salons de la légation.

Les autres membres du corps diplomatique ne partagent pas l'optimisme de notre ministre ; le russe Kissilef et lord Normanby se montrent des plus réservés dans leurs appréciations; Buoncompagni, agent du roi de Sardaigne, que nous retrouverons dictateur à Bologne, redoute de graves évènements ; le baron Hubner, ministre d'Autriche à Paris, de passage à Florence, émet l'avis que la flotte franco-anglaise rétablisse, sans tarder, les affaires de François II ; La Tour d'Auvergne prête une oreille distraite à ces alarmes ; on l'a si souvent berné avec les menaces de révolution qu'il n'y croit plus.

* * *

Dans la Parme romantique, la situation n'est

pas meilleure ; les vieux marronniers du palais ducal tressaillent à l'approche de la tempête.

Le 25 mai 1856, La Tour d'Auvergne avertit Walewski que l'état de siège le plus rigoureux règne sur la petite capitale ; la police est exclusivement aux mains des Autrichiens ; les arrestations se succèdent en silence et l'on déporte les suspects à Mantoue ; par crainte de troubles, Louise de Bourbon fait préparer, pour son usage, le palais de Camaïore, à Lucques ; elle est tiraillée entre son ministre Pallavicino, partisan de la tolérance, et le général autrichien Crenneville dont l'influence se manifeste en sens contraire.

La population se divise en deux clans ; le parti modéré prend son mot d'ordre à Turin, tandis que les légitimistes croient bien servir la dynastie en préparant une reaction.

Le 18 juin 1856, le désaccord éclate entre la régente portée à l'indulgence et son protecteur bien décidé, à la suite de l'enquête sur l'assassinat du duc de Parme, à englober dans la répression les membres du comité mazzinien ; on en réfère au cabinet de Vienne qui déplace l'officier ; mais cet incident réglé, la paix ne revient pas dans les esprits ; les Autrichiens continuent de s'opposer à l'amnistie des délits politiques ; la souveraine n'osant les désavouer ouvertement, se rend compte du mécontentement général et ne se hasarde plus dans sa capitale.

Depuis longtemps, toute vie mondaine en est bannie, à cause du manque de ressources dans la classe dirigeante ; pour les bals ou les réceptions qu'elle veut organiser, la grande duchesse doit faire venir de Paris, à ses frais, robes et coiffures qu'elle distribue ensuite aux dames de son entourage qui, sans cela, ne paraîtraient point à la cour...

La Tour d'Auvergne reçoit, le 2 août 1856, les confidences du général Crotti, commandant en chef des troupes parmesanes ; celui-ci se plaint des procédés employés par l'armée d'occupation ; l'état de siège est imposé à sa malheureuse patrie, contre la volonté de la souveraine et de ses ministres ; les violences, exercées sur les particuliers, les mesures prises au nom de la régente la déconsidèrent aux yeux de la population qui la prend, de plus en plus, en désaffection ; une telle politique affaiblira progressivement le gouvernement et, avec lui, le parti légitimiste.

Au début de 1857, les Autrichiens quittent enfin le pays ; la duchesse accorde aussitôt l'amnistie ou une commutation de peine aux perturbateurs les plus compromis ; cette condescendance tardive ne lui servira pas ; Pallavicino, au commencement de la guerre d'Italie, cherchera, avant tout, à éviter que son pays fût entraîné dans le conflit; il s'efforcera de maintenir l'ordre à l'intérieur, d'assurer le ravitaillement public et de garder un « maintien impartial » entre les belligérants.

Il se montrera trop prudent.

* * *

Malgré l'incertitude du moment, la légation de France continue ses traditions d'hospitalité ; le ministre a pour collaborateurs le comte de Rochegude, secrétaire d'ambassade, de Caux et Macdonald, attachés, qui partagent leurs loisirs entre le club, le café Doney, les salons de la ville et le théâtre ; j'ai suivi les promenades qu'il faisait, en leur compagnie, aux environs de la ville ; l'une, partant de la porte de Rome, gravissait la colline pour atteindre la basilique San Miniato ; une autre les conduisait à Fiesole, d'où la vue s'étend sur la vallée du Mugnone et la campagne florentine.

La Tour d'Auvergne entretenait d'affectueuses relations avec notre consul à Livourne, M. de Senévrier, son ancien camarade de collège ; celui-ci organisait pour lui de grandes parties de chasse, « la guerre du Brantalone » ; dans leur correspondance intime, on trouve de curieuses appréciations sur les évènements politiques de France : le ministre ne partage pas les appréhensions exagérées de son ami, qui voit déjà le pays ruiné par le socialisme ; il est persuadé qu'à l'intérieur, comme à l'extérieur, nous finirons par nous tirer d'affaire, car nous en avons vu d'autres !... Le régime fait une grande consommation d'hommes, d'où certains mécontentements ; or, on doit toujours se garder des jugements des « instruments qui s'usent » ; à les en croire, du moment où l'on ne pense plus pouvoir se servir d'eux, tout est perdu !

Parole pleine de sagesse, qui reste vraie de ce temps !

Senévrier va avoir l'occasion de manifester, en de tristes circonstances, l'attachement qu'il porte à son chef.

Nous savons que la santé de la princesse de La Tour d'Auvergne était devenue de plus en plus précaire ; à la suite d'une cure peu profitable aux Eaux-Bonnes, elle s'est installée à Pise, où le soleil, même en hiver, a une chaleur sèche très favorable aux malades ; la jeune femme espérait y trouver la guérison ; pendant de longs mois, elle se promena sur les bords de l'Arno, s'agenouilla, au dôme, devant la chaire de Pisano, parcourut cette glorieuse place, où le compo sancto a été construit tout près du baptistère, pour rapprocher les deux pôles de la vie ; en passant en ces lieux, la princesse Emilie pensait, peut-être, avec Renan : « Voilà la belle demeure où j'irai reposer ! »

Il n'en fut pas ainsi ; elle s'éteignit, à Florence, le 8 mars 1857. (1)

Son mari demeura fidèle à sa mémoire ; il reporta sur leur fils l'affection qu'il lui témoignait ; « Godefroy va bien, écrivait-il à Senévrier, peu après ces douloureux évènements; il ne se doute pas, le pauvre enfant, qu'il a perdu sa mère ! »

Venu en congé à Paris, l'été suivant, La Tour d'Auvergne rencontra Walewski et fut reçu par lui au château d'Etiolles, le 2 août 1857 ; sa nomination au poste de Turin fut alors débattue ; quinze jours plus tard, il l'annonçait, en ces termes, à un ami : « Voici, hélas ! ma séparation avec la Toscane consommée ! Je ne l'ai ni sou-

---

(1) M. Montault des Iles ramena, en France, les restes mortels de sa fille qui fut inhumée dans l'église de Sammarçolles, petit village du Poitou ; le tombeau de la princesse Emilie a été profané, par des voleurs, au début de 1928 ; son corps était intact.

haitée, ni demandée par conséquent ; mais je suis trop raisonnable pour ne pas accepter la nouvelle position qui m'est faite. »

Au milieu de septembre, il prit congé du grand duc de Toscane, puis présenta, à la ville Sala, ses lettres de rappel à la régente de Parme.

Moins de deux ans plus tard, ces deux souverains étaient détrônés.

# VI.

## TURIN

C'est toujours avec émotion que je revois Turin, où s'accomplirent tant d'évènements mémorables, pendant la mission du prince de La Tour d'Auvergne, d'août 1857 à janvier 1860.

Il remplaçait, en qualité de ministre plénipotentiaire près du roi de Sardaigne, le duc de Gramont chargé de diriger notre ambassade à Rome ; détail curieux, il lui succèdera encore à Vienne et, enfin, à la tête du département des Affaires Etrangères, aux jours tragiques d'août 1870.

Turin restait, à cette époque, la ville aux rues étroites, uniformément droites, propres mais tristes, que les voyageurs signalaient au XVIII<sup>e</sup> siècle ; rien n'y paraissait changé depuis le temps où Jean-Jacques Rousseau, au service de M. de Vercellis, promenait, sous les arcades de la rue du Pô, son humeur vagabonde et tumultueuse ; les larges avenues, bien plantées, qui en sont aujourd'hui la parure, n'avaient pas encore éventré les petits couloirs dallés, pratiqués partout pour abriter les habitants contre un climat brûlant l'été, rude l'hiver.

Tout était mesquin dans cette capitale d'un état de cinq millions d'âmes ; le roi habitait un vaste immeuble, dépourvu d'élégance ; le château Madama, siège du Sénat, symbolisait, avec ses deux façades de style très différent, la politique à suivre pour assurer les destinées du pays ; sous son revêtement de pierres grises, le palais Carignan, où se réunissait la Chambre des Députés, avait un aspect d'infinie tristesse ; là, se feront entendre, demain, les mâles voix de l'Italie nouvelle.

Le gouvernement n'était pas mieux logé ; la préfecture actuelle et ses dépendances tiennent à l'étroit dans les locaux qui groupaient alors tous les ministères sur la place Castello, seul endroit, avec la rue du Pô et la place San Carlo, digne d'une grande cité.

Si, délaissant le cadre, nous passons aux hommes, nous n'éprouvons pas la même déception : voici, le premier de tous, le roi Victor-Emmanuel II ; aux portraits officiels le montrant alourdi par l'âge, l'air un peu vulgaire sous son brillant uniforme, je préfère le dessin en couleurs qu'en 1860, fit de lui Cesare Coghetti ; on peut le voir à la bibliothèque du Risorgimento, à Rome ; le jeune souverain est représenté dans une attitude résolue ; ses cheveux bruns, très drus, auréolent un large front et contrastent avec des yeux bleus, à fleur de tête ; ses longues moustaches tirent sur le blond ; la taille est fine, bien prise ; l'extérieur, un peu fruste, n'a rien de disgracieux ; on sent passer dans son regard l'éclair d'une volonté tenace, au service de moyens intellectuels assez limités.

On a comparé le roi galantuomo à notre

Henri IV ; ils possèdent la même intrépidité pour rallier leurs peuples, un égal mépris de la mort ; ils ont tous deux un penchant marqué pour les femmes ; cependant, l'on trouve, chez le second, plus de délicatesse dans les sentiments, plus de finesse dans la politique ; il existe, entre eux, la distance qui sépare leurs maîtresses ; indulgente envers la belle Gabrielle d'Estrées, l'histoire pardonnera moins aisément les faiblesses pour Rosine, la fille du tambour-major.

Rien, dans son passé, ne semblait prédestiner Victor-Emmanuel au rôle qu'il allait jouer ; élevé loin des affaires par un père religieux jusqu'au mysticisme, il était demeuré fidèle à la religion catholique ; la défaite de Novare lui ayant valu une accession prématurée au trône, son premier geste avait dû être d'implorer la paix de l'Autriche ; son règne commençait sous de tristes auspices.

La politique conservatrice de son ministre d'Azeglio se développa sans annoncer de vastes desseins ; les Revel, les Solar de la Marguerite, ses conseillers habituels, témoignaient d'une égale crainte pour les menées révolutionnaires et les entreprises hasardeuses.

Cependant, depuis quelques années, une personnalité nouvelle s'affirmait, troublant les jours calmes de la politique piémontaise : Cavour.

Au physique, c'était un petit homme, légèrement obèse, la figure ronde, portant un collier de barbe ; les yeux frappaient surtout en lui ; ils disparaissaient derrière des lunettes voilant le regard au point de le rendre insaisissable.

Longtemps, Cavour s'était recueilli, dans la solitude de Leri ; puis, au cours de rapides voyages en France et en Angleterre, il s'était convaincu que rien n'arrêterait l'évolution des peuples vers la démocratie.

Ses débuts dans la politique furent modestes ; on lui confia la direction d'un département ministériel d'importance secondaire, où se révéla son sens peu commun des affaires ; de là, il s'éleva progressivement aux premières charges de l'Etat.

Dès son arrivée au pouvoir, il dota les libéraux piémontais d'une doctrine, prit conscience du but à atteindre et choisit ses hommes : le médecin Farini, intelligent et sage, Ratazzi, d'idées plus avancées, qui, après sa chute, deviendra le principal conseiller du roi, Mamiani, ancien ministre de Pie IX, et plusieurs autres ; ses ambitions, encore insoupçonnées, furent secondées par les émigrés accourus des Romagnes, de Parme, de Toscane : les Manin, les Garibaldi, les La Farina, etc.

En faisant participer son pays à la guerre de Crimée, il accomplit un coup de maître ; en grandissant son rôle au congrès de Paris, il s'affirma homme d'état consommé.

A présent, il discipline les efforts de ses partisans, jugule la révolution, développe l'essor économique du pays, afin de montrer à l'Europe, en face des petits princes italiens réactionnaires et routiniers, un Piémont libéral, à l'avant-garde du progrès.

Près de Cavour, voici les représentants officiels

de notre diplomatie : leur chef, d'abord, La Tour
d'Auvergne, adversaire loyal et résolu de ses
projets ; d'Ideville, dans le Journal d'un diplomate, le dépeint comme un homme aimable,
séduisant, délicat, inaccessible à la passion ou à
l'enthousiasme, un grand seigneur plein d'élégance
et de politesse, déployant, dans les affaires, autant
de tact que de modération, connaissant admirablement les hommes, capable d'en tirer ce qu'il
veut savoir sans jamais se livrer ; son caractère
est fait d'un scepticisme joint à « une confiance
peu limitée » en soi-même, sous une affectation
de modestie.

On le sait sincèrement attaché à Walewski,
partageant ses idées en politique, avec plus de
pénétration peut-être.

Ses collaborateurs sont Aymé d'Aquin, premier
secrétaire, qu'en juin 1859 remplacera Rayneval,
fils de notre ambassadeur à Rome, récemment
décédé, Bartholdi, puis d'Ideville, seconds secré-
taires, de Chollet, attaché ; la chancellerie est
tenue par Martial Chevalier, frère de l'apôtre du
libre-échangisme en France ; ce sont de bons
auxiliaires, sans personnalité accusée ; aucun ne
connaîtra la notoriété.

En 1857, notre légation est installée au
numéro 10 de la petite rue du Guito, dans le
quartier nord de la ville ; l'immeuble, de
modeste apparence, convient mal aux goûts
fastueux de La Tour d'Auvergne ; deux ans plus
tard, il en transporte le siège dans l'une des ailes
du palais Perrone mise à sa disposition par une
Française descendant de La Fayette; ici encore,

la pensée se reporte à Cavour ; il donnait, alors, ses audiences dans une modeste chambre qu'on peut visiter au premier étage de la préfecture actuelle ; là, sans gardes, ni salons dorés, il s'asseyait dans un vieux fauteuil, devant une table surchargée de paperasses et songeait à assurer l'avenir de sa patrie !...

Le corps diplomatique comprenait des personnages représentatifs : le comte Brassier de St Simon, ministre de Prusse et français d'origine, était un vieillard imbu de sciences occultes ; il jouissait de peu d'influence ; par contre, le représentant de la Grande Bretagne, sir James Hudson, possédait la faveur des milieux officiels ; le roi écoutait volontiers ses avis et Cavour le tenait en amitié ; les émigrés avaient souvent recours à son appui moral, voire même à ses subsides ; suivant d'Ideville, la révolution italienne fut préparée, de longue main, dans ses salons ; c'était, pour nous, « un adversaire courtois, à peine déguisé ». La Russie avait pour agent le comte de Stackelberg, marié à une française « agréable et jolie » ; à ce diplomate très parisien, on attribuait une réputation surfaite d'homme d'esprit ; comme il combattait toutes les revendications de liberté, son crédit en souffrait. Le ministre d'Autriche-Hongrie, le comte de Paar, placé dans une situation délicate, manquait de l'autorité nécessaire pour éviter un conflit qui sera fatal à son pays.

La période allant de 1857 à 1862 fut, à Turin, aussi brillante qu'agitée ; la cour ne donnait pas le ton des divertissements ; les appartements royaux s'ouvraient rarement au monde officiel ;

les grandes charges avaient disparu et Victor-Emmanuel préférait au séjour de sa capitale celui des châteaux de Montcalieri et de Pollenzo, où il pouvait, sans contrainte, s'adonner à ses plaisirs favoris.

Toute la vie mondaine se concentrait dans les salons de la ville ; les officiers avaient pour providence la bonne marquise Doria, qui savait si bien distraire ses hôtes ; les Français se rendaient volontiers auprès de leurs jeunes compatriotes, la marquise Villeneuve et la comtesse de Sambuy, dont la grâce sérieuse contrastait avec l'exubérance italienne ; ils appréciaient la charmante madame de Rora, sœur de la princesse Belgiojoso, les comtesses della Rocca et Mestiatis, si spirituelles, l'« originale et jolie » marquise Alfieri, nièce et confidente de Cavour ; les invitations de madame de Ternengo, « la plus blonde des veuves », étaient recherchées, comme celles de la marquise d'Aglié, chez qui l'on jouait les proverbes de Musset.

Longtemps, on se souvint, à Turin, du carnaval de 1858 ; à cette occasion, le bal masqué du Reggio rivalisa avec celui de la Pergola, à Rome ; La Tour d'Auvergne eut la faiblesse d'y assister.

Les hommes politiques libéraux fréquentaient le café Fioria ; les conservateurs se retrouvaient à la société du Whist, installée au centre de la ville, dans un hôtel dont les élégants jardins du prince Cisterna formaient le prolongement.

Enfin, sur les hauteurs dominant Turin, habitait, à la villa Gloria, dans un milieu digne de sa beauté, une jeune femme d'apparence réservée, que notre ministre voyait fréquemment, car ses salons, fermés aux Italiens, s'ouvraient toujours devant nos compatriotes ; c'était, pour d'Ideville, « la plus charmante, la plus coquette créature que l'on pût rêver, avec ses cheveux blonds bouclés autour du front, ses bras et ses épaules nus, ses grands yeux doux et étonnés ».

J'ai nommé la comtesse Castiglione, autre nièce de Cavour ; elle apportera un concours efficace à sa diplomatie.

Connaissant, à présent, le cadre et les principaux acteurs du drame qui va se jouer, nous allons en suivre le développement.

* * *

Trois périodes sont à envisager dans la politique de Cavour ; il prépare, au cours de la première, l'alliance française et la réalise ; dans la seconde, fort de l'appui obtenu, il se consacre à la guerre dont sortira l'indépendance italienne, puis, déçu dans ses espérances, il quitte le pouvoir ; enfin, une troisième phase nous le montre de nouveau président du conseil et pratiquant la politique d'annexions destinée à compléter son œuvre.

A son arrivée à Turin, La Tour d'Auvergne ne rencontre pas le premier ministre sarde, alors à la campagne ; mais il voit le roi qui lui parle avec une franchise toute militaire et se dit animé du désir de suivre les conseils venus des Tuileries.

L'entrevue avec Cavour paraît pleine de cordialité ; les deux partenaires s'étudient ; l'opinion publique piémontaise veut la guerre ; à Paris, au contraire, l'influence de l'impératrice domine encore ; la publication, par le Daily News, du rapport de Rayneval, qui montre les Italiens incapables de se gouverner, y a fait une forte impression et l'on souhaite le maintien de la paix.

Pour notre représentant, les menées des agitateurs révolutionnaires constituent le grave danger de l'heure ; le 4 décembre 1857, il engage le gouvernement sarde à mettre fin aux attaques dirigées contre Napoléon III par le journal de Mazzini, l'Italia e popolo ; mais Cavour répond qu'il ne peut toucher à la liberté de la presse sans renier son passé ; au surplus, il croit ces polémiques sans portée.

Les événements lui donnent un sanglant démenti : le 15 janvier suivant, éclate l'attentat d'Orsini ; un désastre peut en résulter pour la politique piémontaise ; l'empereur, perdant tout son sang-froid, prend à l'intérieur des mesures exagérées ; en même temps, il fait appel, à l'étranger, à la solidarité des monarques contre les éléments subversifs; Palmerston, pour ne point avoir suffisamment sauvegardé la dignité britannique, est contraint de quitter le pouvoir ; plus avisé, le gouvernement belge nous éconduit avec de bonnes paroles ; à Turin, où l'on a besoin de notre appui, la situation devient rapidement tendue.

On y accorde, d'abord, quelques satisfactions au souverain ami : le journal Ragione est saisi pour avoir fait l'éloge d'Orsini ; l'Unione et le Progrès de Chambéry sont blâmés à cause de leur langage « plus qu'inconvenant » ; on expulse les réfugiés suspects ; d'autre part, le journal l'Indépendance offre à l'impératrice Eugénie un bouquet de fleurs de Gênes, en souvenir de son attitude courageuse lors de l'attentat et l'Armonia, organe de droite, adresse ses félicitations à Napoléon III.

Là s'arrête la bonne volonté piémontaise ; de récentes élections législatives ont porté au pouvoir une majorité de gauche avec laquelle le cabinet doit compter ; tout ce qu'il peut faire c'est, affirme son chef, de modifier la composition du jury.

La Tour d'Auvergne déclare à Cavour, le 5 février 1858, que nous ne nous contenterons pas « d'apparences de promesses » ; il nous faut des mesures sérieuses et immédiates ; le premier ministre offre de déporter en Amérique deux ou trois cents indésirables ; cette précaution n'étant pas jugée suffisante aux Tuileries, il annonce son intention de passer la main à Revel et aux conservateurs.

Napoléon III s'exaspère ; il écrit une lettre courroucée à Victor-Emmanuel qui, craignant de perdre l'amitié de son puissant voisin, lui dépêche le général della Rocca, son aide de camp favori ; après avoir été l'objet, à Paris, d'un accueil glacial, cet officier commet l'imprudence voulue, concertée avec son maître, de placer sous les yeux de l'empereur, le texte des instructions reçues du roi. « Il y a huit cent cinquante ans, y lit-on, que nous portons la tête haute et personne ne nous la fera baisser... » Comme Napoléon III n'est pas insensible aux beaux gestes, il oublie l'attentat dont il a été victime ; La Tour d'Auvergne, stimulé par Walewski, peut multiplier les protestations, parler même d'en appeler au Ballplatz, la diplomatie secrète est entrée en jeu, à son insu ; le siège de l'empereur est fait : lorsque della Rocca regagnera Turin, il emportera l'assurance que la France, en cas d'agression autrichienne, ne laissera pas écraser le Piémont.

Cavour croit toucher au but lorsque, le 13 mars, jour de l'exécution d'Orsini, le cabinet des Tuileries l'invite à publier, dans le Moniteur sarde, les lettres du condamné qui constituent une menace non déguisée contre l'Autriche ; or, entre temps, son allié s'est ressaisi ; résolu, en principe, à favoriser l'émancipation de l'Italie, il hésite sur les moyens à employer pour y parvenir et tergiverse au moment de passer à l'action.

Avec une incomparable sûreté de jugement, Cavour apprécie la situation ; à son instigation, tous les amis de l'Italie donnent aussaut à l'empereur : le prince Napoléon et sa sœur Mathilde lui remettent en mémoire les leçons du grand ancêtre ; le docteur Conneau, rentrant de Turin, manifeste des craintes pour la sécurité du souverain, si celui-ci abandonne ce jeune peuple avide de liberté ; Arese lui rappelle les promesses échangées, jadis, aux mauvais jours d'Amérique ; Bixio et Henriette Cornu exaltent la noblesse du rôle à remplir ; enfin, la voluptueuse comtesse de Castiglione emploie d'autres arguments plus convaincants encore...

L'empereur cède ; il s'informe, auprès des chefs militaires, des moyens dont nous disposons ; puis, il convoque Cavour à Plombières.

Le 21 juillet, au matin, a lieu leur premier

entretien ; si les deux interlocuteurs ont presque le même âge, combien ils diffèrent au physique comme au moral : l'un possède les qualités de l'homme d'état : maîtrise de soi-même, parfait équilibre du corps et de l'esprit, courage devant les responsabilités qui s'imposent, confiance dans l'avenir portée jusqu'à l'enthousiasme ; l'autre, prématurément vieilli par les excès sexuels, raisonne trop, hésite devant les grandes décisions à prendre ; par la force d'une logique puissante, mise au service d'une noble cause, l'obligé semble, à certains moments, donner plus qu'il reçoit.

Non sans machiavélisme, on examine les moyens propres à déclancl.er la guerre ; une insurrection fomentée dans la principauté de Massa et Ferrare, gouvernée par l'autocrate François V, permettra l'intervention armée du Piémont ; l'Autriche défendra son protégé et la France viendra au secours de Victor-Emmanuel.

On règle ensuite le sort de la péninsule ; l'étranger sera expulsé de ses possessions actuelles jusqu'à l'Adriatique ; le sceptre du roi de Sardaigne s'étendra sur la Lombardie, la Vénétie, l'Emilie, les Romagnes ; le pape conservera le reste de son patrimoine ; François II de Naples, ami du tsar, ne sera pas inquiété, pour l'instant ; par contre ,on créera un état de l'Italie centrale dont la Toscane sera le pôle d'attraction ; enfin, toutes ces puissances se grouperont en confédération, sous la présidence de Pie IX.

De ses sacrifices, la France doit retirer des avantages ; on se borne à les indiquer sommairement : ce sera la réunion de Nice et de la Savoie, si les buts de guerre de son alliée sont atteints.

Cavour accepte ces conditions ; par la suite, on lui fera grief de ne pas avoir réclamé davantage ; sa réserve ne fut que sagesse ; trop d'exigence eut effrayé celui dont il venait fort habilement de se faire un complice.

Au cours de la conversation de l'après-midi, l'empereur insista afin d'obtenir, pour son cousin Napoléon, la main de la princesse Clotilde, fille de Victor-Emmanuel, alors âgée d'une quinzaine d'années, quand son prétendant approchait de la quarantaine ; cette objection et bien d'autres furent faites à ce projet d'union, mais la raison d'état prévalut.

En rentrant à Turin, Cavour pouvait se féliciter des résultats obtenus : il tenait la convention secrète indispensable à la réalisation de ses ambitieux projets ; un silence absolu était la condition première du succès ; il le recommanda, sans tarder, à ses collaborateurs, notamment au comte de Barral, ministre de Sardaigne à Francfort. « L'empereur, lui écrivit-il, le 9 décembre 1858, dirige lui-même la question italienne, à l'exclusion de ses agents, à commencer par Walewski, et ne veut pas qu'ils s'en mêlent ; une exception doit cependant être faite en faveur de La Tour d'Auvergne qui, ayant des relations intimes dans son entourage, est mieux renseigné que ses collègues et tient un langage beaucoup plus conforme aux véritables intentions du souverain. » (1)

Malgré cette réserve flatteuse, notre représentant à Turin demeure en dehors des pourparlers

---

(1) Chiala Vingi, Littere edite ed inedite di Camillo Cavour ; T. VI, p. 348.

relatifs au mariage du prince Napoléon, avertit Walewski de l'isolement dans lequel on le tient et menace de donner sa démission, à l'arrivée de l'envoyé spécial chargé des négociations préliminaires ; il ne la retire que le jour où on lui assigne un rôle honorable dans les cérémonies officielles.

Le 11 janvier 1859, le ministre des Affaires Etrangères, en annonçant le départ du fiancé pour Turin, enjoint à La Tour d'Auvergne de garder une extrême réserve ; trois jours plus tard, il renouvelle ses instructions : « Vous devez naturellement, lui fait-il savoir, rester étranger à tous ces échanges d'idées comme à leurs conséquences. Si le prince vous faisait des confidences, à titre d'individu, vous en apprécieriez la portée ; comme agent officiel, vous n'avez de confidences à recevoir que de moi. »

La Tour d'Auvergne se conforme strictement aux ordres reçus ; il trouve le cousin de l'empereur impressionnable, mobile, confiant trop facilement sa pensée, « habitude dangereuse à cette heure et dans ce pays » ; il voudrait le voir rentré à Paris car il lui parait difficile que, dans ses longs entretiens avec Cavour, nous ne laissions « quelques plumes ».

Le mariage est mené avec une dextérité qui tient à peine compte des bienséances ; cela fait mauvaise impression en France : « Si vous croyez, écrit Walewski à son agent, le 25 janvier 1859, que c'est le seul moyen de se soustraire aux séductions de la sirène de Turin, à la bonne heure! Autrement, je l'aurais regretté. »

Ce génie redoutable n'est certes pas la jeune princesse dépourvue de beauté, cherchant à corriger au moyen de quelques anglaises les défectuosités de son visage, dont le peintre Hébert nous a conservé les traits ; c'est Cavour !

Le prince Napoléon débarque à Gênes, le 17 janvier ; le 23, le général Niel, qui l'accompagne, adresse au roi de Sardaigne la demande officielle ; le 25, La Tour d'Auvergne signe, au nom de l'empereur, les conventions matrimoniales; le 31 l'hymen est célébré ; quarante-huit heures plus tard, la navire la « Reine Hortense » emporte les époux vers la France : quinze jours ont suffi à régler le sort de deux êtres, la veille encore inconnus l'un de l'autre.

Le second acte du drame était joué ; le troisième faillit avoir un dénouement imprévu.

* * *

En Piémont, on est à la joie ; Cavour triomphe et prépare la guerre libératrice ; il réclame du Parlement le vote d'un emprunt de 50 millions de francs ; les étudiants de Gênes manifestent à l'occasion de l'anniversaire, déjà séculaire, de l'expulsion de l'ennemi héréditaire ; Rossi, professeur à l'université lombarde de Pavie, adversaire de la cause populaire, est assassiné dans cette ville ; le général autrichien Festetitch est publiquement insulté à Milan ; Garibaldi arrive à Turin pour se mettre à la disposition du gouvernement sarde ; dans la péninsule entière, la Société nationale italienne entretient l'effervescence ; La Tour d'Auvergne signale au Quai d'Orsay que sans discontinuer une foule imposante défile sous les fenêtres de la légation, en poussant des cris belliqueux...

Jamais l'activité de Cavour n'a atteint pareille intensité ; tous les services de la défense nationale sont centralisés en ses mains ; il assure le ravitaillement des populations, enrôle les volontaires et... dénonce les préparatifs de l'Autriche !

Le corps diplomatique s'émeut ; James Hudson laisse entendre que la responsabilité de cette politique aventureuse incombe à la France ; pour couper court à ces bruits fâcheux, La Tour d'Auvergne voit Cavour, le 4 mars 1859 ; nous nous en tiendrons entièrement et exclusivement, lui dit-il, au sens littéral de la convention secrète ; l'empereur secourra le Piémont si ce pays est attaqué par l'Autriche ; mais il ne viendra pas à son aide si l'on fait surgir des « prétextes de guerre » ; sur l'ordre de Walewski, il ajoute que, dorénavant, les affaires devront se traiter par « la voie régulière » ; Cavour n'en continue pas moins d'écrire, chaque jour, au prince Napoléon.

Le lendemain 5 mars, un coup de théâtre se produit à Paris ; le Moniteur, remettant toutes choses au point, publie le texte des engagements pris par nous envers le roi de Sardaigne : nous interviendrons, à ses côtés, en cas d'agression de la double monarchie — rien de plus.

L'opinion publique française a conçu, en effet, de sérieuses alarmes et doit être rassurée ; la publication de la brochure « Napoléon III et l'Italie », exposant les vues de l'empereur sur la réorganisation de la péninsule, a été suivie d'une panique en bourse ; les catholiques s'émeuvent, pressentant que, tôt ou tard, le pouvoir temporel du pape fera les frais du conflit ; le parti de l'impératrice parait triompher et Walewski déclare impossible une guerre avec l'Autriche depuis le jour où, à Varsovie, le prince Napoléon n'a pas obtenu le concours du tsar contre une intervention éventuelle de la Prusse.

On croit donc, de nouveau, à la paix.

Mais Cavour veille ; il a en mains une arme, l'alliance française, et va en user avec une suprême habileté.

Sans perdre un instant, il brusque les choses, appelle les contingents sous les armes ; à La Tour d'Auvergne, dont l'inquiétude augmente, il dit agir d'accord avec l'empereur, à qui cette concession vient d'être arrachée ; « Je n'ai donc plus, sous ce rapport, qu'à laisser faire », écrit notre représentant à Walewski, le 7 mars 1859 ; à chacune de ses protestations, on oppose la parole du maître, donnée en des entretiens auxquels ni lui, ni le ministre des Affaires Etrangères n'assistait ; un jour, affirme-t-on, Napoléon III conseille de ne pas renvoyer les déserteurs ; une autre fois, il admet l'incorporation, dans les troupes piémontaises, des bataillons modenais ou parmesans passant la frontière avec armes et bagages.

Les agents des deux diplomaties françaises se surveillent, en employant des procédés de basse police. « Je sais qu'une lettre vous a été remise par le prince Napoléon, mande Walewski à La Tour d'Auvergne, le 2 mars 1859 ; cette lettre aurait été accompagnée de ces mots : « Dites à

M. de Cavour qu'il trouve un prétexte, Plaisance, Ferrare, un mouvement quelconque, même dans les états romains et nous viendrons à son secours. Je vous prie de m'écrire si cela est vrai. »

Notre envoyé est invité à se rendre à Paris, en ayant soin de « partir sans précipitation » ; il le fait, voit l'empereur, les ministres, mais de ces entretiens ne sort aucune lumière.

Il a été précédé, dans la capitale, par le chef du cabinet de Cavour, le chevalier Nigra, jeune italien plein d'intelligence et de séduction, beau causeur quoique réservé, et sachant, à l'occasion, parler sans passion ; son rôle est d'appuyer le représentant officiel, l'« insuffisant » Vimercati, et d'obtenir les renseignements refusés à ce dernier ; ce nouveau messager le supplantera peu à peu et finira par le remplacer ; alors commencera une lutte amusante à suivre entre Metternich et lui ; pour réduire l'hostilité de l'impératrice, il n'hésitera pas à faire une cour respectueuse à la souveraine dont les joies conjugales furent si comptées.

« Je sais à peu près tout ce qu'a dit M. Nigra, écrit Walewski à La Tour d'Auvergne rentré à Turin, et tout ce qu'on lui a dit. J'ai vu une note énonçant les inquiétudes du Piémont d'une attaque inopinée de l'Autriche ; on parle de précautions à prendre » ; et il s'étonne qu'on entretienne l'empereur de « pareilles bilevesées ».

Peu à peu, le ministre des Affaires Etrangères parait reprendre son influence sur le versatile souverain. « La démission du prince Napoléon, écrit-il à La Tour d'Auvergne, le 11 mars 1859, a encore aggravé les choses. Il est sorti du ministère parce qu'il a bien vu qu'en y restant, il serait toujours battu et qu'après tout, il n'aime pas à affronter les orages ; il préfère leur tourner le dos et il lui parait plus facile de donner des coups de poignards que des coups d'épée !... »

Le maintien de la paix est subordonné à la réussite de la mission dont lord Cowley, ambassadeur de Grande Bretagne à Paris, vient d'être chargé auprès de l'empereur François-Joseph ; s'il obtient gain de cause à Vienne, le ciel redeviendra serein ; on en sera furieux au-delà des Alpes ; mais, observe Walewski, « pour que la négociation réussisse, il n'est pas indispensable qu'on en soit satisfait à Turin. »

Devant cette nouvelle menace, Cavour ne demeure pas inactif ; il se laisse interpeller à la Chambre par son ancien collègue Ratazzi et par le député Deprétris ; l'un et l'autre lui reprochent sa « timidité » dans la question de l'indépendance italienne ; l'Opinione, son organe, dénonce inlassablement les moyens employés par l'Autriche pour maintenir sa domination sur la péninsule ; le chancelier Buol, surmontant son orgueil, cède-t-il, par exemple, dans l'application de la convention douanière de 1857, le premier ministre sarde parait regretter le bon vouloir de son adversaire ; malgré ses craintes, c'est en l'alliance française qu'il a foi ; il se détache progressivement de James Hudson, trop pacifiste à son gré, et Victor-Emmanuel approuve.

Les avances de lord Cowley sont repoussées à Vienne ; au moment où le cabinet de Turin croit

tenir enfin sa guerre, survient un nouveau mé-
compte : Gortschakoff propose la réunion d'un
congrès des cinq grandes puissances pour régler
les affaires de la péninsule ; Napoléon III en
accepte le principe ; aussitôt, Cavour proteste
auprès de La Tour d'Auvergne : « Notre honneur,
lui dit-il, le 21 mars, est engagé vis-à-vis de toute
l'Italie et vous ne nous reconnaissez pas le droit
de faire entendre notre voix ! Quelle force morale
nous restera-t-il pour lui faire accepter les solutions
de votre congrès, quand elle saura que toutes les
questions y ont été discutées et tranchées en
dehors d'elle ? »

Notre représentant répond que la présence
d'hommes d'état français doit rassurer l'Italie ;
son interlocuteur l'écoute d'un air « plus résigné
que convaincu ».

A la suite de cet entretien, une dépêche signale
cependant à Walewski, le danger qu'il y aurait,
dans l'état actuel des esprits, à laisser le Piémont
en dehors des négociations.

Fort de cet appui inespéré, Cavour part pour
Paris ; le 26 mars, il est reçu par Napoléon III,
menace de publier ses lettres et le laisse fort
désemparé ; il voit ensuite le ministre des Affaires
Etrangères, qui raconte, en ces termes, l'entretien
à La Tour d'Auvergne :

« Il a passé du tragique au doucereux ; il a
essayé du pathétique, de la menace, de toutes
choses enfin ; il avait pour auxiliaire le prince
Napoléon ; à sa première visite, nous nous étions
séparés presque amicalement ; aujourd'hui, il est
sorti de mon cabinet plus que mécontent. J'ai

pourtant été très maître de moi pendant toute la conversation et je n'ai opposé à ses violences et presque à ses menaces qu'un calme qui, peut-être, lui a paru dédaigneux. Il m'a dit qu'il ne lui restait qu'à partir pour Londres et à se donner à l'Angleterre ; dans un autre moment c'était sa démission et l'Amérique en perspective, d'où il publierait sa justification ; l'abdication du roi apparaissait toujours sur le second plan. Parfois, enfin, il se redressait en me disant : « Nous vous entraînerons à la guerre, malgré vous ! »

Cavour rentra à Turin, fort mécontent ; il ne rapportait qu'un pro memoria envisageant la création d'une fédération d'états italiens ; c'était là mince satisfaction ; cependant, il touchait au but.

A la proposition britannique de désarmement, acceptée par les cabinets de Paris et de Vienne, Cavour avait d'abord résisté. « C'est, dit-il à notre ministre, le 15 avril 1859, la guerre à notre alliance avec la France que nous fait, en ce moment, l'Angleterre ; en même temps qu'elle nous menace et qu'elle soutient l'Autriche contre nous, elle nous fait dire par ses hommes d'état les plus éminents, par lord Malmesbury, par lord Clarendon, par lord Cowley lui-même, que, si nous nous séparons de la France, elle sera pour nous contre l'Autriche. La Prusse aussi nous sollicite de nous jeter dans les bras de l'Angleterre. »

La Tour d'Auvergne essaie, en vain, de le calmer en lui montrant que, s'il accepte la mesure proposée, les espérances légitimes de son pays ne seront pas déçues ; rien n'y fait ; le cabinet sarde ne renverra les contingents que si on lui garantit la possession de la rive gauche du Pô.

Les représentants de l'Angleterre et de la Prusse joignent leurs efforts aux nôtres pour le maintien de la paix ; enfin, le 19 avril, on peut télégraphier à Walewski que le Piémont « subit » le désarmement qu'on lui impose.

Hélas ! Il est trop tard ! Le 22 avril, l'Autriche refuse les propositions anglaises et ordonne au général Giulay de sommer le gouvernement sarde d'avoir, dans les trois jours, à réduire ses effectifs.

Avec une joie vibrante, Cavour, informe, heure par heure, notre représentant de la marche des événements ; la station de Novare signale, le 24 avril, le passage de Santa Croce et Hellersberg, plénipotentiaires de François-Joseph ; ils remettent au cabinet piémontais un ultimatum rédigé « dans un langage qui s'éloigne des formes et des usages diplomatiques » ; les intentions de l'Autriche ne font plus de doute. « Elle a jeté le masque, s'écrie Cavour. Le territoire sarde est menacé d'invasion; l'époque en est fixée ; les moyens ont été préparés de longue main ; ils se trouvent donc prêts sur la rive gauche du Tessin. »

Aussi réclame-t-il l'envoi immédiat d'un corps d'armée français de cinquante mille hommes.

Le 26 avril, nos premières troupes entrent en Savoie ; d'autres débarquent à Gênes ; les Autrichiens passent le Gravellone et des uhlans apparaissent en territoire piémontais...

Le lendemain, le cabinet de Turin répond, par un refus, à l'ultimatum...

C'est la guerre !

* * *

Lorsqu'en septembre suivant, d'Ideville arriva à Turin, comme secrétaire de notre légation, La Tour d'Auvergne le prit en particulier et le mit au courant des graves événements survenus depuis six mois ; le ministre de France avait cherché, au cours de la guerre, à « contenir » Cavour, mais s'était rendu compte que « l'activité dévorante de son esprit, son ambition, la nature aventureuse de son génie dominaient presque toujours chez lui les conseils de la raison ».

Des opérations militaires, notre représentant avait connu ce que le maréchal Vaillant voulait bien lui dire dans un rapport quotidien sommaire aussitôt transmis à Walewski ; il n'assista même pas à l'entrée des troupes dans la capitale de la Lombardie et s'en excusa auprès de Cavour, en s'associant, de « grand cœur », à la joie des populations recevant leurs libérateurs.

Les victoires de Magenta et de Solférino avaient été vite oubliées ; on n'apercevait, à la devanture des libraires de Turin, que portraits d'Orsini et pamphlets contre la France ; quelques semaines plus tôt, Napoléon III, à son retour des armées, recevait, pendant la traversée du Piémont, un accueil tout juste convenable.

Comment un tel état d'esprit s'était-il développé chez nos alliés ?

Le 13 juin 1859, le ministre de Prusse avait avisé La Tour d'Auvergne qu'il serait difficile de contenir l'Allemagne, quand nous serions sur le Mincio ; les chefs militaires d'outre-Rhin considéraient, en effet, la possession de Vérone et de Mantoue comme nécessaire à la sécurité de l'Autriche.

Pendant ce temps, les Piémontais se grisaient de leurs succès. « Ils disent partout, écrivait, le 3 juillet, La Tour d'Auvergne à Walewski, que l'empereur leur a promis les Légations, (alors possession du St Siège), jusqu'à Ancône et que, si Sa Majesté garde quelques ménagements vis-à-vis du pape, c'est uniquement pour arriver plus facilement, sans scandale, à ses fins... Vous pouvez juger, d'après cela, combien ma situation a été souvent difficile. J'ai bien la conviction que tout ce que dit M. de Cavour n'est pas toujours parole d'évangile, mais je n'en ai pas, malheureusement, la preuve. »

La déception du gouvernement sarde allait être grande ; averti que la Diète de Francfort mobilisait sur le Rhin, Napoléon III ne possédait pas les 300.000 hommes nécessaires pour forcer le quadrilatère derrière lequel se réfugiaient les Autrichiens ; déçu dans ses débuts comme généralissime, ému au spectacle de nos pertes cruelles, comprenant, enfin, la faute commise en entrant en campagne, sans avoir obtenu la neutralité prussienne, il s'entendit directement avec François-Joseph; ce furent les préliminaires de Villafranca : le Piémont acquérait la Lombardie, peut-être le duché de Parme, rien de plus ; comme ses buts de guerre n'étaient pas atteints, nous ne recevions aucune compensation pour nos lourds sacrifices en hommes et en argent : piètre résultat d'une entreprise mal engagée.

A l'annonce de ce dénouement, Cavour entra

dans une violente colère ; il fit tous ses efforts pour l'empêcher, mais se heurta à l'inébranlable volonté de l'empereur, à la résignation de Victor-Emmanuel, à l'ironique amertume du prince Napoléon, frustré de son royaume toscan.

Il rentra à Turin, au milieu de juillet, pour donner sa démission ; nul, alors, ne songea à le retenir.

* * *

Arèse ayant refusé le pouvoir, les généraux Dabormida et La Marmora devinrent, avec Ratazzi, les personnalités en vue du nouveau cabinet sarde ; le premier recevait le portefeuille des Affaires Etrangères ; dans cette lourde tâche, il se montrera irrésolu et se laissera conduire par les événements, plus qu'il ne les dirigera ; Ratazzi était un homme habile, intelligent, mais dépourvu de caractère ; dans quelques mois, il sera « débordé » par Garibaldi trop longtemps ménagé ; La Marmora, à lui seul, ne suffira pas à conjurer le danger.

Loyalement, il rappela les hauts commissaires installés, Farini à Modène, d'Azeglio à Bologne, Pallieri à Parme, Buoncompagni et Ricasoli à Florence ; tous, obéissant au dernier mot d'ordre de Cavour, partirent en laissant derrière eux une administration régulière, confiée à des hommes sûrs, disposant d'une force de police suffisante pour réprimer les troubles éventuels.

Les petits états italiens, enfin délivrés de leurs souverains, s'armaient et préparaient une résistance désespérée contre les tentatives de restauration ; ils avaient apporté un concours plus ou moins efficace au roi de Sardaigne, dans sa lutte contre l'Autriche, ce n'était pas pour rappeler, aujourd'hui, la duchesse de Parme, indifférente à la cause nationale, le réactionnaire François V de Modène, ou Léopold II de Toscane, trop compromis avec l'ennemi ; si Florence, docile aux conseils de Ricasoli, acceptait l'indépendance, elle répugnait à recevoir les princes de la maison de Lorraine ; à Bologne, la situation était plus délicate encore ; Pie IX n'avait point pris parti dans le conflit ; il n'en subira pas moins la loi commune et les Légations révoltées lui échapperont.

Le 10 novembre 1859, l'assemblée des états de l'Italie centrale se réunissait, malgré l'opposition du gouvernement sarde, mais avec l'approbation tacite du roi ; la presse et l'opinion publique piémontaises favorisaient l'annexion des provinces rédimées ; Cavour, maintenant dans l'opposition, critiquait la « politique de subordination et de faiblesse » de ses successeurs vis-à-vis de la France; le cabinet de Londres, désireux de prendre notre place, l'encourageait, tandis que Walewski, conseillé par Thiers, engageait Victor-Emmanuel à « consolider » d'abord ses importantes acquisitions.

Dans ces conditions, le congrès de Zurich ne pouvait que réserver l'avenir : s'il ne résolut pas la question italienne, du moins il ne consacra pas les annexions.

Alors, un nouvel assaut fut mené contre Napoléon III : Arèse et Dabormida revinrent à la charge ; suivant eux, le Piémont seul pouvait sauver de l'anarchie et de la révolution les populations ayant chassé leurs princes ; l'empereur, ne sachant quel parti adopter, fit tâter l'opinion par la publication d'une brochure, dont il était l'inspirateur : « Le Pape et le Congrès » ; on y engageait Pie IX à abandonner les Légations en révolte et à se contenter de Rome avec sa banlieue ; si son royaume était diminué, son autorité s'en trouverait accrue.

Le résultat ne se fit pas attendre ; le parti catholique français, un instant rassuré par la paix de Villafranca, commença une violente campagne contre le souverain ; l'Univers fut supprimé ; à Rome, le général de Goyon, commandant de notre corps expéditionnaire et cependant très dévoué à la cause du St Siège, se vit en butte à des procédés discourtois ; la malencontreuse brochure avait consacré la première rupture entre l'empereur et ses plus fidèles soutiens.

Celui-ci ne voulait ni perdre les avantages d'une campagne victorieuse, ni se laisser dépasser par lord Russel dans la voie de la générosité ; déjà, Walewski amorçait les négociations diplomatiques qui, menées à bonne fin par son successeur, nous procureront deux nouvelles provinces ; pour cela, il fallait ignorer les convoitises piémontaises et cesser de les dénoncer ; Napoléon III, tout en protestant de la pureté de ses intentions vis-à-vis du souverain pontife et en adressant à son allié un « ultimatum à l'eau de rose », décida de fermer les yeux...

Cavour, récemment ramené au pouvoir par le vœu des populations, comprit aussitôt la situation ; avec une vigueur accrue, il réclama la réunion des états secondaires à la patrie italienne ;

Victor-Emmanuel le soutint de toute son énergie ;
« J'ai déjà fait un grand travail, écrivit-il à la
princesse Mathilde en lui demandant son appui,
mais de nouvelles épreuves me sont réservées...
Je serai prudent, malgré moi, quand il le faudra
et (quand) le jour des dangers et de la tempête
viendra, et je ne le crois pas éloigné, on me
trouvera bien gai toujours. » (1)

Ici encore, Cavour montra à ses successeurs la
voie à suivre et ceux-ci réussirent dans la mesure
où ils s'inspirèrent de ses vues.

* * *

A Paris, la question italienne a fait une
première victime : Walewski.

Il est relevé de ses fonctions, le 4 janvier 1860,
quinze jours avant la rentrée politique de Cavour ;
Thouvenel, ami de l'Italie nouvelle, le remplace.

A Turin, la situation de La Tour d'Auvergne
devient intenable ; depuis deux ans, il s'efforce de
concilier les politiques de son souverain, l'une
officielle, l'autre secrète ; d'Ideville, dans le
Journal d'un diplomate, raconte cette plaisante
anecdote : Un jour, notre ministre reçoit de Walewski une dépêche à communiquer à Cavour ;
le gouvernement français y blâme sévèrement le
cabinet sarde qu'il accuse de favoriser les menées
annexionistes et de porter atteinte aux traités ; la
tête entre les mains, Cavour écoute la lecture du
document ; l'admonestation terminée, il ouvre un
tiroir de son bureau et en tire une lettre de

---

(1) Rome, Mus. Nap. 5 janvier 1860.

Maquard, secrétaire de l'empereur, portant la même date et l'assurant confidentiellement, de la part de son maître, que ses projets étaient vus par lui d'un œil favorable et qu'il n'avait pas à se préoccuper des complications possibles.

La Tour d'Auvergne replia sa dépêche et se retira.

Le 31 décembre 1859, il prit congé de Victor-Emmanuel ; le même témoin nous fait assister à leur dernier entretien.

« Quand nous reverrons-nous, maintenant, mon cher prince ? lui dit le roi. Vous allez à Berlin, moi, je reste ici où j'ai encore tant de choses à faire ! »

« De grandes et bonnes choses, assurément », répondit La Tour d'Auvergne.

« Sans doute, mais, quoiqu'il arrive, observa le souverain, je ne veux pas que vous me quittiez sur de mauvaises impressions. Je suis sûr que vous me prenez pour un impie, pour un mécréant, comme on veut le dire. C'est à tort. Je ne suis pas un mauvais chrétien. Si j'ai des rois parmi mes ancêtres, je compte aussi des saints dans ma famille. Tenez, regardez autour de vous ! »

Et il lui montre des portraits, pendus aux murs de la salle où se poursuivait l'entretien.

Malgré cet accueil flatteur, La Tour d'Auvergne, ami du calme et de la sérénité, quitta Turin sans regrets.

* * *

Quand on examine, dans le recul du temps, cette guerre d'Italie qui fut l'objet de si vives critiques, la plupart justifiées, on relève quatre fautes essentielles à notre passif : deux erreurs de préparation, deux d'exécution.

Notre intervention, il faut le reconnaître, ne s'imposait point ; la France avait acquis, sur les champs de bataille de Crimée, assez de gloire pour tout un règne ; elle reprenait sa place à la tête des nations ; Waterloo était oublié ; la fière Angleterre s'honorait de son amitié.

La sagesse voulait donc qu'après le succès du congrès de Paris, nous en restions là.

Malheureusement, Napoléon III, fasciné par le désir de jouer un grand rôle historique, ne l'entendit pas de la sorte.

Puisqu'il décidait de continuer sa politique belliqueuse, une guerre de libération, en Italie, n'était point contraire à nos intérêts ; du point de vue français, cette initiative pouvait se soutenir ; l'Autriche occupait, dans la péninsule, une situation trop prépondérante ; en la chassant, nous rétablissions un plus juste équilibre et reprenions les traditions d'Henri IV et de Richelieu.

Mais, avant de tenter pareille entreprise, des mesures de sécurité s'imposaient ; il fallait nous assurer la liberté de poursuivre nos succès jusqu'au bout ; la neutralité un peu hargneuse de l'Angleterre ne permettait pas d'atteindre ce but ; il était nécessaire d'obtenir celle de la Prusse ou, à son défaut, de parer, au moyen d'une alliance russe, à toute menace sur le Rhin.

Nous n'eûmes pas cette élémentaire prudence ; de là, une première faute.

J'en vois une seconde dans l'absence d'un traité

préalable, réglant, de façon précise, le sort des pays libérés ; à l'origine, un malentendu, constamment aggravé par la suite, sépare Napoléon III et Cavour ; le premier poursuit l'émancipation de l'Italie ; le second entend réaliser son unité ; pour ne s'être point mis d'accord, à ce sujet, en temps voulu, on connut des tiraillements, des équivoques, dont la dépêche de La Tour d'Auvergne à Walewski, du 3 juillet 1859, donne la mesure : « Il n'y a pas moyen, s'écrie-t-il, de contenir l'ambition désordonnée de ces gens-là ! »

La paix de Villafranca, voulue par les circonstances, fut un acte de sagesse ; mais l'empereur eut le tort de l'imposer à son allié, plutôt que d'en discuter les clauses avec lui ; pourquoi avoir laissé Cavour en dehors des négociations, comme si l'on redoutait sa présence ? Pourquoi s'être privé de l'appui de ses talents ? Pourquoi, en le tenant à l'écart, lui laisser un droit de critique sur un instrument diplomatique de cette importance ?

Sans doute, eut-il démissionné plutôt que de s'incliner ; or, fuir une responsabilité n'est pas gouverner ; s'il se fût conduit de la sorte, le grand ministre sarde eût affaibli sa situation personnelle.

Enfin, nous nous aliénâmes l'Autriche par une politique trop accentuée, et, la guerre terminée, nous hésitâmes à nous rapprocher d'elle comme, après Sébastopol, nous l'avions fait avec la Russie; cette dernière erreur n'eût point de contrepartie, puisqu'ayant promis, sans réserve, la Vénétie au Piémont, nous ne l'aidâmes point, jusqu'au bout, à l'obtenir ; quand, ayant compris que nous faisions fausse route, nous voulûmes revenir sur nos pas, il était trop tard : nous avions placé la main de l'Italie dans celle de la Prusse.

C'est ainsi que nous préparâmes Sadowa et, hélas ! Sedan.

# VII

## BERLIN

Le 17 février 1860, La Tour d'Auvergne arrivait à Berlin, en qualité de ministre plénipotentiaire près de la cour de Prusse, fonctions dans lesquelles il succédait au marquis de Moustiers.

Le lendemain, il rendait visite au baron de Schleinitz, chef du département des Affaires Etrangères, puis remettait ses lettres de créance au prince régent qu'il connaissait pour l'avoir rencontré, jadis, chez la grande duchesse de Saxe-Weimar.

Depuis trois ans, le roi Frédérick-Guillaume IV était atteint d'aliénation mentale ; son frère, le futur Guillaume I$^{er}$, exerçait le pouvoir en son nom ; dans les milieux diplomatiques, on le considérait comme un galant homme, impressionnable, défiant, dépourvu de sens politique ; la loyauté et la délicatesse dont il faisait constamment parade s'effarouchaient aisément ; réactionnaire, subissant plutôt qu'il n'approuvait la constitution, il jouissait de peu de sympathie dans le peuple qui n'oubliait pas son impitoyable répression de l'insurrection badoise ; sa femme, « bas-bleu politique », exerçait sur lui une notable influence.

Placé entre un maître presque exclusivement entouré de militaires et un parlement à tendances libérales, le cabinet prussien menait des jours agités ; les divers partis y comptaient des amis ; Schleinitz était un homme d'esprit, d'opinions modérées, correct à notre égard, sans afficher toutefois des sentiments vraiment français ; si on le jugeait insaisissable en politique, c'est qu'il se trouvait souvent gêné par son désir de suivre la Russie, sans rompre complètement avec l'Autriche.

Sur bien des points, nous le verrons en désaccord avec le régent et Bismarck dont, suivant Gontaut-Biron, il deviendra la bête noire.

La Tour d'Auvergne rendit visite à la reine, à Potsdam, et, à Berlin, aux membres de la famille royale, notamment aux princes Frédérick-Guillaume et Charles de Prusse ; leur empressement envers lui étonna ses collègues ; cet accueil courtois, dicté par la raison d'état, cachait peu d'amitié réelle ; nous avions, en effet, des adversaires déclarés à la cour, en particulier le prince de Hohenzollern et le duc de Saxe-Cobourg-Gotha.

Pour permettre de remplir les devoirs d'étiquette, plus nombreux ici qu'à Turin, l'installation matérielle de notre légation laissait à désirer ; elle occupait, au numéro 63 de la Wilhemstrasse, un immeuble disparu, depuis quelques années, pour faire place à une maison de rapport ; on s'en imaginerait difficilement l'inconfort ; lorsqu'au début de 1861, le prince Murat vint féliciter, de la part de l'empereur, Guillaume Ier de son avènement au trône, notre ministre ne put donner l'hospitalité à cet hôte de marque. « J'habite deux pièces, fit-il savoir au Quai d'Orsay, les autres sont sans meubles. »

Aussi, l'un de ses premiers soins fut de rechercher une résidence convenable ; les démarches aboutirent et nous acquîmes l'élégant hôtel de Parizer Platz ; il n'était point, à l'époque, tel que nous le voyons aujourd'hui ; bâti au XVIII<sup>e</sup> siècle, occupé, d'abord, par la veuve du kriegsrat Köppen, puis par le baron de Rose, ministre de Grande-Bretagne, il possédait, entre autres agréments, un jardin s'étendant, au nord, jusqu'au canal de la Sprée.

Au premier étage du corps de logis principal, restauré en 1882, s'ouvraient les appartements de réception desservis par un escalier à double révolution; de la salle de bal, qui était fort belle, et des salons, on apercevait, derrière des parterres fleuris, les lourdes colonnades de la Brandenburger Tor.

Le baron de Belcastel, chargé d'affaires par intérim, passa les services à La Tour d'Auvergne ; à ses côtés se trouvaient le marquis de Cadore, ancien collaborateur du ministre à Rome, Saillard, second secrétaire, les attachés de Montherot et de Caux, celui-ci menaçant, à tout propos, de se retirer si l'on n'appréciait mieux ses mérites, celui-là mort jeune alors qu'il semblait promis à un brillant avenir ; notre attaché militaire, M. de Beaulaincourt, quoique remplissant une tâche importante, était inférieur en grade à ses collègues étrangers ; on obtiendra pour lui la « grosse épaulette ».

Parmi les membres du corps diplomatique, le baron de Budberg, conseiller intime du tsar, représentait son maître avec autorité ; on le disait

« français sur toutes les coutures » ; à ses avances, La Tour d'Auvergne répondra par une confiance convenable et, pour ne pas être en reste de bons procédés avec lui, préparera sa nomination au poste de Paris ; lord Bloomfield, ministre de Grande-Bretagne, avait, seul parmi ses collègues, accès auprès de la famille régnante, depuis le mariage de Frédérick-Guillaume avec une princesse royale d'Angleterre ; il exerçait une influence considérable à la cour ; son successeur, lord Loftus, développera encore cet avantage ; ces diplomates ne nous témoignaient aucune bienveillance ; dans l'affaire de Syrie, notamment, Bloomfield prendra parti contre notre occupation, en des termes si passionnés, si injustes, que La Tour d'Auvergne devra, à plusieurs reprises, le regarder dans les yeux pour lui faire comprendre qu'il dépassait les limites permises ; cet homme était peu agréable. (1)

Le rôle du comte Karolyi, accrédité à Berlin par l'Autriche dont les embarras intérieurs n'échappaient à personne, celui du ministre de Danemark de Quaade, relevant d'un gouvernement digne mais dépourvu de souplesse, étaient souvent ingrats ; le baron de Nothomb, représentant de la Belgique, avait un rayon d'action limité; quant au comte de Launay, envoyé de Victor-Emmanuel, il ne savait s'il devait préférer le concours de la France, qui lui pesait, à celui de la Prusse si difficilement obtenu.

* * *

_______________

(1) Arch. de la T. d'A. 3 mars 1861.

Pendant la mission de La Tour d'Auvergne à Berlin, une personnalité prussienne, souvent mentionnée dans ses dépêches, se révèle à l'attention européenne et va occuper une place prépondérante sur la scène politique ; c'est le comte Othon de Bismarck-Schœnhausen.

Seize ans plus tôt, ce hobereau qui alliait l'ambition du Brandbourgeois à l'aptitude aux affaires du Poméranien, avait quitté son domaine rural pour représenter la ville de Rathenow à la Chambre prussienne ; ce premier contact avec une assemblée élue l'avait convaincu de l'impossibilité de gouverner sous pareil régime ; il comprit, en outre, que, pour fonder l'unité allemande, le seul parti à prendre était de développer l'action de son pays dans les états confédérés ; comme plénipotentiaire à la Diète de Francfort, de 1852 à 1859, il s'y employa, faisant alterner la ruse, la douceur et la brutalité ; gallophobe, au fond du cœur, considérant le « Bonaparte » comme l'ennemi héréditaire, il jugeait inévitable une guerre avec la France, mais voulait en choisir l'heure.

A la lecture de la correspondance diplomatique de La Tour d'Auvergne, on est frappé de sa complète incompréhension de la politique bismarckienne ; honnête et loyal, il ne conçoit pas que, sous tant de courtoisie, se cachent de noirs desseins ; sa naïveté déconcerte ; il fait du pire adversaire de la France le conseiller écouté de sa légation ; ainsi, pour être édifié sur le caractère du prince-régent ou de tel personnage de la cour, c'est au futur chancelier qu'en janvier 1860, il s'adresse comme à l'un de nos « amis » ; veut-il, avant l'entrevue de Bade, conseiller une attitude à Napoléon III? Il se renseigne à la même source, Le but de l'empereur, répond Bismarck, doit être d'effacer les mauvaises impressions et de gagner la confiance de Guillaume ; pour cela, il devra n'aborder qu'avec grand ménagement les questions touchant l'Allemagne et ne pas l'associer à des combinaisons politiques dont ce prince ne saisirait pas la portée.

Survient, l'année suivante, la mort de l'ambassadeur de Prusse à Paris, le comte de Pourtalès, qui, malgré la mobilité de ses appréciations, était animé de réelles sympathies pour notre pays ; à Berlin, on lui donne pour successeur soit le comte de Goltz, soit Bismarck ; celui-ci, mande La Tour d'Auvergne à Thouvenel, le 20 décembre 1861, est un homme « d'un esprit hardi et fertile, très disposé à s'entendre avec nous... Je crains un peu qu'à la cour, sa nomination ne rencontre des difficultés ». (1)

Quelques jours plus tard, s'entretenant avec Bernstorff, secrétaire d'état aux Affaires Etrangères, il sonde à nouveau le terrain en faveur de son candidat; le roi se montre peu disposé à le nommer; l'Autriche et les cours secondaires d'Allemagne verraient, dans sa désignation pour le poste de Paris, l'indice d'une politique « moins prudente

_______

(1) Bismarck écrivait à Gerlach, en 1860 : « Je me battrai volontiers contre la France, au point que les chiens viennent lécher le sang. » (Ludwig, Bismarck, p. 175).

et moins conservatrice » ; aussi La Tour d'Auvergne annonce-t-il, le 31 mai 1862, à Thouvenel, que « celui des candidats qui nous eût été le plus favorable, M. de Bismarck, a été mis hors de concours comme trop français ».

Malgré ces prévisions, ce fut celui-ci qui l'emporta.

Le voici ambassadeur en France ; il se montre aussi favorable aux idées nouvelles qu'il était féodal à Berlin ; avec l'empereur, il aborde, dans un esprit libéral, les questions d'actualité, les pousse à fond, même sans instructions de son gouvernement, sachant risquer un désaveu sur la moindre chance de succès ; il met à profit ces quelques mois passés chez nous pour mieux connaître son adversaire de demain et le succès obtenu par lui, à la cour des Tuileries, facilite beaucoup sa tâche.

*  *  *

Le projet de rattachement de Nice et de la Savoie à la France rencontra un accueil hostile à Berlin ; lorsque Napoléon III, en ouvrant la session des chambres, réclama, pour la sûreté de nos frontières, les versants français des montagnes, l'opinion publique prussienne réagit violemment ; la Gazette de Cologne, jadis favorable à notre pays, publia des articles agressifs ; Schleinitz confia, le 4 mars 1860, à La Tour d'Auvergne que, pendant la guerre d'Italie, son gouvernement, pour contenir l'Allemagne, avait dû donner l'assurance que nos intentions étaient pures de toute ambition. « Aujourd'hui, ajouta-t-il, les partis qui vous sont hostiles nous rappellent, avec ironie, notre confiance passée et on nous demande si la France ne revendiquera pas bientôt, du côté du Rhin, ses frontières ».

Notre agent s'efforça de calmer ces inquiétudes; Nous désirions limiter, répondit-il, les agrandissements du Piémont dans l'Italie centrale ; nous y fussions certainement parvenus si nous eussions été mieux secondés par l'Autriche après Villafranca.

Schleinitz concéda que la « raideur » des représentants de cette puissance et les encouragements, prodigués par l'Angleterre au roi de Sardaigne, avaient singulièrement compliqué notre tâche ; il manifesta l'espoir que la question de Nice et de la Savoie ne fût pas tranchée sans prendre l'avis de l'Europe.

Le 9 mars, La Tour d'Auvergne était interrogé de nouveau sur nos projets ; la presse prussienne dénonçait avec aigreur la théorie des frontières naturelles chère à Napoléon III ; l'opinion publique entamait une croisade contre les tendances envahissantes de notre politique ; Bloomfield « s'agitait, s'inquiétait » ; Budberg s'efforçait de maintenir le prince-régent dans une attitude « calme et réservée » ; l'association nationale allemande, réunie à Berlin, le 14 mars, s'en prenait au « napoléonisme » coupable, à ses yeux, de vouloir briser l'ordre des choses établi en 1815, afin de recouvrer la position qu'il occupait au commencement du siècle.

Bloomfield envenimait le débat, en prêtant au ministre prussien des propos inexacts ; il annonçait, par exemple, à Londres, que le gouvernement de

Berlin était formellement opposé au rattachement de Nice et de la Savoie à la France qui allait être invitée par lui à ne pas faire « un pas de plus » dans cette affaire avant la réunion d'un congrès européen.

Malgré l'adhésion de la Russie qui, la première, admit le principe de l'annexion, le cabinet prussien persistait dans son opposition, réfutant sous une forme très vive et très aigre notre thèse sur la nécessité d'une compensation territoriale ; de son côté, la cour voulait exiger de ses ministres une attitude plus résolue ; le prudent Schleinitz, au conseil du 28 mars, refusa de s'engager, sous l'empire d'excitations venues du dehors, dans une voie néfaste pour son pays ; il menaça de donner sa démission. « Le prince-régent, écrivait alors La Tour d'Auvergne à Thouvenel, dont les défiances à notre égard se manifestent si vivement, je dirai presque si imprudemment, n'est, en quelque sorte, que l'écho des passions qui animent aujourd'hui la Prusse et l'Allemagne tout entières et que le langage si violent et si hostile de la presse et du parlement, en Angleterre, contribue encore à augmenter. Les lettres particulières, émanant d'industriels et de personnes considérables, tendent aussi à présenter une guerre sur le Rhin comme inévitable et prochaine. Tout se réunit, en ce moment, pour entretenir des défiances que je signale à Votre Excellence et je ne crois pas me tromper en disant que l'Angleterre eût trouvé, ici, un terrain beaucoup plus propice encore à ses desseins si l'attitude de la Russie ne nous était pas venue puissamment en aide. »

La Tour d'Auvergne continue ses négociations ; avec Schleinitz, il invoque le précédent de la cession à la Prusse de la principauté de Hohenzollern-Sigmaringen et critique la politique britannique « ni toujours très sage, ni toujours très logique » ; à Thouvenel, il conseille d'insister auprès de ses collègues du gouvernement pour donner à l'Allemagne un gage de nos intentions pacifiques, au moyen d'un traité de commerce.

Cependant, la situation se tend chaque jour davantage ; la presse prussienne redouble de violence ; les feuilles libérales, qui avaient vu avec joie l'abaissement de l'Autriche et le triomphe des idées nationales en Italie, constatent aujourd'hui, « avec désappointement et colère », les agrandissements de la France ; le gouvernement se laisse gagner par les appréhensions publiques ; il déploie, à la fin de mars 1860, une grande activité militaire, installant des batteries à Stettin, à Spandau, créant un camp retranché dans l'Eitel, renforçant celui de Coblentz, etc... Schleinitz, dans ses conversations avec La Tour d'Auvergne, se montre hésitant, embarrassé ; ce n'est pas la question de Savoie qui l'irrite le plus, mais ce sont nos visées sur le Rhin ; si nous voulions lui garantir la possession des provinces allemandes, baignées par ce fleuve, nous aurions facilement raison de ses résistances.

Quinze jours plus tard, Dapples, syndic de Lausanne, arrive à Berlin pour réclamer la cession à la Suisse du Chablais et du Faucigny, afin de procurer à ce pays une frontière stratégique du côté de la France ; le prince-régent le reçoit avec égards ; la presse reproduit complaisamment ses principaux arguments.

La réclamation de la Suisse est une « convoitise », fait savoir Thouvenel à La Tour d'Auvergne, le 1ᵉʳ avril 1860 ; cependant, s'il le fallait absolument, nous pourrions neutraliser, le long du lac, une zone suffisante pour assurer, en temps de guerre, la communication entre Genève et le Valais. (1)

Encouragé par le cabinet de Berlin, Dapples propose la réunion d'un congrès ; il sait que le Foreign Office s'y montrerait favorable, qu'il envisagerait même une rectification de frontières sur le Léman ; aussi cet envoyé poursuit-il fébrilement ses démarches ; le 25 avril, il voit le ministre de Belgique, Nothomb, qui lui conseille de ne pas nourrir de trop « dangereuses illusions »; le lendemain, il rencontre La Tour d'Auvergne et reconnait avec lui que la situation de la Suisse est devenue « intenable ». « Vous auriez dû, lui répond notre ministre, avoir plus de confiance en l'empereur ; mais vous avez préféré suivre une autre voie. »

Pendant ces négociations, les polémistes prussiens ne désarment pas ; le 1ᵉʳ mai 1860, paraît, à Weimar, une brochure intitulée « La question de Savoie » ; c'est l'appel d'un patriote aux hommes d'état de Berlin auxquels l'auteur demande de sauvegarder, par une action énergique au dedans comme au dehors, l'équilibre

------

(1) « Ne pas en parler d'avance », ajoute Thouvenel de sa main.

européen menacé ; dans ce but, les revendications de la Suisse doivent être appuyées « même par une déclaration de guerre à la France » ; le 4 mai, Blankenburg s'écrie, à la Chambre des représentants : « Aujourd'hui, on se permet, sur les bords de la Seine, d'éclairer les Allemands sur les intérêts de leur race et de leur pays » ; puis, il dénonce les traîtres, qui voudraient ressusciter la confédération du Rhin et mériteraient d'être fustigés.

A la fin de mai, à Sarrebrück, près de notre frontière, le prince-régent prononce un discours belliqueux ; Schleinitz s'inquiète de l'effet que produira, en France, cette nouvelle incartade.

Il faut l'entrevue de Bade pour que les esprits reprennent leur sang-froid ; elle a lieu au milieu de juin ; le prince Guillaume revient, un peu calmé, de sa rencontre avec Napoléon III, ce qui nous vaudra quelques mois de tranquillité relative ; autre résultat heureux, le projet de soumettre à une conférence les prétentions de la Suisse sur une partie de la Savoie est successivement abandonné par tous les cabinets européens ; John Russel en reste le dernier partisan ; cependant, le parti de la Croix et les nationalistes de Berlin n'en persévèrent pas moins dans une sourde opposition ; ils manifestent leur désappointement et cherchent à diminuer la portée de ce rapprochement imprévu.

*　*　*

La Tour d'Auvergne, dans son désir d'améliorer les relations franco-prussiennes, avait proposé au Quai d'Orsay de régler, par un traité de commerce, les questions économiques pendantes entre les deux nations.

Le 15 janvier 1861, eut lieu, à Berlin, une première entrevue entre M. de Clercq, chargé de négocier l'accord en notre nom, et les délégués prussiens; malgré sa cordialité, l'ère des difficultés allait bientôt s'ouvrir ; certains états secondaires allemands s'opposèrent, en effet, à la prise en considération du projet ; le prince de Hohenzollern et Schleinitz joignirent leurs efforts conciliateurs à ceux de notre ministre ; ils admirent le principe de la réciprocité complète, pour les produits de grande rabrication ; mais, quelques semaines plus tard, le comte de Bernstorff, réputé peu français, reçut le portefeuille des Affaires Etrangères ; les choses, avec lui, trainèrent en longueur ; à maintes reprises, on redouta une rupture ; La Tour d'Auvergne dut calmer de Clercq qu'exaspéraient des difficultés sans cesse renaissantes.

Enfin, au début de février 1862, après plus d'un an de pourparlers, les négociations reprirent un cours normal ; perdant patience, à son tour, Bernstorff fulmina contre les protestataires ; le 2 août, le traité de commerce fut signé par les représentants de la France et de la Prusse, celle-ci agissant au nom des états allemands.

A peine ce résultat était-il acquis que la Bavière, le Hanovre, le Wurtemberg réclamèrent des modifications aux conventions si péniblement élaborées ; la cause de cette agitation provenait de la rivalité des deux groupes germaniques, l'un, au nord, relevant le drapeau de la liberté com-

merciale, l'autre, au sud, fidèle au protection-
nisme. (1)

Drouyn de Lhuys qui, dans l'intervalle, avait
succédé à Thouvenel, maintint nos positions
acquises.

En ce qui concerne l'Allemagne, cette question
se trouva réglée, avec quelques autres, à Sadowa.

* * *

En politique étrangère, nous avions plusieurs
points de friction avec la Prusse ; celle-ci, dans
le différend polonais, liait partie avec la Russie,
quand nos sympathies allaient aux insurgés ; nulle
puissance ne réclama, avec plus d'énergie qu'elle,
l'évacuation de la Syrie par nos troupes, avant
l'accomplissement de leur mission ; enfin, elle
marcha franchement dans l'orbite de l'Angleterre
et se sépara, de plus en plus, de l'Autriche, au
moment où notre intérêt bien compris nous eût
commandé de nous rapprocher de cette dernière.

Rien n'égalait la susceptibilité de notre voisine
de l'est : Napoléon III, dans une conversation
privée avec lord Cowley, manifesta l'intention de
faire valoir, un jour, nos droits sur Landau et
Sarrelouis enlevés à la France par les traités de
1815 ; ces paroles, immédiatement rapportées à
Berlin, y suscitèrent un formidable mouvement
d'opinion contre nous.

La Tour d'Auvergne, causant avec un ministre
prussien, cita une lettre désobligeante pour l'empereur, que le régent aurait écrite au prince Albert

_______________

(1) Voir Livre Jaune, Traité de commerce avec l'Allemagne, T. I. 1862.

d'Angleterre ; aussitôt, la presse, faisant écho à la Gazette de Dusseldorff, dénatura l'incident ; notre représentant dut protester contre les « manœuvres déloyales d'un patriotisme égaré ».

Au milieu de ces mesquines querelles, il assistait au développement des armements prussiens, avec le pressentiment de les voir diriger, un jour, contre nous ; les conservateurs réclamaient l'augmentation des effectifs réguliers ; les démocrates préconisaient la tactique de la guerre d'indépendance, la levée en masse contre l'envahisseur ; adoptant cette manière de voir, la Gazette du Peuple écrivait, le 2 février : « Si jamais il nous faut entreprendre la lutte avec nos voisins de l'occident, c'est sur le terrain des nationalités et avec toutes les forces vives de l'Allemagne que nous l'accepterons. »

Ainsi, de ce principe tant décrié quand la France voulait l'appliquer, on proposait de faire, outre-Rhin, une règle de politique intérieure.

Le 15 mai 1860, le vote d'un crédit de neuf millions de thalers, par la Chambre des représentants, permit de subvenir aux dépenses nécessitées par la mobilisation partielle de l'armée ; au cours de la discussion, le député Reichensperger demanda qu'on rendît au peuple sa « vigueur de 1813 » ; son collègue d'Ammon fit appel à l'union des nations germaniques ; enfin, l'abbé de Berg, l'élu de Juliers, constata l'accord unanime des membres de l'assemblée pour augmenter les forces du pays ; les avis différaient seulement sur les moyens d'y parvenir.

A la Chambre des seigneurs, le projet gouvernemental, accepté par les conservateurs, fut voté sans opposition ; les résultats pratiques ne se firent point attendre ; le nombre des régiments de ligne passa de 40 à 72 ; on renforça considérablement la garde ; la cavalerie s'augmenta de 10 unités, l'artillerie fut doublée ; les 9 sections de pontonniers devinrent 9 bataillons ; l'effectif total de l'armée, hier de 120.000 hommes, s'éleva à 200.000.

« Ainsi s'évanouit, écrit La Tour d'Auvergne à Thouvenel, le 15 juillet 1860, l'espoir de la fraction démocratique des chambres et de la presse, de voir conserver aux récentes formations un caractère provisoire. »

Le législateur ne sera pas consulté sur l'emploi des fonds mis à la disposition du gouvernement ; grâce à cette mesure dictatoriale, la Prusse obtiendra, au prix d'immenses sacrifices, une véritable armée, aussi forte que celles des plus puissantes nations militaires.

Les conservateurs, avec Manteuffel et la Gazette de la Croix, applaudirent à ce succès ; quant aux démocrates, ils s'inclinèrent devant un mal nécessaire.

L'un des premiers actes de Guillaume Ier, au lendemain de son couronnement, fut de distribuer des drapeaux aux unités nouvelles ; la cérémonie eut lieu le 17 janvier 1861 ; on attacha, d'abord, les pavillons aux hampes ; pour chaque étendard, un clou fut enfoncé par le roi, les princes, les généraux, puis les autres chefs continuèrent la besogne ; La Tour d'Auvergne, à qui n'échappa point la signification politique de cette manifestation, remarqua qu'elle consacrait la réorganisation de l'armée en dehors de la participation du parlement.

Comme l'importance de ces armements l'inquiétait, on le rassura ; le roi, lui dit-on, est impressionné par les menées révolutionnaires dans les provinces slaves du Danube, en Hongrie, en Pologne ; il craint le démembrement de l'Autriche et de la Turquie, mais ne nourrit, certes, aucune mauvaise intention contre la France.

Les événements ne tardèrent point à démentir ces paroles pacifiques ; lors de la discussion, à la Chambre des représentants, de l'adresse au souverain, pour 1861, le député Stravenhagen réclama l'« hégémonie militaire prussienne » par la remise au roi du commandement suprême des armées allemandes ; la pression s'accentua sur les états secondaires ; le 28 juin, une convention régla le sort des troupes du duc de Saxe-Cobourg-Gotha ; à l'avenir, les recrues lui prêteront serment de fidélité, mais les officiers deviendront sujets prussiens et suivront les cours de l'école militaire de Berlin ; le grand duc de Bade suivit cet exemple et se rallia au mouvement national ; au mois de décembre, un nouveau projet d'augmentation du budget de la guerre fut déposé par le gouvernement, pour renouveler le matériel et restaurer les forteresses ; quand, en mars 1862, un conflit s'éleva, à ce propos, entre les membres libéraux du cabinet et le souverain, celui-ci s'en remit du soin de l'apaiser à Bismarck, dont « les qualités de caractère et d'esprit s'adaptaient merveilleusement, disait-on, aux situations politiques ». (1)

* * *

Le mouvement d'unification ne se limitait pas à l'organisation militaire ; il tendait, de plus en plus, à se généraliser.

Déjà, le 14 mars 1860, à la réunion du comité national de Berlin, on proclamait la nécessité, pour la Prusse, de se substituer à l'« édifice vermoulu » de l'empire romain germanique et de devenir un « point d'appui invincible » ; le « savant » Momsen se joignait aux ultranationalistes ; le duc de Saxe-Cobourg-Gotha, pour marquer son adhésion aux idées développées au congrès, recevait, avec égards, les organisateurs de cette manifestation.

Les polémiques de presse rendaient délicate la tâche de La Tour d'Auvergne ; le Siècle, après le Constitutionnel, ayant réclamé, pour la France, la rive gauche du Rhin, la Gazette de Prusse prétendit que le cabinet des Tuileries formulait des prétentions « arrogantes », répandait le trouble dans les pays limitrophes et revendiquait des territoires appartenant, depuis mille ans, à l'empire germanique ; le journal parisien, ayant alors manifesté l'espoir de voir céder « pacifiquement » les pays convoités, on lui répondit que l'Allemagne n'était pas l'Italie !

Le 1er juin 1861, la Chambre des représentants ratifia, à une faible majorité, le traité signé, le 4 avril précédent, entre la France et la Prusse,

---

(1) Arch. de la T. d'A. 12 mars 1862.

pour la construction du canal de la Sarre ; encore, pour enlever le vote, Schleinitz dut-il signaler les fâcheuses répercussions qu'un acte de discourtoisie pourrait avoir de l'autre côté du Rhin.

Les élections législatives de 1861 furent favorables aux libéraux et aux démocrates ; mais, comme la majorité des fonctionnaires, présidents de province et landrœthe, attachés au parti conservateur, demeurèrent en place, celui-ci garda toute son influence.

Peu à peu, le gouvernement de Berlin se désintéressait de débats parlementaires poursuivis sans méthode et la dissolution du 12 mars 1862 mit un terme à une situation jugée préjudiciable à l'intérêt général.

Entre les libéraux et les conservateurs, le roi, depuis longtemps, avait fait son choix ; avec ses conseillers militaires, son confident le plus écouté était Zedlitz, directeur de la police, qui, chaque matin, lui lisait des extraits de la presse réactionnaire ; c'est ce que le souverain appelait son « déjeuner ».

Quant à Bismarck, plus heureux, à ses débuts, que Cavour, il n'eût pas à provoquer d'incidents pour faire prévaloir la politique qui assurera la grandeur de son pays ; la révolte polonaise valut à celui-ci l'amitié de la Russie qu'il soutint en la circonstance, et la mort de Frédéric VII vint à point nommé pour lui procurer la situation maritime indispensable à son essor économique.

* *. *

La Tour d'Auvergne, au cours de sa mission à Berlin, vit naître et se développer le conflit relatif aux duchés du nord ; suivant les arrangements intervenus, en 1851 et 1852, entre, d'une part, la Prusse et l'Autriche, et le Danemark de l'autre, ce dernier s'était engagé à ne pas incorporer le Schleswig ; cette province comprenait deux races rivales : ici, les allemands, imbus de l'esprit teutonique, aristocrates et féodaux dans les hautes sphères sociales, là, les danois, démocrates et monarchistes, très soutenus à Copenhague.

Faire vivre ensemble des gens de mentalité si différente offrait des difficultés ; il fallait, pour cela, une souplesse, une bonne volonté dont, des deux côtés, on était dépourvu.

Les causes de conflit se multiplièrent ; dans une note diplomatique, le ministre des Affaires Etrangères, Hall, qualifia le Schleswig de « province danoise » ; le gouvernement de Copenhague augmenta arbitrairement la part contributive du Holstein et du Lauenbourg dans les dépenses du royaume ; Frédérick VII, à la sollicitation du parti nationaliste, envisagea la promulgation d'une constitution commune à toute la monarchie ; le 23 juin 1860, au cours d'un entretien avec La Tour d'Auvergne, Schleinitz s'écria, avec vivacité: « La conduite du Danemark ressemble à une véritable provocation » ; le cabinet prussien pria alors Napoléon III, « toujours favorable aux nationalités opprimées », d'intervenir avec lui à Copenhague, en faveur de la minorité allemande des duchés ; l'empereur ne repoussa point ces avances ; c'était commettre une première faute.

Berlin envisageait ouvertement la dissolution prochaine de la monarchie danoise ; Guillaume Ier, disait-on, s'était d'abord ouvert de ses projets à la reine de Suède et un homme d'état prussien confia à notre représentant, le 26 mars 1861 : « Nous avons lieu de penser que la France ne s'opposerait pas au développement de notre politique du côté du Holstein... L'empereur l'a laissé entendre au roi, ainsi qu'au comte de Pourtalès. » Ces bruits n'étaient pas sans fondement.

Dans une dépêche du 1ᵉʳ avril 1862, La Tour d'Auvergne manifestait l'intention de se tenir, le plus longtemps possible, en dehors de cette « fastidieuse affaire », dont son collègue anglais s'occupait beaucoup trop ; en cas de partage du Schleswig entre la Prusse et le Danemark, nous pourrions, suivant lui, réclamer le duché de Luxembourg comme compensation ; il voyait là une « idée sensée, pratique, ce qui ne veut pas absolument dire praticable ».

Le cabinet de Copenhague se montra intransigeant ; menacé de l'exécution fédérale, en mai 1862, il tenta d'en appeler aux puissances ; ce fut en vain ; l'électeur de Hesse, qui résista, à son tour, aux prétentions prussiennes, connut le même abandon ; « Rarement, constata La Tour d'Auvergne, l'impuissance de l'Autriche s'est manifestée d'une manière aussi évidente, même aux yeux de ses amis... Elle a dû travailler elle-même à assurer le triomphe de la politique prussienne... »

Bismarck s'entoure d'amitiés utiles : Gortschakoff, en souvenir des témoignages de sympathie reçus du roi Guillaume, aux mauvais jours de Crimée, admet que les confédérés cherchent leur point d'appui à Berlin, plutôt qu'à Francfort ou à Vienne.

Depuis 1815, l'Angleterre travaille, de son côté, à réaliser l'unité allemande ; Palmerston a convaincu les états secondaires, notamment la Bavière, de s'entendre avec la Prusse ; on sait ce que coûtera à la Grande-Bretagne ces persistantes illusions.

A Vienne, on se recueille ; à Turin, on s'organise ; Mazzini, bon prophète cette fois, écrit, en 1861 : « L'idée allemande et l'idée italienne se réuniront, un jour, sur les Alpes libérées. »

La Tour d'Auvergne croit qu'il manque, à Berlin, un Cavour et un Victor-Emmanuel ; « Le caractère du roi, écrit-il à Baude, le 6 avril 1861, est d'une grande loyauté ; les circonstances pourront faire de lui un empereur d'Allemagne. Mais je ne crois pas qu'il consente jamais à venir lui-même directement en aide aux circonstances. »

Le Cavour prussien se rencontra bientôt, possédant la hardiesse, la ténacité, l'absence de scrupules du ministre sarde, avec plus de haine implacable : ce fut Bismarck.

Napoléon III, jouant de malheur, après avoir été dominé par le premier, se laissera circonvenir par le second.

Quant à Guillaume Ier, il fera preuve d'un sens politique qu'on ne lui soupçonnait pas ; pour asseoir sa domination, il déploiera une habileté égale à celle du nouveau roi d'Italie, avec moins de souci des vies humaines.

# VIII

## ROME

Du jour où le gouvernement pontifical s'était obstiné à refuser les réformes réclamées de son bon vouloir, Thouvenel avait compris que le pouvoir temporel était condamné.

Napoléon III n'en continuait pas moins d'assurer le maintien du pape à Rome, tout en favorisant les aspirations du jeune royaume transalpin ; pendant trois ans, le ministre, interprète d'une politique chimérique, tenta de résoudre ce problème insoluble ; la présence de nos troupes sur les rives du Tibre froissait le sentiment national italien, sans valoir au gouvernement français l'appui des catholiques ultramontains ; aussi Thouvenel envisageait-il le départ, à terme fixe, du corps d'occupation, tout en assurant au St Siège les garanties indispensables à sa sécurité ; il offrit à Pie IX, contre certaines réformes politiques et administratives, une transaction consistant dans le maintien du statu quo territorial, l'allocation d'une liste civile importante et le transfert à l'Italie de la dette pontificale.

Ces avances furent repoussées avec indignation ; le ministre des Affaires Etrangères décida alors de se retirer.

Le 13 octobre 1862, il annonçait à Flahault

que le prince de La Tour d'Auvergne ou M. Drouyn de Lhuys serait son successeur au Quai d'Orsay.

Deux jours plus tard, celui-ci recevait la direction du département.

Son premier soin, en prenant possession de ses fonctions, fut de désigner son compétiteur de la veille pour remplacer, comme ambassadeur à Rome, le marquis de Lavalette, trop ouvertement hostile au St Siège ; cette nomination n'avait pourtant pas la signification politique que certains lui attribuaient.

Emile Ollivier, rendant visite, vers la même époque, au cardinal Antonelli, lui demanda s'il était content du départ de Thouvenel. « Non, répondit le secrétaire d'état ; c'est alors que nous commençons à trembler ; ce sont nos amis qu'on charge de nous exécuter. »

Moins perpicace, Pie IX conserva longtemps des illusions à ce sujet.

* * *

Le 12 décembre 1862, au matin, La Tour d'Auvergne arriva à Rome, venant de Civita-Vecchia où il avait débarqué la veille, après une traversée pénible, au cours de laquelle son navire dut relâcher à Porto-Ferrajo.

Il retrouvait, une fois de plus, cette campagne aride dans laquelle la charrue ne traçait pas encore son sillon ; pendant des lieues entières, on n'y rencontrait ni un être humain, ni l'un de ces bœufs blancs, aux cornes menaçantes, si communs dans la région ; ce triste décor n'avait-il pas été planté là, à dessein, pour mettre en relief les splendeurs de la ville éternelle et leur offrir l'incomparable écrin de son horizon de montagnes?

Le nouvel ambassadeur revoyait Rome telle qu'il l'avait connue dix ans plus tôt, avec ses palais et ses monuments dont chacun attestait la munificence d'un prince de l'Eglise, ses rues étroites, mal entretenues, son peuple indolent, gouverné par une main paternelle, quand il ne s'occupe point de politique.

C'est par la porte du Peuple qu'il fallait pénétrer dans Rome, pour éviter le spectacle décevant des constructions modernes ; La Tour d'Auvergne n'y manqua pas, ayant une prédilection pour ce quartier qu'avant lui, le président de Brosses avait habité ; la grande arcade de la porte une fois franchie, une place aux harmonieuses proportions, ombragée de palmiers, égayée par le murmure des fontaines, s'offrait aux yeux du voyageur; puis, celui-ci se trouvait devant deux églises jumelles, sentinelles de pierre destinées à le recevoir au seuil de la cité.

Cette fois, La Tour d'Auvergne rentrait en maître au palais Colonna.

Ses bâtiments couvrent, près de la place de Venise, un vaste quadrilatère auquel donnent accès deux portes monumentales ; celle de gauche, en entrant, dessert l'aile où logeait notre représentant.

Un Colonna, au XVe siècle, se fit édifier cette somptueuse demeure ; élu au pontificat suprême, sous le nom de Martin V, il refusa de la quitter, tant elle lui plaisait.

Derrière ces murs, qui prennent, à l'aube, une

si douce coloration rose, Plutarque composa de beaux poèmes et Marc-Antonio Colonna reçut les lauriers de la victoire de Lépante ; c'est là aussi que, dans la nuit du 4 juin 1802, Charles-Emmanuel IV de Savoie, dépossédé par Napoléon, abdiqua en faveur de son frère ; là qu'un soir de février 1929, eut lieu, à la suite de la signature du traité de Latran, la réconciliation de la société romaine.    .

Si l'extérieur du palais, restauré au XVIII° siècle, est sans cachet architectonique, tout le monde se plait à admirer les appartements de réception ; ils s'ouvrent sur un vestibule haut de cent pieds, pouvant contenir deux mille invités ; puis, se succèdent des pièces dont la décoration fut confiée aux maîtres les plus illustres ; leurs murs s'ornent de portraits d'ancêtres, prélats, ministres ou guerriers, et des magnifiques tapisseries des Gobelins, présent de Louis XIV aux Colonna ; vient ensuite la salle du trône, privilège de l'ambassadeur qui représente la personne de son souverain et peut attendre sa visite.

Quatre ponts, jetés au-dessus de la rue della Pilotta, sur laquelle prennent jour les bureaux de la chancellerie, mettent en communication le palais avec les jardins ; ceux-ci, dessinés par le Nôtre, escaladent la colline du Quirinal et s'étendent jusqu'à la demeure des Rospigliosi ; ils contiennent, au milieu d'arbres d'essences rares, les ruines d'un ancien temple du Soleil.

* * *

Le jour de son arrivée, dans l'après-midi, La Tour d'Auvergne reçut les services des mains du comte Lallemand qui venait d'assurer l'intérim avec distinction ; dans le personnel, dont une partie venait de Turin, on rencontrait le baron Baude, « plus sérieux que sympathique », d'Ideville, qui l'aimait peu et Chollet, nature loyale mais indépendante ; des cinq attachés, trois étaient nouveaux : Bourgoing, Montebello et Chateaubriand ; deux collaboraient déjà avec Lavalette : Haubersart et Aguado ; le chancelier d'Entraigues se montrait « digne et modeste », comme il convenait ; chaque jour, on faisait cercle autour de l'avocat Lasagni, type du bourgeois italien souple et obligeant, pour recueillir les cancans de la cour romaine ; Mgr Lavigerie, auditeur de rote, avait la réputation d'un homme instruit, aimable et ambitieux ; le pape ne lui trouvait pas l'esprit très ecclésiastique ; il faudra plusieurs démarches de l'ambassadeur, dont la dernière aura lieu le 28 février 1863, pour qu'un diocèse lui fût confié ; le consulteur canonique, le R. P. Trullet, de l'ordre des mineurs conventuels, s'occupait volontiers d'art ; quant à Mgr Lacroix, il était, malgré ses quatre-vingts ans, le plus actif des auxiliaires ; ancien chef de cabinet de Villèle, il racontait, avec des gestes exubérants, d'amusantes anecdotes sur les nombreux ambassadeurs qu'il avait connus.

Le corps diplomatique comprenait peu de personnalités marquantes : le baron de Bach, ambassadeur d'Autriche, vivait isolé dans l'immense palais de Venise ; Kisseleff, dont le frère représentait le tsar à Paris, était un vieux garçon égoïste, flatté d'avoir le meilleur cuisinier de

Rome ; le maréchal de Saldanha, « héros des guerres civiles du Portugal », se croyait dans un demi-exil et voyait peu de monde ; la Belgique avait délégué auprès du pape un ancien officier d'artillerie, Carolus, gros homme à lunettes, de tempérament artiste, que sa femme, fort jolie personne, comblait d'attentions ; enfin, Odo Russel, neveu du ministre anglais de ce nom, tout en affectant de demeurer à Rome en touriste, ne négligeait rien pour développer son influence dans les divers milieux.

*⁂*

L'auteur de la colonnade de St Pierre, Le Bernin, ayant à construire le piédestal d'un obélisque égyptien, destiné à la place de la Minerve, à Rome, imagina de le poser sur le dos d'un éléphant.

En réalisant cette conception d'un goût douteux, il pensait peut-être que, cet animal symbolisant la patience et la durée, le monument projeté ne pouvait avoir base plus solide.

L'éléphant serait également qualifié pour servir d'emblème à la diplomatie pontificale, car elle excelle à temporiser pour vaincre les obstacles.

La Tour d'Auvergne ne tarda point à en faire l'expérience.

A son arrivée, la présence de l'armée française donnait à la vie mondaine de Rome un surcroit d'activité ; les dernières années de la royauté pontificale comptèrent, à ce point de vue, parmi les plus brillantes ; au parti noir, fidèle au St Siège et hostile à toute transaction avec l'Italie, s'ouvraient les salons du prince

Borghèse où les dames de l'aristocratie paraissaient volontiers dans l'éclat de leurs riches parures, du duc Salviati et surtout de la princesse Rospigliosi, femme spirituelle, un peu mordante ; le parti bleu, composé des libéraux, se réunissait au domicile des vieilles familles gibelines, les Colonna, les Doria, les Pallavicini ; on se rencontrait en terrain neutre chez la générale de Montebello, amie de l'impératrice Eugénie ; c'était une personne aimable, indulgente et bonne ; son mari, commandant en chef du corps expéditionnaire, s'entendait trop bien à brouiller toutes les cartes.

Edmond About séjournait, vers la même époque, dans une auberge de la place d'Espagne ; il a laissé une description sévère de cette noblesse romaine, orgueilleuse, oisive, pleine de suffisance, peu intellectuelle, quoique parlant le français pour se distinguer du commun, et dont l'horizon politique ne dépassait guère les hauteurs du Pincio.

A peine installé, La Tour d'Auvergne rendit visite au cardinal Antonelli et fut reçu avec cordialité ; voici dix ans qu'ils ne s'étaient vus ; pendant ce temps, la papauté avait perdu plusieurs provinces et un million de sujets.

« Il est bien certain, dit le secrétaire d'état, que le Saint Père doit à la protection de la France d'être encore à Rome et Sa Sainteté, croyez-le, conserve, malgré toutes les difficultés de sa position et toutes les tristesses qui accablent son âme, les sentiments de la plus profonde reconnaissance pour Sa Majesté. »

A ce préambule peu compromettant, l'ambassadeur répondit en conseillant le calme et la conciliation ; ces qualités ne sauraient mieux se manifester que par la réalisation des réformes attendues.

Il précisait ainsi, dès le premier contact, l'objet essentiel de sa mission.

Le cardinal parut comprendre et désirer nous témoigner sa bonne volonté. Sans attendre le jour de la réception officielle, La Tour d'Auvergne se fit annoncer chez le pape ; l'entrevue fut touchante ; Pie IX, apercevant le diplomate qui s'agenouillait, le releva et le pressa dans ses bras. « Ah ! mon cher fils, s'écria-t-il, vous voilà donc ! » Et aux deux nouveaux attachés, qu'on lui présenta ensuite, il dit : « Depuis longtemps, je n'avais eu un ambassadeur comme le vôtre ! »

Fort de ce bienveillant accueil, La Tour d'Auvergne lui parla à cœur ouvert et avec une émotion non déguisée ; il le supplia de réformer les abus de son gouvernement et d'aider ainsi ses amis à le défendre devant l'Europe.

Le souverain pontife l'écouta avec attention, donnant souvent des signes d'assentiment, et manifesta l'espoir d'un complet accord ; au retour, l'ambassadeur se montra soucieux ; il craignait que l'on attachât une trop grande signification politique à sa nomination.

Les jours suivants furent consacrés aux cérémonies officielles ; le 1er janvier 1863, La Tour d'Auvergne reçut, selon l'usage, ses visiteurs au pied du trône ; jamais ceux-ci n'avaient été aussi nombreux : officiers français, prélats, directeur et pensionnaires de l'Ecole de Rome, supérieur et aumôniers de St Louis, chanoines de Latran, députation de nos protégés israëlites, etc.

Quinze jours plus tard, Laure de La Tour d'Auvergne, mère du diplomate, arrivait à son tour pour l'assister dans ses obligations mondaines ; il donnait, toutes les semaines, deux ou trois dîners fort recherchés ; la liste des invités nous a été conservée ; toute l'aristocratie romaine, le personnel des ambassades, nos compatriotes de passage à Rome défilèrent au palais Colonna, qui rarement, au XIX$^e$ siècle, connut pareil succès ; les représentants des familles Borghèse, Chigi, Massimo, Ruspoli, Alfieri, Viano, Capranica, Souza, Lorenzano s'assirent à la table de l'ambassadeur ; parmi les prélats, on rencontra, chez lui, Mgrs de Mérode, Lavigerie, Level, Talbot, Mauning, Franchi, Pacca, Bridonel, Foltz et, au nombre des officiers, le lieutenant-colonel Chanzy ; le prince Joseph-Napoléon Bonaparte y voisina avec les Castellane, les Mouy, les Daru, les Valmy ; le clan des gens originaux comprenait le vicomte de la Guiche, « ancien joueur effréné », qui fut l'un des plénipotentiaires du pape après Castelfidardo, et le duc de Gallese, ex-sous-officier de hussards français, dont une riche héritière romaine fit son époux.

Si les dîners de l'ambassade de France sont réputés pour leur finesse et leur tenue, ceux que donne, chaque dimanche, le « père Schnetz », à la villa Médicis, excellent par leur gaîté ; ils sont, d'ordinaire, assez mauvais ; deux pensionnaires, à tour de rôle, en font les honneurs ; on danse, après le repas ; l'infortuné prix de Rome tient le piano ; parmi ses élèves, les préférences du directeur vont, parait-il, au peintre Henner et au sculpteur Falguières.

Le 28 janvier 1863, jour de la fête du Corso, Pie IX reçut La Tour d'Auvergne en audience solennelle, avec le cérémonial d'usage ; après un bref entretien, le diplomate rendit visite au cardinal Antonelli, dans ses appartements tendus d'étoffes damassées bleues et décorées de meubles qui n'avaient rien d'ecclésiastique.

* * *

Ces réceptions terminées, La Tour d'Auvergne put, enfin, s'occuper des questions sérieuses.

Il avait signalé au ministre des Affaires Etrangères que le souverain pontife venait d'adresser une circulaire aux chefs de province pour les inviter à faire procéder au renouvellement des conseils municipaux, conformément au motu proprio de 1848.

Drouyn de Lhuys ne se déclara pas satisfait de ces « apparences » de réformes ; il fit part à Mgr Chigi, nonce à Paris, de la fâcheuse impression que les refus persistants du St Siège de remédier aux abus de son gouvernement causaient tant en France qu'à l'étranger ; il ne s'expliquait pas comment l'« âme généreuse » de Pie IX pouvait refuser à ses enfants demeurés fidèles les bienfaits obtenus par des « sujets égarés » ; enfin, il invoquait les convenances et les nécessités de notre politique.

Le 14 mars 1863, il fit parvenir à La Tour d'Auvergne des instructions détaillées ; son but, comme celui de Thouvenel, était de concilier Rome et Turin par une transaction équitable ; l'heure d'y recourir semblait arrivée : l'effervescence des catholiques français était calmée ; le gouvernement italien, s'il n'avait pas renoncé à ses revendications, ne tenait plus un langage comminatoire et provocateur ; d'autre part, le Vatican paraissait comprendre qu'au lieu de se cantonner dans une hostilité stérile, il serait mieux inspiré en réformant son administration.

« Je ne puis croire, ajoutait-il, que l'esprit politique qui a, de tout temps, distingué le gouvernement pontifical, lui fasse à ce point défaut aujourd'hui qu'il refuse d'admettre la nécessité, pour tous les pouvoirs, de tenir compte non seulement des besoins et des vœux des populations, mais encore, dans une sage mesure, des jugements et des appréciations de l'opinion publique. »

Drouyn de Lhuys entrait ensuite dans le détail des modifications à réclamer d'urgence : attributions financières pour la. Consulte d'Etat, unification des codes, améliorations dans les différentes branches de l'administration, élection des conseils municipaux, etc... Il terminait sa note en souhaitant que ces réformes vinsent de l'initiative du pape.

Ces instructions en mains, La Tour d'Auvergne se rendit auprès de Pie IX et d'Antonelli ; il en reçut de bonnes paroles, des promesses, rien de plus ; un jour, on lui signalait la vigoureuse impulsion donnée aux travaux publics et on lui proposait des satisfactions qu'il ne réclamait pas ;

« On nous croit plus arriérés que nous ne sommes, lui confiait le pape, au cours d'un entretien ; on va même parfois jusqu'à nous conseiller certaines réformes introduites depuis longtemps chez nous, tant on est ignorant de ce qui s'y passe » ; avec une ironie frisant l'insolence, Antonelli manifestait l'intention d'étudier, avant tout, les libertés dont on jouissait en France ; ou bien, il expliquait qu'il avait déjà réalisé des améliorations importantes dans l'administration, mais répugnait à les publier, pour ne point paraître accepter l'annexion, par l'Italie, des provinces pontificales ; le 27 mars, comme notre ambassadeur insistait pour obtenir une satisfaction effective, on lui répondit que des élections étant prochaines, le moment serait particulièrement inopportun pour annoncer les concessions du pouvoir...

Le 1ᵉʳ avril, il épuisa, à nouveau, les arguments en faveur des réformes ; Antonelli lui expliqua les difficultés éprouvées pour « marier » les législations civile et canonique ; une commission s'y employait...

La Tour d'Auvergne revint sur ce sujet, le 2 mai, avec une certaine énergie ; ne recevant que des réponses dilatoires, il menaça de se fâcher ; alors, on lui confia que le secrétaire d'état pourrait bien être contraint de démissionner, car le pape estimait qu'il manquait d'initiative et de résolution ; il serait remplacé par Mgr de Mérode, ancien officier belge au service de la France, qui, devenu ministre des armes de Pie IX, avait préparé... Castelfidardo !

Les caractères des deux prélats présentaient un

contraste frappant : autant Antonelli était modéré, tenace, réservé dans ses paroles, rétrograde dans ses conceptions et d'une piété superficielle, autant Mérode se montrait audacieux, versatile, d'une regrettable intempérance de langage, plein d'idées généreuses et prêtre exemplaire ; si la camarilla romaine le haïssait parce qu'il dénonçait inlassablement les abus, le souverain pontife l'aimait pour son dévoûment, ses vertus, son désintéressement.

Notre ambassadeur connaissait trop bien le monde du Vatican pour croire, un seul instant, à la retraite d'Antonelli.

A bout d'efforts, il chercha un appui auprès du représentant de l'Autriche, le baron de Bach ; fidèle interprète des vues de Metternich et de Rechberg, celui-ci se posait en « spectateur purement passif » ; à Rome, pour aboutir, il faut, expliqua-t-il, s'armer d'une grande patience et ne pas paraître imposer sa volonté...

Bien qu'il ne se donnât certes pas cette apparence, La Tour d'Auvergne se rendait compte de son échec ; pour l'atténuer, il chercha à convaincre Drouyn de Lhuys de l'impossibilité de réformes sérieuses pour ce gouvernement vivant au jour le jour ; il doutait, en outre, de leur efficacité.

Ces raisons le dispensèrent de renouveler ses démarches ; dès le milieu de mai 1863, il ne fut plus question des réformes, dans ses entretiens diplomatiques.

* * *

Ce souci écarté, un autre allait troubler la

quiétude de La Tour d'Auvergne : François II, chassé de Naples par Garibaldi, s'était réfugié à Rome ; au physique, il ne possédait ni les traits énergiques, ni la bouche amère de son père, Ferdinand III, le roi Bomba ; c'était un mélancolique, un pauvre être sans talent ; son plus beau geste fut le dernier : la défense héroïque, pendant trois mois, du rocher de Gaëte.

En quittant ses états, il avait entraîné à sa suite une foule d'officiers, de serviteurs sans emploi, de fonctionnaires compromis ;  tous conspiraient pour le rétablir sur le trône.

Le comité national italien s'en émut ; notre ambassadeur, sur l'ordre de l'empereur, demanda au souverain déchu de quitter Rome, mais celui-ci répondit que cette seule pensée lui brisait le cœur ; dans cette ville, il vivait entouré de fidèles sujets et pouvait se croire retiré en un coin de la patrie absente.

La Tour d'Auvergne insista : l'armée française ne pouvait se donner l'apparence de protéger les bandes armées soudoyées par l'ex-monarque pour entretenir la guerre civile à Naples et en Sicile.

François II reconnut qu'« évidemment » beaucoup de misérables s'autorisaient de son nom pour commettre des crimes ; en veine de confidences, il avoua ses torts, son manque d'expérience en particulier ; ses malheurs domestiques l'affectaient plus encore que la perte de sa couronne ; sa femme, la reine Marie-Sophie, à la suite d'une campagne scandaleuse au cours de laquelle on publia son portrait dans le plus léger appareil, l'avait quitté et, depuis deux ans, résidait en Bavière.

Par avance, La Tour d'Auvergne fit valoir auprès de Drouyn de Lhuys les objections que le St Siège ne manquerait pas de lui adresser : les Napolitains allègueront qu'ils sont sans argent — ce qui est vrai —, qu'ils ne savent où aller, qu'ayant la conscience tranquille, ils ne veulent pas se soumettre aux exigences de leurs détracteurs, qu'enfin, ils sont prêts à partir, si le pape les invite à s'en aller... Pressenti à ce sujet, celui-ci objectera qu'ayant reçu lui-même l'hospitalité de François II, il ne peut le contraindre à déguerpir. Rome, dira-t-il, a toujours servi d'asile aux princes malheureux ; ceux de la famille Bonaparte s'y réfugièrent notamment après 1815 et, malgré les réclamations de la France, de l'Espagne, de l'Autriche et des Deux-Siciles, le souverain pontife ne consentit jamais à les expulser de ses états.

En désespoir de cause, l'ambassadeur vit l'intéressé lui-même, montra quels embarras son séjour prolongé à Rome causait à la papauté et en appela à sa délicatesse.

François II ne se rendit point à ces raisons ; une fois encore, notre échec était complet.

*  *  *

Autant le Vatican se montrait intransigeant sur les questions de principe, autant, dans le réglement des affaires courantes, il était conciliant et accordait volontiers à La Tour d'Auvergne quelques satisfactions destinées à sauvegarder son amour-propre.

Malgré les incartades continuelles du général de Montebello, les relations entre les autorités françaises et pontificales demeuraient cordiales ; le choix de Mgr Darboy pour l'archevêché de Paris, bien qu'il fût critiqué dans certains milieux ecclésiastiques, à cause de ses « tendances vraies ou supposées », ne fit l'objet d'aucune objection de la part du St Siège ; quand, fin janvier 1863, le bruit courut que l'impératrice Eugénie viendrait à Rome, pour que son fils y fût confirmé par Pie IX, Mgr Franchi dit à notre ambassadeur : « Le pape n'est pas riche, mais il vendrait jusqu'à son dernier vêtement pour les recevoir convenablement » ; enfin, en mai 1863, Napoléon III ayant fait demander au Vatican le rétablissement de l'ancienne institution du cardinal protecteur, le secrétaire d'état accueillit très favorablement ses avances.

Ces menus succès masquaient mal l'échec de La Tour d'Auvergne sur les points essentiels de sa mission ; lui-même se rendit compte de l'inutilité de ses efforts et annonça, à l'automne de 1863, que sa santé ne s'accommodait plus du climat romain ; il saisira la première occasion favorable pour se retirer avec honneur.

Sa mère l'avait devancé en rentrant en France, au printemps précédent.

Pendant son séjour à Rome, elle avait entretenu une correspondance suivie avec Elise Veuillot qui possédait le tempérament agressif, les amitiés et les rancunes de son frère ; ces letrres sont édifiantes à parcourir.

Convaincue qu'avant elle, la police prend connaissance de ses missives, sa correspondante trace souvent, en tête de son papier, un grand : Vive l'empereur !

Le pape bénéficie de toutes ses sympathies : « Que les rois, les archiducs sont petits à côté de lui, écrit Elise Veuillot, surtout quand ils acceptent d'être préfets de Napoléon III à l'étranger, pour avoir le droit de mettre sur leur pauvre tête une pauvre couronne ! Maximilien ne surprend que ceux qui voulaient être surpris. » (1)

Pie IX ne partageait pas cette manière de voir quand, le 23 juin 1863, il félicitait La Tour d'Auvergne de la prise de Puebla, épisode glorieux de « l'œuvre de religion et de moralité », que la France entreprenait au Mexique...

A l'occasion de la publication d'une lettre du nonce Chigi, Elise Veuillot affirme que Mgr Dupanloup a commis une indélicatesse « indigne d'un valet de chambre bien élevé » (2) ; Billault, ce « quasi vice-empereur », se baigne dans la boue, à Pornic, non loin du Pouliguen où elle réside ; « Vous voyez d'ici, remarque-t-elle, comme c'est bien l'image de ses vertus. » (3) A propos de la publication du « Fils du Giboyer », par « M. Augier, petit immortel », elle s'en prend au gouvernement français qui fait preuve, en

---

(1) Arch. de la T. d'A. sans date.
(2) Arch. de la T. d'A. sans date.
(3) Arch. de la T. d'A. 25 juillet 1865.

protégeant de pareilles œuvres, « d'une grande saleté morale ». (1)

Ne trouvent grâce devant elle ni le Correspondant, qui « déblatère » contre l'encyclique du pape, ni Montalembert « ne niant point la doctrine de l'infaillibilité mais la confisquant à Pierre pour se la donner » (2), ni Drouyn de Lhuys, dont les impertinentes dépêches adressées à Rome, « l'épouvantent pour lui », ni même François II, coupable de ne pas avoir assisté à l'ouverture du procès en béatification de sa mère. (3)

Elle n'a pas le respect des morts ; Mgr de Châlons étant décédé, elle note : « Ce ne serait pas une perte, dit-on, si, dans ce moment-ci, un évêque pouvait mourir sans faire trembler sur le choix de son successeur. » (4) Au décès de M. de Ségur, elle confie à sa correspondante : « J'ai écrit à sa veuve... pas désolée. » (5)

A côté de ces cruelles ironies, voici une critique adressée aux dames de la société, « comme elles disent trop fièrement », qui se mettent un loup sur le visage pour parler et entendre plus librement ; elles copient les actrices « plus franches qu'elles, après tout, puisqu'elles ne prennent pas le masque hypocrite de la charité. » (6)

Ces remarques sur le mariage sont judicieuses :

----

(1) Arch. de la T. d'A. sans date.
(2) Arch. de la T. d'A. 22 avril 1865.
(3) Arch. de la T. d'A. 5 avril 1863.
(4) Arch. de la T. d'A. 15 juillet 1864.
(5) Arch. de la T. d'A. 25 juillet 1865.
(6) Arch. de la T. d'A. sans date.

« Que les « attelages » d'aujourd'hui me font grande peine !... Les vertus, l'instruction, l'esprit, le physique lui-même n'est rien au fond... Il faut de l'argent, beaucoup d'argent... » On en trouve quelquefois mais, en même temps, on a aussi « l'enfer dans son intérieur, tout au moins le purgatoire presque toujours, et c'est justice... Le bonheur est pour les ouvriers qui s'épousent parce qu'ils s'estiment. Ils travaillent ensemble pour élever les enfants que le bon Dieu leur donne et on les voit joyeux parce qu'ils ont l'âme tranquille. (1)

Ce tableau idyllique ne représente-t-il pas, lui aussi, une exception ?

Si sévère envers ses adversaires, Elise Veuillot est tout miel pour ses amis ; elle fustige les « chanoines berrichons » coupables de donner de la tablature à Mgr de Bourges ; (2) « Je crois volontiers, écrit-elle, le 13 juillet 1863, que « le prince ambassadeur ne me plairait pas moins que le prince archevêque » et elle félicite le premier de n'avoir pas accepté le pouvoir ; « le cuisinier-chef salit trop ceux qui l'approchent pour qu'il ne soit pas sage de le fuir. » (3)

* * *

A l'époque où Laure de La Tour d'Auvergne recevait les dernières lettres d'Elise Veuillot, elle avait regagné Paris ; de son côté, son fils

---

(1) Arch. de la T. d'A. 20 août 1863.
(2) Arch. de la T. d'A. 6 juillet 1863.
(3) Arch. de la T. d'A. 1 octobre 1864.

s'apprêtait à quitter Rome, pour demander à la brise marine d'Arromanche l'oubli de ses déceptions.

Le 5 novembre 1863, il prenait congé de Pie IX et, bien que sceptique d'ordinaire, sortait ému de cet ultime entretien.

La papauté perdait en lui son plus ferme soutien.

Il n'est point sans intérêt de connaître l'opinion des contemporains sur la mission qui vient de s'achever.

Une note confidentielle, retrouvée dans les archives de la famille de La Tour d'Auvergne, va nous édifier à ce sujet. (1)

Voyons, d'abord, les personnages occupant le premier plan de la scène; Pie IX est un vieillard impressionnable, attaché à ses habitudes ; il résiste au poids des ans et conserve son caractère gai, « tourné vers la plaisanterie », un peu narquois, affable et simple ; il charme les cœurs et suscite les dévoûments.

Au milieu des pires infortunes, il demeure doux et bienveillant.

A ses autres conseillers, aux membres du sacré collège, il préfère le cardinal Antonelli qui

---

(1) Ce document manuscrit porte la suscription suivante : « Antonelli, Mérode, Pie IX — Ambassade du prince de La Tour d'Auvergne — Castelgondolfo, août 1864 » et plus loin : « très confidentiel » ; il est sans nom de signataire mais émane d'une haute personnalité ecclésiastique au courant des événements ; l'ambassadeur l'a connu.

possède l'art d'« éloigner les affaires pénibles »
et d'épargner à son maître le récit importun des
« remontrances » que les diplomates, les hommes
politiques et la presse adressent quotidiennement
à la secrétairerie d'état.

Tel est le secret de l'influence considérable,
exclusive même, dont il jouit ; s'en montre-t-il
digne ? Personne n'en est persuadé à Rome.

Au physique, Antonelli est un homme de taille
élancée ; il a le pied petit, la main remarquable
de finesse et réalise un type d'individu souvent
rencontré dans la campagne romaine ou sur les
frontières napolitaines ; quand on l'examine, « les
lèvres sont sensuelles, la bouche menteuse et laide;
mais les yeux ont un éclat, une profondeur, un
charme attractif, une puissance tels qu'il est impossible d'avoir vu une fois ce regard et de
l'oublier. »

Son intelligence possède « toute la souplesse
et la dissimulation de la race italienne » ; elle a
beaucoup de pénétration, peu de portée ; il connait
les hommes, mais ignore les choses ; ambitieux, il
désire, avant tout, se maintenir au pouvoir et a,
pour cela, de « merveilleux ressorts » ; il dédaigne
ce qui ne sert pas directement ses intérêts.
« Essuyer les outrages avec sérénité, laisser passer
l'orage, se taire, oublier, toujours sourire, se rendre
indispensable et, enfin, savoir trop pardonner »,
ainsi apparaît Antonelli à ses contemporains.

Il se fait un point d'honneur de n'être jamais
sorti des états pontificaux et d'avoir reçu, dans
son cabinet du Vatican, les personnages les plus
illustres du monde entier ; chacun le quitte ému

d'un accueil « uniformément aimable », de serrements de mains tendres et caressants, de « ces formes doucereuses et félines ».

Les femmes surtout demeurent charmées de la grâce avec laquelle il leur fait visiter ses vitrines remplies de bijoux et de pierreries. « Ce sont là, explique-t-il, mes seules distractions ; c'est dans les joies innocentes du collectionneur que j'aime oublier les soucis du pouvoir... » D'autres fois, il extrait de leurs écrins bagues et diamants pour les confier à ses visiteurs « saisis d'admiration ».

Il y en a, parait-il, pour deux millions de francs.

De sa vie privée, je ne dirai rien ; il n'a point prononcé de vœux.

Reste le troisième personnage.

Depuis 1849, la politique française ne s'était point modifiée ; les mêmes conseils avaient toujours obtenu les mêmes résultats négatifs ; un jour cependant, on crut à un changement d'orientation ; après l'échec de Lavalette, diplomate « d'une franchise un peu naïve », qualifié par Pie IX « il Turco in Italia », La Tour d'Auvergne revenait à Rome.

« Il avait, écrit l'auteur anonyme, l'instinct de la politique italienne ; chrétien et catholique convaincu, dévoué, comme nul ne l'ignorait, au Saint Père, il ne pouvait être suspect de mauvais vouloir pour l'Eglise ; homme du monde consommé, il possédait, au plus haut degré, l'art d'exprimer les nuances et il était merveilleusement apte à représenter une politique à la fois française et catholique.

Malheureusement, il avait derrière lui « une France un peu trop mêlée de Piémont » et, en face de lui, « un cardinal un peu trop dégagé de vrai christianisme ».

Si, à ce moment, un autre Rossi se fût trouvé aux côtés du souverain pontife, le pouvoir temporel eût été « rajeuni » par la réalisation de progrès dont Rome eût pris l'initiative.

Mais Antonelli veillait ; il fut le grand responsable « des erreurs, des faiblesses, des malheurs de ce règne » ; sa politique se résumait en un « non possumus » qui signifiait : « résistance de parti-pris, refus de discussion, négation de tout progrès, inertie, immobilité passive érigée en principe, en maxime de gouvernement ».

Aussi, certains contemporains n'hésitaient point à faire remonter jusqu'à lui l'origine des déboires qui ne cessèrent d'accabler Pie IX.

« Le plus amer reproche, poursuit le rédacteur de la note, que l'on puisse adresser au cardinal Antonelli, c'est celui-ci : ayant entre les mains cette force admirable, l'Idée catholique, la Papauté, d'où vient qu'il soit resté inerte et n'ait pas utilisé au profit de l'Eglise, pour sa grandeur à elle et son développement, les instruments précieux qu'il possédait ? Ce n'est plus, aujourd'hui, la finesse, la rouerie, les intrigues, la dissimulation qui peuvent sauver l'état de choses. C'est l'initiative, les décisions promptes et les grandes résolutions... Pourquoi, abaissant les barrières du passé, nous, le seul principe indiscutable et éternel, ne marcherions-nous pas à la tête de ces idées nouvelles, ne serions-nous pas les arbitres des droits et des devoirs de l'homme sur cette terre ? De Rome, nous ferions le tribunal souverain du monde et, groupant autour de nous les intelligences les plus vastes, les génies les plus divers, nous forcerions les hommes à venir chercher ici la lumière, le véritable progrès et la régénération. »

Abstraction faite de ces vues un peu utopiques, c'est bien là le jugement porté par l'histoire sur le cardinal Antonelli.

# IX

## LONDRES

Le 29 novembre 1863, La Tour d'Auvergne arrivait à Londres ; le lendemain, au matin, il prenait la direction de cette ambassade de France où s'étaient succédé les conseillers les plus en vue de l'Empire : Drouyn de Lhuys, Persigny, Flahault.

Ce dernier habitait, en ville, une maison appartenant à sa femme, née Mercer ; pour qu'après lui, nos agents diplomatiques ne reprissent pas leurs continuelles pérégrinations à travers la ville, il acquit, en 1860, au compte du gouvernement français, la fin du bail de 99 ans d'un bel immeuble situé à la porte d'Albert Gate ; nous pourrons, une quarantaine d'années plus tard, en obtenir la propriété complète ou « freehold ».

Le quartier ne ressemblait pas, à cette époque, à ce qu'il est aujourd'hui ; des habitations élégantes, mais basses, s'élevaient à l'endroit où nous voyons d'imposantes maisons de rapport ; le matin, les cavaliers étaient plus nombreux à la promenade, dans Hyde Park, et des automobiles trépidantes ne circulaient pas, comme à présent, autour de l'ambassade.

La disposition intérieure de l'hôtel n'a point

changé ; au rez-de-chaussée, se trouvait la salle à manger, d'agréables proportions, malheureusement obscure, et un cabinet de travail ayant vue sur les jardins ; des armoires en chêne à grosses moulures gothiques, remplies d'archives, encombraient cette pièce ; on les a fait disparaître ; les bureaux de la chancellerie venaient ensuite. On accédait aux salons de réception, décorés dans le style « early victorian », par un escalier central qu'éclairait une coupole dans le goût anglais ; au second étage, l'ambassadeur avait ses appartements privés ; il se serait plu dans cette résidence, s'il n'avait eu 78 marches à gravir pour gagner sa chambre à coucher...

Parmi les collaborateurs de La Tour d'Auvergne, deux lui étaient particulièrement chers : le marquis de Cadore et le baron Baude, qu'un rare dévouement retenait à ses côtés ; le lieutenant-colonel d'Andigné, fort répandu dans les salons londoniens, remplissait les fonctions d'attaché militaire.

Le 2 décembre 1863, l'ambassadeur rendit visite, à Windsor, à la reine Victoria et lui remit, dans une « forme tout à fait privée », à cause de ses deuils récents, la lettre de l'empereur l'accréditant auprès d'elle.

La souveraine achevait la quinzième année de son règne ; des malheurs domestiques venaient de l'éprouver ; elle pleurait sa mère et son mari, le prince-consort Albert, venait rarement à Londres et laissait, le plus souvent, à ses ministres le soin de diriger les affaires de l'Etat ; au printemps de 1864, elle acceptera, sur les conseils du

roi Léopold de Belgique, de tenir son premier
« cercle ».

Une étiquette glaciale faisait de Windsor une
triste résidence ; par contre, à Malborough house,
le prince de Galles, le futur Edouard VII, et sa
jeune femme, née Alexandra de Danemark, réunissaient une petite cour, élégante et gaie, donnant
le ton à la société anglaise.

Si la reine Victoria ne cachait pas ses sympathies pour la Prusse, l'héritier du trône aimait
notre pays et les malheurs de son beau-père,
Christian IX, ne le laissaient point indifférent ;
peut-être dut-il à ces préférences personnelles
d'être tenu à l'écart de la politique par les
ministres, wighs ou tories, qui trouvaient la reine
plus souple et répondant mieux à leurs vues.

A Malborough house, dans le cadre de cette
vaste maison bourgeoise, décorée avec goût par
le peintre français Laguerre, au milieu d'une
société aimable, près d'un hôte accueillant, libéral,
ami du progrès, des voyages et des sports, La
Tour d'Auvergne se sentait plus à l'aise ; le
prince de Galles et son cousin le duc de Cam-
bridge, compagnon d'armes de nos soldats sur
les champs de bataille de Crimée, le prenaient
souvent pour confident de leurs pensées.

Les wighs détenaient le pouvoir ; La Tour
d'Auvergne vit successivement le chef du gouvernement, Palmerston, connu pour ses accès de
mauvaise humeur, John Russel, principal secrétaire
d'état aux Affaires Etrangères, dont il n'appréciait
ni la rudesse, ni la versatilité et qui prendra bientôt la direction du cabinet, avec plus de bonne

volonté que de talents ; il eut un entretien avec Gladstone, lui aussi d'abord peu sympathique à cause de son extrême vivacité, et qui attendait son heure ; parmi les libéraux anglais, lord Clarendon lui plut ; le front découvert, la figure allongée, encadrée de légers favoris, la bouche sensuelle, les yeux intelligents, il possédait une certaine force de rayonnement ; c'était, au surplus, un homme aimable ; il avait occupé des postes importants, dirigé, avec compétence, le Foreign Office et ne tardera pas à reprendre le pouvoir ; La Tour d'Auvergne formera, avec lui, un « bon ménage politique et social ». (1)

Notre représentant ne négligea point les conservateurs, avec lesquels il avait maintes affinités; déjà, à cette époque, la France rencontrait généralement chez eux un plus sûr appui que chez leurs adversaires ; voici lord Derby, réputé favorable à l'Autriche, mais toujours correct à notre égard, que sa mauvaise santé éloignera bientôt de la politique, Disraëli, le conseiller le plus écouté de la reine ; il possède la prudence de Gladstone, tout en se montrant plus sensible sur le point d'honneur ; lui seul osera tenir tête au chancelier allemand ; Stanley, enfin, beaucoup trop « français » pour Bismarck, nous rendra, au Foreign Office, d'appréciables services.

Le corps diplomatique comprend le comte de Bernstorff, que La Tour d'Auvergne a connu, jadis, à Berlin où leurs relations étaient cordiales; on en fait, à présent, le fidèle exécuteur des ordres

---

(1) Arch. de la T. d'A. 21 juillet 1869.

venus de la Wilhelmstrasse ; le baron de Brunnow, ambassadeur de Russie, est un agent
distingué, dont le congrès de Paris a consacré
la réputation ; il pourrait nous être utile si la
question polonaise, alors dans toute son acuité,
ne l'obligeait à se tenir sur la réserve ; le comte
Apponyi, envoyé de l'empereur François-Joseph,
cache, sous un air sceptique, l'indifférence orgueilleuse de son gouvernement ; d'Azeglio, ministre
de l'Italie nouvelle, réclame sans cesse l'annexion
de la Vénétie et ne l'obtenant ni de notre lassi-
tude, ni de l'amitié anglaise, conseille à son pays
de s'unir à la Prusse pour la conquérir ; il jouit,
dans les milieux officiels, d'un influence que faillit
compromettre l'arrivée de Garibaldi à Londres.

Partout, La Tour d'Auvergne reçoit bon accueil;
la société anglaise adopte sans retard cet homme
du monde aux manières élégantes, à la courtoisie
raffinée, ayant une « bonne maison, largement
installée », de beaux équipages, et sachant user
avec à-propos d'une fortune considérable.

Les nécessités de la vie mondaine l'obligent
à répondre, chaque jour, à plusieurs invitations ;
mais sa santé, déjà compromise, ne résiste pas
à pareilles fatigues ; bientôt, les seules réceptions
auxquelles il assiste sont celles de la cour ou
de la haute aristocratie.

Au milieu de ces fêtes, songea-t-il vraiment à
se créer un nouveau foyer ? On le crut à Londres;
l'élue devait être, parait-il, une « ravissante
femme » de grande naissance et de beaucoup de
charme, qui eût parfaitement tenu le rôle si lourd
d'ambassadrice de France.

Pour des raisons que nous ignorons, ce projet ne se réalisa point.

Pendant sa mission de six ans en Angleterre, La Tour d'Auvergne releva de trois ministres des Affaires Etrangères.

Le premier fut Drouyn de Lhuys dont la perspicacité sera mise en défaut dans l'affaire des duchés de l'Elbe ; sa politique des compensations, critiquable en son principe et mal soutenue, ne nous vaudra que des déboires ; il ne prendra pas une attitude suffisamment ferme au début des manifestations de l'ambition prussienne ; se ressaisissant après Sadowa, il conseillera une intervention française sur le Rhin ; sa voix, hélas ! ne sera pas entendue.

Le marquis de Moustiers lui succéda, en septembre 1866, et conserva, pendant deux ans, la direction de nos affaires extérieures ; au physique, de fortes moustaches, des sourcils prononcés, barrant son visage massif, lui donnaient un air de fermeté résolue, peu en rapport avec son véritable caractère ; diplomate de carrière, habitué aux calmes entretiens des chancelleries, il bannira, par excès de prudence, toute initiative ; son ministère sera sans relief.

Le troisième chef du département fut le marquis de Lavalette, personnage peu sympathique, conservant, de son échec à Rome, une certaine rancune contre son successeur ; arrivé au pouvoir, il se plaignit à l'empereur de ne pas être suffisamment renseigné sur les événements d'Angleterre.

La Tour d'Auvergne, averti de cette mauvaise querelle, adressa au général Fleury une lettre destinée à être mise sous les yeux du souverain ; « Je suis parvenu jusqu'ici, écrivait-il, à accomplir mon devoir sans me faire pour cela « l'homme » d'aucun ministre. Je ne deviendrai pas davantage celui de M. de Lavalette. Je serai toujours plein de déférence pour les observations du ministre des Affaires Etrangères de l'empereur lorsqu'elles me seront adressées dans une forme et par une voie convenables ; mais si, comme M. de Lavalette s'est cru en droit de le dire à M. de Contades, sans que je sache pourquoi, ni comment, « je joue en ce moment ma place », il est bien certain que je ne suis nullement disposé à jouer ma dignité. »

Le général Fleury mit Napoléon III au courant de la situation, « avec toute la réserve voulue » ; celui-ci reconnut que La Tour d'Auvergne fournissait officiellement les renseignements politiques nécessaires et qu'il avait acquis une « excellente position » vis-à-vis du gouvernement britannique ; il regretta seulement de ne pas rencontrer dans la correspondance de ce diplomate plus de détails sur les gens et les choses de Londres.

Ainsi se termina ce premier et unique incident de carrière.

* * *

Au cours de ses entretiens avec Palmerston et Russel, l'ambassadeur de France aborda la question du Schleswig et du Holstein ; à la suite de la proclamation, par Christian IX, de la constitution générale du royaume, ces duchés pouvaient être regardés comme incorporés à la monarchie danoise ; on protesta, à Berlin, le 18 novembre 1863, et Bismarck réclama en vain l'abrogation de cet acte ; l'exécution fédérale, décrétée par la diète de Francfort, le 7 décembre suivant, conduisit dans le Holstein les troupes saxonnes et hanovriennes, bientôt remplacées par des contingents prussiens et autrichiens, afin de soustraire aux états secondaires d'Allemagne la connaissance de cette affaire.

Russel estimait que la France et l'Angleterre devaient se contenter d'adresser des observations verbales aux cabinets de Berlin et de Vienne ; le Danemark ne pouvait, à l'entendre, leur réclamer davantage ; Drouyn de Lhuys partageait cette indifférence ; dans une dépêche adressée à La Tour d'Auvergne, le 26 janvier 1864, il précisait ainsi sa pensée : « Nous avons signé le traité de 1852, mais il n'implique pas une coopération armée... Une circonspection particulière nous est imposée... La première conséquence d'une guerre de la France avec l'Allemagne serait d'ailleurs de nous conduire à opérer sur un terrain où la seule présence de notre drapeau éveillerait des soupçons dont on ne nous a pas habitués à nous croire affranchis et auxquels il nous convient de ne point offrir de prétexte. »

Napoléon III proposait de confier à une nouvelle conférence le règlement de l'incident ; l'idée ne fut pas favorablement accueillie à Londres où l'on craignait de voir la question danoise résolue sous ses auspices.

Nulle part, on n'écouta les conseils de prudence; Bismarck se montra intransigeant ; le cabinet de Vienne se mit inconsidérément à sa remorque ; quant au gouvernement de Copenhague, devant les manifestations loyalistes du Holstein, il refusa de retarder la mise en vigueur de la constitution.

Le 7 février 1864, les débats du parlement britannique inspirèrent à La Tour d'Auvergne ces lignes sévères : « Le gouvernement anglais est spectateur passif d'une lutte qu'il a tentée sans succès de prévenir et à laquelle sa dignité, aux yeux de bien des gens du moins, lui imposait de prendre part. »

Après l'évacuation de Damwirke, la perte de Duppel, la retraite stratégique de l'armée danoise dans l'île d'Alsen, Russel proposa un armistice à l'Autriche, qu'il croyait plus conciliante que la Prusse ; mais cette puissance répondit ne pouvoir l'accepter sans s'être mise d'accord, au préalable, avec son alliée.

Palmerston s'en prit alors à la Russie ; il eût voulu faire retomber sur elle le poids de ses propres responsabilités ; à l'en croire, Bismarck se montrait d'autant plus agressif et résolu qu'il savait que le gouvernement de St Pétersbourg ne s'opposerait pas formellement à la réalisation de ses projets.

Les avocats de la couronne, réunis pour rassurer la conscience britannique, ne parvinrent pas à se mettre d'accord ; trois d'entre eux opinèrent pour le maintien de la neutralité, un autre pour l'intervention dans la guerre, en vertu du traité de garantie de 1719.

Le 20 février 1864, un membre du Parlement tint à La Tour d'Auvergne ce curieux propos : « Nous souhaitons à la Prusse, dit-il, tous les malheurs du monde et si, comme nous n'en doutons pas, son ambition nous force à lui faire la guerre, nous espérons bien que la France la lui fera avec nous. Nous vous verrions, sans le moindre regret, vous emparer du Rhin... Cette idée a toujours, jusqu'ici, effrayé l'Angleterre, mais, après ce qui vient de se passer, tenez pour certain que nous ne mettrions pas d'obstacles à sa réalisation. »

Ces velléités d'intervention ne furent pas suivies d'effets ; interpellé, à la Chambre des Communes, sur les intentions des alliés austro-prussiens, Palmerston se contenta de juger sévèrement leur attitude ; il n'alla pas plus loin ; l'entrée de leurs troupes dans le Jutland ne le fit pas réagir ; à Londres comme à Paris, tout se passa en paroles.

Déçu, le Foreign Office revint enfin à l'idée d'une conférence ; comme il omit d'en préciser l'objet, Bismarck se contenta d'y donner une adhésion de principe ; le Danemark ne montra pas d'empressement pour participer à des palabres inutiles ; l'Autriche, malgré son désir de voir la paix rétablie en raison des troubles de Galicie, n'osa rien faire en dehors de Berlin ; quant à la France, elle pouvait difficilement admettre une proposition qui, jadis présentée par elle, avait été repoussée par l'Angleterre.

Dans le désarroi général, ce fut cependant la solution qui prévalut et, sans un accord préalable entre les neutres, une conférence s'ouvrit à Londres, au milieu d'avril 1864.

Russel parlait mal le français ; il s'adjoignit Clarendon qui dirigea bientôt l'assemblée ; Brunnow y aurait probablement joué, lui aussi, un rôle important si son extrême mobilité ne l'eût desservi ; de Quaade représentait le Danemark, Bernstorff la Prusse, de Beust la Diète de Francfort ; les intérêts français étaient confiés à La Tour d'Auvergne ; le 20 avril, les travaux commencèrent, à la résidence officielle du premier lord de la Trésorerie.

Notre plénipotentiaire, après de longs débats, obtint, le 6 mai, une suspension des hostilités pendant un mois ; dès lors, la discussion prit un tour plus actif.

Dans une dépêche adressée au Quai d'Orsay, le 11 mai, il passa en revue les diverses solutions possibles: la combinaison, dite de l'union personnelle du Schleswig et du Holstein, prônée par l'Autriche et la Prusse, ne résolvait pas le problème posé ; elle laissait le champ libre à l'influence envahissante de l'Allemagne ; aussi, préférait-il la réunion au Holstein des districts méridionaux du Schleswig, habités par des populations germaniques, tandis que ceux du nord reviendraient au Danemark.

Napoléon III adopta cette manière de voir ; le 16 mai, les neutres l'acceptèrent à leur tour ; les Anglais proposèrent une ligne frontière que refusèrent les alliés, sous prétexte qu'elle sacrifiait d'importants intérêts allemands. Russel, aiguillonné par l'opposition, s'entêta et alla jusqu'à offrir à La Tour d'Auvergne de s'entendre avec nous pour faire, de l'admission de son tracé, un ultimatum aux belligérants ; celui-ci répondit que la France ne pouvait entrer en guerre pour conserver quelques milliers de sujets au Danemark, quand elle ne l'avait point fait pour sauvegarder l'intégrité de ce royaume.

En désespoir de cause, le chef du Foreign Office proposa de soumettre la question à l'arbitrage d'un souverain ; la Russie, la Suède et les alliés se rangèrent à cet avis, avec plus ou moins de bonne grâce, mais le cabinet de Copenhague le repoussa.

Alors, se produisit un coup de théâtre : le 19 juin, Bernstorff, reprenant pour son compte l'idée de Napoléon III, offrit de s'en remettre au vœu des populations ; il se heurta à l'opposition véhémente de l'Angleterre et de la Russie qui lui reprochèrent de faire déposséder Christian IX par ses sujets et de chercher à introduire, dans le droit public de l'Europe, un principe qui ne manquerait pas de se retourner, un jour, contre son propre pays.

La discussion fut pénible et les récriminations telles que le procès-verbal de la séance dut en atténuer les termes ; La Tour d'Auvergne défendit mollement une solution  dont son souverain était cependant partisan.

Le 23 juin, après une dernière réunion orageuse, le sort de la conférence était réglé ; les adversaires recouraient de nouveau aux armes.

Quinze jours plus tard, Disraëli, interpellant Palmerston à la Chambre des Communes, regrettait l'amoindrissement de son pays dans les conseils de l'Europe ; sous son air dégagé, Russel était anxieux ; à Berlin, en effet, on envisageait, maintenant, l'annexion pure et simple des deux provinces comme une solution très défendable et

Bernstorff ajoutait que les « criailleries » de certaine presse anglaise ne l'empêcheraient point.

Le Foreign Office avait pris le parti de ne pas contrecarrer la politique bismarckienne ; l'occupation de Kiel même ne le fit point sortir de son inertie.

L'opposition venait du côté de l'Autriche qui s'apercevait, un peu tard, des ambitions démesurées de son alliée ; le 14 août 1865, à Gastein, les complices se partagèrent les dépouilles de leur proie ; le Holstein échut à François-Joseph, le Schleswig à Guillaume ; leur accord fut de courte durée.

Lorsque, avec le recul des années, on suit, dans la correspondance de La Tour d'Auvergne, les débats de la conférence de Londres, on relève deux fautes principales au passif de la diplomatie impériale.

En sacrifiant le Danemark, que nous devions protéger avec l'Angleterre et la Russie, en renonçant, pour plaire au roi de Prusse, au maintien des stipulations de 1852, nous avons accordé à Bismarck une importance faite, en grande partie, de notre pusillanimité.

En mettant en avant, mal à propos, le principe des nationalités, nous l'avons faussé ; alors qu'il signifie que les nations faibles ont le droit d'être défendues contre les entreprises des peuples forts, nous nous sommes faits les complices inconscients des oppresseurs.

Rendant compte à Drouyn de Lhuys de l'état des esprits en Angleterre, à cette époque, La Tour d'Auvergne constate que la solution du conflit dano-allemand a laissé l'impression d'un « souvenir pénible sur lequel on n'est pas désireux de revenir ».

Tel est, d'ordinaire, l'état d'esprit de ceux qui ont commis ou n'ont pas empêché une mauvaise action.

Le gouvernement britannique comptait entrer, enfin, dans une phase d'apaisement ; il n'en fut rien.

Le 24 février 1866, le bruit courait, à Londres, d'une rupture entre la Prusse et l'Autriche, à propos du Holstein que la première voulait conserver.

Le 5 mars, le cabinet de Berlin faisait expulser de cette province le duc d'Augustenbourg, protégé de son ancienne alliée; aussitôt, la presse des états secondaires dénonça cette attitude intolérable ; Bismarck, peu rassuré, au fond, malgré les bonnes paroles échangées à Biarritz, appela auprès de lui son successeur à Paris, le comte de Goltz, et l'interrogea sur les veritables intentions de Napoléon III ; ne doutant plus de notre neutralité, après cet entretien, il obtint du roi Guillaume l'autorisation de persévérer dans sa politique d'intimidation vis-à-vis de l'Autriche.

A Londres, Bernstorff entreprenait de justifier son gouvernement aux yeux de Clarendon et de La Tour d'Auvergne ; celui-ci n'était pas dupe de ses explications. « On prête à M. de Bismarck, écrivait-il, le 4 avril 1866, des vues d'agrandissement beaucoup plus larges, en même temps que la pensée d'établir, à quelque prix que ce soit, la suprématie de la Prusse en Allemagne. Aussi ne se montrera-t-on complètement rassuré à l'endroit du maintien de la paix que lorsque ce ministre, que l'on sait homme à ne pas renoncer facilement à ses desseins, se trouvera contraint par les circonstances d'abandonner à d'autres la direction de la politique de son pays. »

Malgré ces alarmes, Clarendon refuse d'agir collectivement à Berlin et à Vienne, comme le proposait notre ambassadeur ; deux jours plus tard, l'Italie et la Prusse signent un traité d'alliance aux termes duquel, si les négociations engagées échouent, les deux puissances poursuivront la lutte jusqu'à ce que l'Autriche ait cédé à la première le royaume lombardo-vénétien et à la seconde un territoire équivalent.

Les conseils de prudence du tsar, les appels de Napoléon III à un congrès demeurent vains ; le 2 juin, François-Joseph, croyant son armée prête et ses peuples favorables à un dénoûment brusqué, donne l'ordre de convoquer les Etats du Holstein pour statuer sur leur sort, ce qui équivaut à une déclaration de guerre à la Prusse.

Le cabinet de Berlin déclare alors qu'il considère le pacte fédéral comme rompu et prescrit à l'armée de s'emparer, en Saxe, d'importantes positions stratégiques.

Tandis que les tories succèdent aux wighs, à la tête du gouvernement britannique, que Stanley prend, au Foreign Office, la place de Clarendon, les événements militaires se précipitent : le 3 juillet, l'issue de la bataille de Sadowa vient frapper les esprits ; deux jours plus tard, un article du Moniteur annonce la cession de la Vénétie à Napoléon III et sa médiation.

En acceptant, guidé surtout par l'amour-propre, de jouer ce rôle dans le conflit, l'empereur affirme son désintéressement, mais s'oblige à attendre la paix pour faire valoir les revendications de la France ; ce fut une première erreur.

Dans un télégramme chiffré du 7 juillet, La Tour d'Auvergne annonce à Drouyn de Lhuys que les succès « si rapides et si décisifs » des Prussiens ont causé, en Angleterre, un grand désappointement ; mais les malheurs des rois de Saxe et de Hanovre affectent les seuls milieux de la cour ; l'opinion publique s'en désintéresse.

Le 23 juillet, ont lieu les préliminaires de Nikolsbourg ; ils consacrent, à la fois, l'intégrité de l'Autriche et l'absorption par le vainqueur des états secondaires d'Allemagne ; Bismarck, vis-à-vis du Danemark, avait employé la force brutale ; il se donne, cette fois, l'apparence de la modération afin de ménager l'amour-propre des peuples incorporés dans la grande patrie allemande.

A Londres, on s'incline devant le fait accompli ; on y voit, sans regret, note l'ambassadeur de France, s'établir, au centre de l'Europe, un état assez fort pour contrebattre l'influence russe et la nôtre ; Stanley lui confie que l'ordre de choses instauré au-delà du Rhin ne blesse en rien les intérêts britanniques. « La France, explique-t-il, peut chercher des compensations du côté de l'Allemagne si elle estime qu'un agrandissement trop considérable de la Prusse lui en fait une nécessité ; l'Angleterre, vraisemblablement, ne s'y opposera pas sérieusement. Aussi longtemps que l'Egypte, Constantinople et la Belgique, envers laquelle nous sommes liés par des engagements formels, ne seront pas mises en cause, nous nous abstiendrons, j'ai lieu de le croire, d'intervenir dans les affaires du continent. Mais si vous attachez du prix au maintien de la paix, évitez de soulever aucune de ces trois questions... »

Pendant que se développait, à Londres, cette politique à courte vue, l'embarras grandissait à Paris ; Napoléon III, surpris par les brusques succès de la Prusse, ne voulait pas entreprendre une nouvelle guerre pour y mettre obstacle ; dans sa lettre du 11 juin à Drouyn de Lhuys, il annonçait que ses intentions resteraient pacifiques tant que l'équilibre européen ne serait pas menacé ; le vague de cette déclaration ne contenta personne ; en s'abstenant de préciser, à Biarritz, quel serait le prix de notre neutralité, l'empereur avait renouvelé la faute de Plombières.

Au sein du cabinet français apparurent de sérieuses divergences : Drouyn de Lhuys voulait obtenir des compensations de la Prusse, au moyen d'une démonstration militaire sur le Rhin; Lavalette, au contraire, se croyait certain d'atteindre le même résultat par des moyens pacifiques.

On connaît la dramatique séance du conseil des ministres qui eut lieu le 5 juillet 1866 ; le chef de l'état finit par se ranger à l'avis de l'impératrice et de Drouyn de Lhuys ; on décida de concentrer des troupes aux frontières de l'est et d'envoyer une note comminatoire à Berlin.

Mais, pendant la nuit suivante, l'empereur changea d'avis et le Moniteur du lendemain ne publia pas les ordres de mobilisation attendus.

Rien, dira-t-on, ne garantissait le succès de notre intervention ; Bismarck a reconnu lui-même, qu'à ce moment, la présence d'une seule de nos divisions sur la rive droite du Rhin eût suffi à rallier les états secondaires hostiles à la Prusse et à couper de leur base les armées du roi Guillaume, engagées au fond de la Bohême.

Sur le moment, la politique de l'empereur rencontra plus d'approbation que de critiques ; le prince de Galles l'en félicita chaudement dans une lettre particulière, adressée, le 21 juillet 1866, à La Tour d'Auvergne ; en France, d'aucuns prétendirent même que, loin de nous plaindre en voyant la Prusse resserrer le faisceau des provinces allemandes, nous devions nous en réjouir; cependant, certains esprits plus perspicaces découvraient le péril grandissant. « La modération d'un vainqueur comme Bismarck, affirmaient-ils, est vraiment effrayante car elle cache quelque projet ultérieur... » (1)

On n'entendit point cet avertissement prophétique ; à St Pétersbourg, Gortschakoff, dépité de l'insuccès du congrès proposé par lui, se réfugia dans une indifférence hargneuse ; les hommes politiques anglais, wighs ou tories, s'occupèrent

_______________

(1) « Gare à la Prusse », par un anonyme, 1866.

à réaliser une réforme électorale ; à Paris, Moustiers remplaça Drouyn de Lhuys et l'on tourna la page.

* * *

La situation respective de l'Italie et de l'Autriche, réglée à Sadowa, la question romaine conservait, par contre, une certaine acuité.

Un premier pas vers la conciliation avait été tenté, lors de la signature de la convention du 15 septembre 1864, par laquelle le gouvernement de Turin s'engageait à respecter le territoire pontifical et à le garantir contre toute intervention étrangère ; il prenait, en outre, à sa charge une part proportionnelle de la dette des anciens états de l'Eglise, récemment annexés.

La France, de son côté, promettait d'évacuer Rome dans les deux ans qui suivraient le transfert de la capitale à Florence.

Nos troupes quittèrent la péninsule le 11 décembre 1866.

Dès lors, La Tour d'Auvergne recommença à craindre pour le pape ; il s'en ouvrit en vain à Stanley ; celui-ci ne voulait pas se faire le défendeur du pouvoir temporel ; Gladstone et l'archevêque de Westminster partageaient sa manière de voir car Ricasoli s'efforçait loyalement de rassurer les puissances en retirant à Pie IX tout prétexte de plainte.

Mais, à la suite du départ du corps d'occupation, les sociétés secrètes reprirent leur propagande en Italie ; Moustiers dénonça au cabinet de Florence les appels lancés par Garibaldi en vue de reconquérir la ville éternelle ; bien que le ministre de France à Turin, M. de Malaret, eût reçu les meilleures assurances, l'agitation persistait et, au milieu de septembre 1867, des bandes armées envahissaient les états pontificaux.

Ratazzi, le nouveau président du conseil, proposa alors de faire occuper Rome par un contingent italien ; le remède était pire que le mal ; Moustiers refusa et, le 25 octobre, nos troupes reprirent le chemin de Civita-Vecchia.

*  *  *

D'autres incidents mirent en délicatesse, à cette époque, les gouvernements de Paris et de Londres ; ce fut, d'abord, une succession de démêlés entre les représentants des deux puissances à Tunis, Botmillau et Word ; le cabinet britannique redoutait notre intervention dans les affaires barbaresques et contrecarrait les initiatives plus ou moins heureuses de nos agents, tout en soutenant ses compatriotes dans leurs réclamations les moins fondées ; au mois d'avril 1864, La Tour d'Auvergne vit Russel à Pembrocke lodge et l'assura que nous ne prétendions pas exercer une « influence exclusive » dans la Régence ; non content de réclamer, de notre part, des engagements précis, Palmerston s'efforça de convaincre d'Azeglio que nos constants efforts visaient à dominer la Méditerranée et s'étonna, en termes amers, que l'Italie, contrairement à ses intérêts, secondât nos vues.

Un peu plus tard, les missionnaires anglicans des îles Loyalty s'étant plaints de ne pouvoir exercer librement leur culte à la Nouvelle Calédonie, nous dûmes, une fois encore, passer par les exigences du Foreign Office.

Jamais la susceptibilité de nos voisins ne se montra plus ombrageuse ; le 10 mars 1865, au lever du prince de Galles, Palmerston prit à part La Tour d'Auvergne et lui déclara, sans préambule, que, dans l'affaire du Suez, l'empereur n'avait le droit ni de disposer de territoires appartenant au Sultan de Constantinople, ni d'obliger le vice-roi d'Egypte à payer à la compagnie une redevance considérable ; puis il critiqua de Lesseps coupable, selon lui, de poursuivre l'édification, sur les deux rives du canal, d'établissements importants, voire même de villes; il ajouta que, si nous désirions conserver de bons rapports avec l'Angleterre, il fallait renoncer à favoriser de pareilles entreprises.

Au milieu de ces invectives, notre ambassadeur garda son sang-froid ; il se borna à demander à Palmerston si le sultan et le vice-roi l'avaient chargé de nous transmettre leurs réclamations — ce qui n'était pas — ; il expliqua ensuite qu'en cette affaire, Napoléon III s'était contenté de remplir la mission d'arbitrage que, d'un commun accord, les parties lui avaient confiée et il laissa un peu calmé son bouillant interlocuteur.

Les amis de la France ne recevaient pas toujours bon accueil sur les bords de la Tamise ; à l'archiduc Maximilien d'Autriche, venu à Londres pour demander à être reconnu comme empereur du Brésil, il fut répondu que l'Angleterre s'inclinerait seulement devant le fait accompli.

Enfin, quand La Tour d'Auvergne, déférant au désir de l'empereur, entreprit de rechercher si la candidature du duc de Montpensier au trône d'Espagne était subventionnée par les banquiers de la Cité, ou si, avec leur concours, les d'Orléans préparaient une restauration monarchique en France, ses investigations, partout découragées, restèrent vaines malgré les efforts de la section de police que nous entretenions à Londres.

La Grande-Bretagne, en ceci, se montrait fidèle à ses traditions d'hospitalité ; on ne saurait l'en blâmer.

* * *

Le 28 mars 1867, Stanley, au cours d'une conversation avec La Tour d'Auvergne, lui apprit que le cabinet des Tuileries venait d'adresser au roi Guillaume III des Pays-Bas une demande de cession du duché de Luxembourg, bien propre de ce prince ; celui-ci ayant cru devoir prendre l'avis du gouvernement de Berlin sur l'opération projetée, l'opinion publique prussienne s'était aussitôt alarmée.

Trois jours plus tard, Benedetti signalait au Quai d'Orsay que Bismarck se sentait emporté par l'agitation parlementaire ; quant à Moustiers, pressentant l'échec de l'initiative impériale, il déplorait la publicité intempestive donnée aux pourparlers engagés : « Depuis huit mois, mandait-il à La Tour d'Auvergne, le 11 avril, Bismarck ne cesse de nous présenter l'acquisition du Luxembourg par la France comme le gage des bonnes relations entre nous et la Prusse... Il nous a tracé, presque jour par jour, le programme à suivre pour arriver à ce résultat et, jusqu'au 31 mars, nous n'avons cessé de nous conformer à ses indications... Malheureusement, nous n'avons pu empêcher le roi des Pays-Bas de faire une démarche vis-à-vis du roi de Prusse que Bismarck lui-même eût déconseillée... Nous avons lieu de croire néanmoins que celui-ci n'a pas été tout à fait de mauvaise foi, mais qu'il a été débordé par les passions militaires... Jusqu'où ce souverain se laissera-t-il entraîner ? On veut, dit-on, le pousser à une attaque immédiate contre la France. Nous sommes, comme je vous le dis, résolus à ne lui en fournir aucun prétexte et à dédaigner toutes les provocations calculées, qui pourraient nous être adressées. »

Par retour du courrier, La Tour d'Auvergne répondit au ministre des Affaires Etrangères qu'il avait vu, à ce sujet, Stanley dont les bonnes intentions étaient évidentes, mais qui manquait de l'expérience, de la force de volonté et de l'esprit de suite nécessaires pour mener à bien une négociation aussi délicate.

A Berlin, en effet, les esprits n'avaient cessé de se monter ; Bismarck, interpellé par Bennigsen, à la Chambre des Représentants, s'était montré plein de réticences à notre égard et de confiance dans l'union des peuples germaniques ; puis il avait saisi de l'incident les puissances signataires du traité de 1839, protectrices du grand duché ; la Russie l'encourageait officieusement à la résistance ; l'Autriche se réservait ; quelle allait être l'attitude de l'Angleterre ?

Les milieux de la cour paraissaient inquiets ;
La Tour d'Auvergne ayant rencontré, un jour,
à Hyde Park, le roi de Danemark et le prince
de Galles, celui-ci attira son attention sur la force
de l'armée prussienne, l'une des plus redoutables
d'Europe ; il ajouta que le général de Molke
connaissait la topographie de la France comme
celle de la Bohême ; notre ambassadeur manifesta
l'espoir que celui-ci n'eût pas à utiliser, chez nous,
son savoir.

La situation ne s'améliora pas, au cours des
semaines suivantes ; le 18 avril, le gouvernement
anglais offrit ses bons offices à la France, à la
condition que l'existence du royaume de Belgique
ne fût pas mise en cause ; Stanley reprit, pour
son compte, un projet de transaction qui nous
rendrait Liège, Bouillon, les enclaves de Philippe-
ville et de Marienbourg enlevés à la France en
1815, mais le cabinet de Bruxelles refusa de le
prendre en considération.

Sans repousser formellement ces ouvertures,
Bismarck, pour gagner du temps, invoquait la
nécessité de consulter les autres états allemands.

Stanley, harcelé par La Tour d'Auvergne qui
sentait le prix des heures et le priait d'agir
vigoureusement auprès du roi Guillaume, prenait,
avec son flegme britannique, le temps de la
réflexion ; il se rendit enfin auprès de la reine
Victoria pour l'engager à s'entremettre personnellement dans le différend, ce qu'elle fit, de bonne
grâce ; notre ambassadeur tint à s'assurer que
la démarche, si instamment réclamée par lui, avait
bien été faite ; il prit, à son tour, le chemin de

Windsor, vit la reine qu'il trouva préoccupée, nerveuse, mais bien disposée à notre égard ; elle lui dit l'affliction que lui causerait une guerre entre la France et la Prusse, puis continua en ces termes: « Je sais tout ce qui s'est passé ; M. de Bismarck, bien qu'il le nie aujourd'hui, vous a lui-même encouragés à réclamer le Luxembourg. Je n'ignore pas que l'empereur se borne à demander l'évacuation de la forteresse par les troupes prussiennes et j'ai écrit, hier, au roi de Prusse, pour lui dire toute ma pensée à cet égard, en le priant, dans l'intérêt de la paix, de renoncer à ses prétentions. »

Elle demanda ensuite à La Tour d'Auvergne s'il était satisfait de Stanley. « Oui, lui répondit-il, je le trouve plein de confiance et de loyauté » ; pour le stimuler, il lui avait répété, chaque jour, que lui seul pouvait éviter la guerre et que, pour cela, il suffisait à l'Angleterre de parler sur un ton ferme à Berlin ; Victoria convint que, si toutes les puissances s'entendaient pour faire peur à Bismarck, celui-ci ne tarderait point à reconnaître ses torts.

Ainsi se termina cet incident historique ; l'exposition universelle de 1867, ouverte au milieu des plus vives inquiétudes, allait poursuivre son cours joyeux ; la France bénéficiait d'un répit de quelques mois.

Mais l'alerte, cette fois, avait été chaude ; on se congratula, après coup ; le 16 mai 1867, Stanley écrivit à La Tour d'Auvergne une lettre particulière qui est conservée dans les archives de famille de l'ambassadeur ; on y lit : « Je suis bien heureux de penser que nous avons pu faire quelque chose dans l'intérêt de la paix européenne et qu'en même temps, nous avons eu l'occasion de montrer que cette entente cordiale, dont on a tant parlé, est une réalité et non une phrase banale. »

* * *

Notre ambassadeur à Londres venait de signer, au nom de la France, le traité du 11 mai 1867 réglant le sort du Luxembourg ; il se réjouissait de voir ce pays éviter, à la fois, la mainmise brutale de la Prusse et la protection anglaise, lorsqu'un nouvel incident éclata dont les suites faillirent être, pour nous, aussi fâcheuses.

Au milieu du siècle dernier, le réseau des chemins de fer belges s'était développé sans plan d'ensemble ; le gouvernement de ce pays l'avait concédé à de petites entreprises sans surface ; par contre, la compagnie française de l'Est voulait étendre son rayon d'action ; elle jeta son dévolu sur plusieurs sociétés bruxelloises, dont la compagnie de Guillaume-Luxembourg à laquelle elle offrit de prendre à sa charge, avec un personnel et un matériel français, le service entier de l'exploitation, contre une rémunération annuelle de trois millions de francs.

Notre représentant en Belgique était, à cette époque, le vicomte de la Guéronnière, familier des Tuileries où l'on avait mis, plusieurs fois, à contribution ses dons de publiciste pour exposer la pensée impériale ; c'était un ambitieux, recherchant toute occasion de se mettre en valeur ; le baron Beyens, ministre du roi Léopold II à Paris, lui trouvait « l'œil faux et inquiet ».

La Guéronnière démontra aisément aux actionnaires belges que l'opération projetée leur procurait, sans risques, de sérieux avantages ; ceux-ci se mirent d'accord avec le baron Hirsch et les dirigeants de la compagnie de l'Est ; à la mise en œuvre des lignes de Guillaume-Luxembourg s'ajouterait celle du Liégeois-Luxembourg ; ainsi, nos trains desserviraient le centre de la Belgique et atteindraient sa capitale.

Le 20 juin 1868, le Parlement français approuvait les conventions réglant la situation de ces différentes sociétés.

Mais, en apprenant ces négociations, le chef du cabinet libéral belge, Frère Orban, y opposa son veto ; à Londres, l'émotion fut intense ; Clarendon, tout en blâmant le gouvernement de Bruxelles de son imprévoyance, lui donna raison au fond.

Fort de cet encouragement, celui-ci fit voter par les deux chambres, le 23 février 1869, une loi permettant à l'Etat de reprendre, en cas d'infraction, le réseau concédé à une compagnie privée.

Alors commencèrent de délicates négociations entre, d'une part, Rouher et Lavalette qui, avec Gressier, titulaire du portefeuille des Travaux Publics, avaient monté l'affaire et, de l'autre, Frère Orban, ostensiblement appuyé par l'Angleterre.

Du côté français, on se montra, d'abord, irrité et intransigeant ; on réclama l'exécution des accords signés, le respect de la parole donnée ; on alla jusqu'à menacer de cesser toutes relations avec la Belgique.

Clarendon rechercha un terrain de conciliation ; La Tour d'Auvergne l'incitait à laisser le cabinet des Tuileries en dehors de ces « misérables tripotages d'argent » ; lui-même eût voulu ignorer un aussi regrettable débat ; mais, un jour qu'il s'en ouvrait au principal secrétaire du Foreign Office, celui-ci répliqua par ce propos rapporté par Beyens dans ses mémoires : « En ce moment, vous êtes ambassadeur de France ou vous ne l'êtes pas ! Si vous ne l'êtes pas, il faut le dire. Si vous l'êtes, vous n'avez pas le choix d'accepter ou de refuser une communication qui vous est faite au nom du gouvernement de la reine. »

Le 12 avril, Frère Orban, lassé par la longueur des pourparlers, fit le voyage de Paris afin de préparer un compromis honorable pour les deux parties ; il proposa à Gressier d'accorder à la France des avantages économiques dans le transit des marchandises vers la Hollande ; ses offres furent repoussées avec hauteur ; il décida alors d'en appeler aux puissances garantes de la neutralité de la Belgique ; Clarendon, escomptant que l'unanimité des gouvernements européens se ferait contre nous, signala à La Tour d'Auvergne que « déjà, il n'était que trop facile de comprendre qu'à Berlin, on voyait sans regret la France s'engager dans une voie qui devait fatalement compromettre ses relations avec l'Angleterre ». Et il insista pour que nous montrions de la modération vis-à-vis d'un pays faible.

La Tour d'Auvergne avait immédiatement compris le danger de notre position ; il poussa, de toutes ses forces, à la conciliation. Aussi bien, pour nous, la partie était-elle perdue, dès ce moment ; nous dûmes céder ; le 27 avril 1869, un protocole était signé nommant une commission mixte destinée à rechercher une formule acceptable de transaction.

* * *

Dans cette affaire des chemins de fer belges, le gouvernement des Tuileries ne rencontra d'appui sincère qu'à Vienne ; le chancelier de Beust, pour éviter le retour de semblables conflits, proposa à Clarendon de réaliser une « fusion complète » des intérêts économiques de la France et de la Belgique ; il fut naturellement éconduit.

Depuis les préliminaires de Nikolsbourg, on avait réfléchi à Paris ; au sein du cabinet, le parti prussien de Rouher et de Lavalette avait eu raison, alors, du parti autrichien de l'impératrice et de Drouyn de Lhuys ; mais les plus aveugles s'apercevaient qu'on nous payait d'ingratitude sur les bords de la Sprée ; l'entrevue de Salsbourg avait rapproché François-Joseph qui, depuis son couronnement, n'avait connu que des mécomptes, de Napoléon III dont l'étoile pâlissait.

En causant, à Londres, au début de 1868, avec Vitzthum, agent secret de Beust, La Tour d'Auvergne envisagea, une fois de plus, l'urgente nécessité d'une entente austro-française ; il s'en ouvrit à Moustiers : « La pensée, lui écrivait-il, le 23 janvier suivant, que la Prusse pouvait chercher à isoler la France en Europe, en se servant de l'intermédiaire de l'Angleterre pour s'entendre avec l'Autriche, m'est plus d'une fois venue à l'esprit... »

Vitzthum, qu'il rencontrait journellement, lui faisait part de ses impressions sur les milieux politiques britanniques ; la reine Victoria lui paraissait « très prussienne » et l'amitié de l'Angleterre était toujours, à l'en croire, en fonction de ses intérêts personnels ; nous ne devions rien espérer au-delà ; quant à notre condescendance envers la Prusse, elle nous vaudrait bien des déboires ; pour cet officieux, l'alliance autrichienne s'imposait à nous et la crainte qu'on en éprouvait à Berlin devait nous porter à la réaliser au plus tôt.

La Tour d'Auvergne ne pensait pas différemment ; il sentait confusément que l'heure d'un rapprochement entre les deux nations avait sonné.

Devenu ministre des Affaires Etrangères, il laissera passer, lui aussi, l'occasion de donner au bon vouloir de l'Autriche, sa définitive consécration.

# X

## MINISTRE DES AFFAIRES ETRANGERES

Les élections législatives du printemps de 1869 favorables, en apparence, à l'Empire, n'ont donné le change qu'aux esprits superficiels ; l'opposition démocratique a pu, cette fois, développer son programme ; elle compte prendre bientôt la revanche d'échecs dont elle se console en voyant Gambetta élu par plusieurs collèges et Rochefort grouper, sur son nom, une imposante minorité.

A Paris et dans certains grands centres, des manifestations tumultueuses ont marqué le scrutin de ballotage ; ces événements, parfois sanglants, inquiètent les Tuileries ; l'empereur demeure indécis, entre Schneider, partisan d'une politique libérale, et Jérôme David, membre influent de la droite, qui voit le salut de la France dans un retour à l'absolutisme.

La même incertitude règne au Palais-Bourbon ; cent seize députés réclament des réformes ; Rouher lui-même, dans sa déclaration du 28 juin, se rallie d'avance aux mesures les plus propres à « réaliser les vœux du pays ».

Le 12 juillet, un message de Napoléon III marque sa volonté d'entrer dans la voie libérale ; les prérogatives parlementaires sont étendues ; une ère nouvelle va commencer.

Mais le souverain veut ménager une transition dans l'octroi des libertés ; en ceci, il se trompe car, pour avoir remis à plus tard la réalisation de certaines promesses, il perdra le mérite de son geste et prolongera l'agitation.

Les plus compromis de la précédente équipe ministérielle sont sacrifiés : Rouher, son chef, quitte la scène politique ; Baroche, adepte avéré de l'autocratisme, le suit dans la retraite avec Lavalette et Duruy accusés, l'un et l'autre, de tiédeur envers la papauté.

La désignation du nouveau ministre des Affaires Etrangères est chose délicate ; le 12 juillet, l'empereur fait pressentir La Tour d'Auvergne ; celui-ci répond négativement, en invoquant son inexpérience parlementaire ; Napoléon III persistant dans son choix, un nouveau refus parvient, le lendemain, aux Tuileries ; en voici la teneur : « Il ne suffit pas, aujourd'hui, de connaître un peu la politique étrangère pour faire un ministre passable ; il faut pouvoir parler en public, au besoin soutenir une discussion et c'est là une tâche qui me paraît tout à fait au-dessus de mes forces... C'est, si vous le voulez, une question de nerfs. »

Le 14 juillet, dans la soirée, on adresse, de St Cloud, ce télégramme à l'ambassadeur : « Il est très important pour moi que vous acceptiez le ministère des Affaires Etrangères. D'ici à six mois, vous n'aurez pas à aller à la Chambre et, là encore, il ne doit s'agir que de discours écrits. Votre refus m'obligerait à des mutations qui me seraient désagréables. Acceptez. Napoléon. »

Devant cet ordre, La Tour d'Auvergne s'inclina ; trois jours plus tard, il quittait son poste; il y laissait un bon souvenir ; Lavalette, son successeur à Londres, dut en convenir : « J'épargne à votre modestie, lui écrivit-il, les termes élogieux dans lesquels Clarendon a caractérisé votre mission. »

Du volumineux courrier qui attendait le nouveau ministre, j'extrais ces lignes de l'avocat Lachaud : « Notre pays est, en ce moment, agité; mais je ne doute pas qu'avec des collaborateurs dévoués et supérieurs comme Votre Excellence, le gouvernement ne contienne facilement des passions plus bruyantes que dangereuses. »

Alors autant qu'aujourd'hui, les recommandations étaient la petite monnaie du pouvoir ; aussi Guizot attirait-il l'attention de la Tour d'Auvergne sur un jeune attaché libre, de la direction politique, qui s'était déjà fait remarquer par « son intelligence et son zèle », Albert Sorel.

*  *  *

Le 17 juillet avaient paru, au Journal Officiel, les décrets nommant les membres du nouveau cabinet ; sur la liste figuraient, avec La Tour d'Auvergne, son ami Duvergier, placé à la tête de la Justice et des Cultes, Forcade la Roquette, maintenu à la direction de l'Intérieur où il avait pratiqué avec bonheur la candidature officielle ; l'amiral Rigault de Genouilly recevait le portefeuille de la Marine, le maréchal Niel, celui de la Guerre ; il le conservera un mois seulement,

la mort l'ayant frappé peu après ; Bourbeau allait
à l'Instruction Publique, Alfred Le Roux à
l'Agriculture et au Commerce, Magne aux Finances, le marquis de Chasseloup-Laubat à la présidence du Conseil d'Etat ; on conservait Gressier
aux Travaux Publics où il venait de régler
l'incident des chemins de fer belges.

Napoléon III n'avait point appelé au pouvoir
des hommes animés d'un esprit nouveau ; dans
ce ministère de transition, Magne représentait
l'intelligence des affaires, Forcade la tradition du
régime — ordre et force —, La Tour d'Auvergne
l'expérience diplomatique jointe à une scrupuleuse
équité.

A cette époque, Henri Rochefort publiait sa
Lanterne, à Bruxelles; le format réduit, les caractères minuscules de ce périodique permettaient d'en
glisser un exemplaire sous une enveloppe de lettre;
dès le 17 juillet, il critiqua, non sans esprit, la
formation du cabinet ; rien n'était changé, selon
lui, car Bourbeau recevait la succession de Duruy,
son ami, et l'on substituait La Tour d'Auvergne
à Lavalette, actuellement au mieux avec lui ; le
fougueux polémiste concluait ainsi : « Le libéra-
lisme de l'empereur consiste donc à avoir mis
de côté les chefs de bureau pour les remplacer
par des sous-chefs. »

Ayant cru saisir un travers chez l'un des nouveaux venus, il écrivait encore, le 6 août 1869 :
« Que M. de La Tour d'Auvergne et son frère
de Bourges aient des merlettes sur leurs sacs de
nuit et leur papier à lettres, nous nous en inquié-
tons peu. La grande affaire, quand on est ministre

des Affaires Etrangères, c'est de nous apprendre ce que deviennent les armements de la Prusse et quand nos troupes se décideront de quitter Rome qu'elles oppriment honteusement depuis vingt ans.

« Cette préoccupation héraldique, au moment où une déclaration de guerre peut nous tomber d'une minute à l'autre, indique chez nos hommes d'état une profondeur de vues et un patriotisme dont on ne saurait trop les congratuler. »

Les attaques de la Lanterne émouvaient peu le chef du Quai d'Orsay ; il avait constitué son cabinet, plaçant à sa tête un diplomate de carrière, le comte Armand, et, avec ses collègues, s'était mis à l'œuvre.

D'un commun accord, les membres du gouvernement cherchèrent, d'abord, à préparer l'apaisement, tâche ingrate dans laquelle leur bonne volonté s'émoussa ; le 14 août, un décret impérial amnistia les condamnés politiques ; à gauche, on désapprouva cette mesure de clémence réglée par la voie administrative quand, seule, l'autorité judiciaire eût dû en déterminer l'étendue ; à droite, on y vit un acte de faiblesse très inopportun.

Le projet de sénatus-consulte modifiant la constitution, n'échappa point davantage aux critiques ; le 26 août, le premier président Devienne soumit au Parlement son rapport sur l'extension des pouvoirs du corps législatif ; à l'avenir, cette assemblée partagera avec le souverain l'initiative des lois, les ministres responsables pourront être choisis au sein des chambres et la publicité des séances sera rétablie.

Le prince Napoléon, dans un discours célèbre, montra l'inconvénient de ces demi-mesures ; il réclama la liberté de la presse, celle de réunion, la nomination des maires par les conseils municipaux et déclara n'être pas effrayé devant le « spectre rouge » ; Forcade lui répondit que le sénatus-consulte représentait le maximum des concessions possibles. « Notre confiance, s'écria-t-il, n'exclut ni la prudence, ni la mesure dans le développement des libertés publiques. »

Le Sénat approuva cette manière de voir ; le 6 septembre, il vota le texte du gouvernement.

Malgré ces timides réformes, le calme ne revenait pas dans les esprits ; le mal dont souffrait le pays avait des racines profondes ; en plusieurs endroits, des troubles graves éclatèrent, les grèves prirent un aspect révolutionnaire ; la troupe, pour rétablir l'ordre, recourut à la force.

Le cabinet, dépourvu d'autorité, s'efforçait en vain de faire face à la situation ; ses jours étaient comptés ; on s'en rendait compte et l'on s'en amusait ; le Charivari du 17 octobre donnait, comme cadre à une séance du conseil, la partie la plus déserte de la forêt de Compiègne; les ministres se trouvaient réunis dans un arbre ; La Tour d'Auvergne et Duvergier étaient naturellement assis sur une branche en forme de croix, le premier craignant constamment de tomber, le second s'abîmant dans la contemplation d'une photographie du père Hyacinthe en habits bourgeois... Il y avait là Bourbeau à la recherche d'un asile sûr, Forcade toujours formaliste, Le Roux, Magne, le général Lebœuf, etc.... ; après une longue discussion, La Tour d'Auvergne dit à ses collègues : « La séance est levée, Messieurs ; en descendant de ma branche, je puis m'écrier avec un noble orgueil : Si la France savait à quel travail nous nous sommes livrés dans cette retraite, elle voudrait nous y laisser toujours ! »

Le 30 octobre suivant, Rochefort signalait, dans sa Lanterne, que le prince de La Tour d'Auvergne avait eu « le bon sens de s'apercevoir qu'il était incapable, ce dont l'empereur ne se serait jamais douté, et voulait déposer le portefeuille des affaires qui lui sont particulièrement étrangères ».

Le Sénat consacrait d'interminables séances à l'étude des pétitions ; le Corps législatif bornait son activité à la vérification des pouvoirs de ses membres ; quant au ministère, il continuait, sans hâte comme sans illusions, à expédier les affaires courantes...

Peu à peu, le vide se faisait autour de lui ; Emile Ollivier, appelé aux Tuileries, avait gagné la confiance du souverain ; son heure allait bientôt sonner.

* * *

A présent que nous connaissons l'œuvre politique, assez négative, du cabinet, il nous reste à étudier son action diplomatique, sous la direction de La Tour d'Auvergne.

Celui-ci n'innova pas ; il se contenta d'éviter les écueils semés sur son chemin ; dans le recul de l'histoire, il apparaît comme un ministre de transition, entre le temporisateur Moustiers et l'ardent Daru.

Parvenu au pouvoir, il n'oublie pas les leçons de son maître Désages et demeure un bon commis ; cet éloge souligne précisément son infériorité ; il eût fallu, en cette fin de 1869, un homme de génie au Quai d'Orsay ; or, on y envoya un fonctionnaire ; ses services, d'ailleurs honorables, ne furent pas à la hauteur des circonstances.

A Londres, en attendant Lavalette peu empressé à rejoindre son poste, le vicomte de Contades assura l'intérim jusqu'à la mi-novembre ; ses rapports méritent d'être lus ; l'indifférence anglaise l'inquiète ; lorsque nous tentons de prévenir l'entrée du grand duché de Bade dans la Confédération de l'Allemagne du Nord, Clarendon ne nous donne qu'un « appui discret » ; pour Gladstone prenant la parole, le 10 novembre, au banquet du Guidhalle, la politique extérieure de l'Angleterre doit tendre à éviter avec soin toute intervention inopportune ; huit jours plus tard s'ouvrent, entre les cabinets de Paris et de Londres, les pourparlers relatifs au renouvellement du traité de commerce ; les négociants de Birmingham et de Coventry en profitent pour réclamer, avec une véhémence inouïe, contre un accord auquel ils attribuent le ralentissement des transactions ; le gouvernement britannique les laisse crier et ne tente pas de modérer leurs emportements.

A quelque temps de là, le roi Léopold II de Belgique fait un court séjour au palais de Buckingham ; il reçoit un accueil chaleureux, à la cour et dans la cité ; les corps de volontaires et les municipalités lui envoient des députations ;

répondant à la harangue du lord-maire, il vante les bienfaits de la politique traditionnelle de l'Angleterre qui « modère les puissants, protège les faibles et se montre toujours sympathique aux droits de toutes les nations », allusion transparente au récent incident des chemins de fer.

Si je note ces faits, c'est pour montrer l'erreur de ceux qui, en France, comptaient, à cette époque, sur l'amitié britannique.

La Tour d'Auvergne eut le mérite de régler, avec le Foreign Office, un nouveau différend.

La Tunisie avait emprunté près de 70 millions de francs à Paris et n'en pouvait payer les arrérages ; de plus, sa dette intérieure atteignait une quarantaine de millions ; parmi ses créanciers, figuraient des négociants anglais, italiens et allemands ; devant l'insuffisance des ressources à gager, il fallut recourir à des conversions.

La Grande-Bretagne se fit l'avocate des porteurs étrangers ; les gouvernements de Londres et de Florence obtinrent d'être représentés par deux délégués au sein du comité de contrôle financier ; Bismarck intervint alors, probablement à l'instigation du Foreign Office, et réclama un poste pour la Prusse ; mais La Tour d'Auvergne s'opposa énergiquement à ces prétentions ; dans une dépêche adressée, le 23 juillet 1869, à Contades, il promit d'examiner avec bienveillance les demandes des créanciers allemands dont les intérêts étaient, du reste, de minime importance, et déclara ne pouvoir faire davantage ; on n'insista pas ; par sa fermeté, il était parvenu, suivant sa propre expression, à garantir l'indépendance du bey contre une ingérence plus redoutable que celle de la Turquie.

Cet incident à peine réglé, un grave différend mit aux prises le sultan et le vice-roi d'Egypte, Ismaïl pacha ; le premier reprochait au second, officieusement soutenu par Napoléon III, d'outrepasser les privilèges que plusieurs firmans lui avaient concédés, notamment en matière financière, diplomatique et militaire ; leurs relations s'aigrirent au point qu'un conflit armé parut inévitable.

Le Foreign Office dont toutes les sympathies allaient à Constantinople, proposa alors au gouvernement français de s'unir à lui pour maintenir le statu quo ; Lavalette vit Clarendon, à ce sujet ; il constata, dans une dépêche du 27 novembre 1869, que, « comme disent les bonnes femmes, ce n'est pas la confiance en nous qui l'étouffe ».

Une fois de plus, La Tour d'Auvergne joua franc-jeu ; il déclara qu'il n'accorderait pas son appui « irraisonné » au Khédive et, par contre, demanda à la Porte de se montrer plus conciliante; puis, il suggéra une combinaison destinée à ménager l'extrême amour-propre des deux parties : le vice-roi d'Egypte réclamerait verbalement l'autorisation de son suzerain pour contracter de nouveaux emprunts et celui-ci l'accorderait dans la même forme ; Londres, estimant que cette proposition sacrifiait trop la dignité du sultan, ne s'y rallia pas tout d'abord ; mais, par la suite, Lavalette fit comprendre à Clarendon qu'il s'agissait simplement de permettre à Ismaïl pacha d'adresser sa requête à Constantinople « sur du papier carré au lieu de se servir du grand format » ; le premier secrétaire d'état rit de l'image, donna son acquiescement et, pendant quelques mois, rien ne troubla plus la paix du monde.

L'inauguration du canal de Suez put se dérouler dans une atmosphère de détente ; Tricou, consul général de France à Alexandrie, a laissé, dans sa correspondance officielle, la relation des fêtes données en l'honneur de l'impératrice Eugénie dont ce fut la dernière apothéose.

Arrivée dans cette ville à bord de l'« Aigle », le 22 octobre 1869, à 6 heures du matin, la souveraine fut reçue par le Khédive ; puis, le cortège se rendit, par le chemin de fer, au Caire, où il parvint vers 3 heures.

Le palais de Ghesireh fut mis à la disposition de l'impératrice qui, après un court séjour dans la capitale, consacré à la visite des musées, des mosquées, de la citadelle et à une grande réception turque au Hasr el Aali, s'embarqua, le 25 octobre dans la soirée, pour la haute Egypte ; Ismaïl Pacha l'accompagna jusqu'à Siout.

Le 20 novembre, elle rentrait à Suez, après un agréable voyage ; l'Aigle avait traversé le canal en quinze heures, suivi d'une trentaine de bâtiments, dont les yachts de l'empereur d'Autriche, des princes Frédéric-Guillaume de Prusse, Henri des Pays-Bas et Auguste de Suède ; bien qu'à l'inauguration d'Ismaïlia, Lesseps eût prononcé un « speech téméraire », manifestant, une fois de plus, « son ardeur et ses inconséquences », La Tour d'Auvergne ne lui tint pas rigueur et remit au glorieux ingénieur le grand cordon de la Légion d'Honneur.

Le 25 novembre, l'impératrice regagnait Port-Saïd, où elle s'embarquait pour le retour.

* * *

Vingt jours plus tôt, le général Fleury était arrivé à St Pétersbourg; il y remplaçait, en qualité d'ambassadeur de France, le baron de Talleyrand qui portait sans éclat un nom illustre et, pour l'instant, se montrait mortifié de n'avoir reçu de l'empereur Alexandre II, en prenant congé de lui, qu'une tabatière au lieu de la haute décoration ordinairement remise en pareil cas.

Depuis la guerre de Crimée, les relations des deux chancelleries manquaient de cordialité; Gortschakoff prenait ombrage de la persistance de l'entente franco-anglaise et de nos bons rapports avec l'Autriche dont, prétendait-il, la politique en Galicie avait favorisé l'insurrection polonaise ; aussi les craintes de plus en plus vives qu'éprouvait Napoléon III de voir surgir, d'un moment à l'autre, un conflit avec la Prusse, l'avaient-elles amené à faire sonder, par un homme de confiance, les intentions du tsar.

Le 6 novembre, Fleury eut, à Tzars-Koë-Selo, un premier entretien avec celui-ci ; l'audience dura une heure ; l'ambassadeur s'efforça de démontrer à son interlocuteur la nécessité d'exercer, à Berlin, une « pression de famille » ; il insista pour obtenir de lui ce gage de bonne volonté ; mais le souverain parut désireux de ménager les

susceptibilités de son oncle, tout en le trouvant
« un peu trop ambitieux » et en nous concédant
qu'il ferait bien de « digérer ce qu'il avait absorbé
avant de se faire de nouveau conquérant de terre
et de mer ».

Le tsar déplora le militarisme exagéré de nos
voisins et, malgré le peu de poids des liens de
famille en politique, promit de plaider la cause
du Danemark et celle de la paix européenne.

Passant ensuite aux difficultés intérieures traversées par l'Empire français, il convint que
l'esprit révolutionnaire y constituait un mal
menaçant ; Fleury profita habilement de cet aveu;
dans une lettre confidentielle adressée, le
13 novembre 1869, à La Tour d'Auvergne, il cite
les termes de sa réponse ; les voici : « Votre
Majesté a bien raison et c'est pour cela qu'elle
rendra service à tous les trônes et à tous les
intérêts en prêtant son concours à l'empereur
Napoléon qui en est le défenseur et la sauvegarde.
Que l'Empire, en effet, s'affaiblisse à l'intérieur,
que la révolution triomphe, que la dynastie
disparaisse et nous voyons surgir une République
sociale, forcenée, implacable, qui se propage
comme la peste, qui envahit l'Italie, l'Espagne,
s'étend, comme en 1848, à la Prusse et l'Autriche
et vient, cette fois, jusqu'en Russie exercer ses
ravages, soulevant les serfs que vous avez
émancipés.

« Si, au contraire, la France est satisfaite, si
le sentiment national n'est pas atteint dans son
patriotisme, l'empereur puise une nouvelle force
dans l'opinion publique pour maintenir la paix

et, Dieu aidant, écrase la révolution, si elle ose entamer la lutte. »

Ces conceptions réactionnaires, renouvelées de la Sainte Alliance, devaient naturellement plaire à la cour de Russie ; le tsar manifestait, en outre, la crainte de voir l'idée germanique unir tous les peuples de langue allemande, de la Courlande à l'Alsace ; de là à le croire acquis à notre politique, il n'y avait qu'un pas ; Fleury le franchit rapidement ; quelques mois suffirent pour dissiper ces illusions.

** * **

Le choix d'un favori de Napoléon III pour accomplir, à St Pétersbourg, une mission dont les cabinets européens ne parvenaient pas à démêler l'intrigue, causa quelque émotion à Berlin ; Benedetti reçut le contre-coup de la mauvaise humeur royale ; le « vieux Guillaume » lui ayant rappelé cyniquement qu'il avait été des envahisseurs de la France en 1814, l'ambassadeur demanda à La Tour d'Auvergne, dans une lettre particulière du 13 décembre 1869, si c'était pour lui faire dire des « choses désagréables » qu'un envoyé extraordinaire avait été dépêché en Russie.

Ami de Thouvenel dont il possédait le masque austère, Benedetti était, depuis quatre ans, en fonctions à Berlin ; on a voulu faire de lui le bouc émissaire de la diplomatie impériale et il a présenté des justifications suffisantes sur bien des points ; on ne saurait, par exemple, lui reprocher de ne pas avoir tenu le département au courant du complot tramé contre nous ; ce fut un indicateur scrupuleux, mais rien de plus ;

Drouyn de Lhuys fut mal inspiré le jour où il confia l'un des postes les plus difficiles d'Europe à un agent de valeur moyenne, dépourvu d'initiative, parfois de jugement.

Au cours du second semestre de 1869, c'est avec Lefebvre de Béhaine, chargé de l'intérim de l'ambassade, que La Tour d'Auvergne correspondit surtout ; ce diplomate connaissait bien les choses d'Allemagne et avait accompagné, après Sadowa, Benedetti au camp prussien, dans le but d'obtenir du vainqueur une suspension des hostilités ; aussi ne croyait-il pas que Bismarck eût abandonné ses vues ambitieuses ; tout au plus, semblaient-elles un peu détournées de nous et dirigées vers l'Autriche; à Berlin, depuis la publication du troisième Livre Rouge, on accusait ouvertement cette puissance de nourrir des pensées belliqueuses ; les attentions du chancelier de Beust envers nous énervaient l'opinion publique d'outre-Rhin ; les journaux tournaient en dérision son « épée de parade saxonne » ; le 6 septembre 1869, le rédacteur de la Gazette de la Weser annonçait comme imminente une guerre contre la France et l'Autriche tant que ces nations pourraient croire « qu'il y a quelque chose à gagner pour elles en Allemagne ».

Sans se lasser, Lefebvre de Béhaine signalait à La Tour d'Auvergne le danger des armements de nos voisins ; comparant les budgets de la guerre français et prussien, il remarquait que, si le premier paraissait plus lourd, le second était bien plus important car ses dépenses étaient irré-ductibles ; elles représentaient le vaste cadre dans lequel pourraient se fondre des forces militaires deux fois supérieures en nombre aux nôtres et égales en solidité.

Le 8 septembre, il revenait sur ce sujet, à l'occasion de la création du volontariat d'un an, système qu'on avait étendu à toute l'Allemagne du Nord ; parmi les 32.000 jeunes gens astreints à ce service, 43 0/0 obtenaient le grade d'officier, en quittant le régiment. « Rien ne démontre mieux, notait-il, la facilité avec laquelle la société civile, telle qu'elle est organisée en Prusse, peut s'imprégner des vertus de l'esprit militaire sans rien perdre de sa puissance de travail et d'activité. »

L'opinion publique anglaise s'intéressait à cette institution dont Guillaume Ier se montrait si fier qu'il la laissait étudier, dans ses détails, par les officiers étrangers appelés à suivre les manœuvres de Francfort ; le Times ne tarissait pas d'éloges sur les mérites du prince Frédéric-Charles qui, constamment, tenait en haleine son IIIe corps d'armée ; quant au Daily Telegraph, il voyait dans ces manifestations tapageuses le témoignage des sentiments pacifiques du roi de Prusse !...

Le colonel Stoffel, notre attaché militaire à Berlin, ne partageait pas ces illusions ; on lit dans son rapport du 17 novembre 1869 : « Pour moi, qui vis ici depuis 1866, je vois que la Prusse exerce aujourd'hui sur tous les états allemands une influence, une puissance d'attraction très grandes, qu'elle doit à l'instruction et à l'intelligence de la nation, à l'énergie de sa volonté et à sa foi ardente dans la mission dont elle se croit chargée. Elle sait que le mécontentement qui règne actuellement dans les états annexés et dans ceux du midi de l'Allemagne s'affaiblira peu à peu et finira par disparaître. Elle compte pour cela sur le temps, sur son habileté et, au besoin, sur la force. »

Le service militaire obligatoire n'avait désappointé qu'une minime partie de la population ; nombre d'habitants du Hanovre et des villes hanséatiques regardaient comme un bonheur que leurs fils servissent un an, sous les drapeaux, dans cette « école de moralité et d'honneur » qui les soustrayait aux mauvaises influences.

Si les socialistes Liebknecht et Bebel se déclaraient hostiles aux armements et à l'unité allemande, ils n'exerçaient aucune influence sur les masses ; pour les déconsidérer, les organes officiels allaient jusqu'à accuser ces politiciens d'avoir détourné à leur profit les fonds destinés à fomenter la révolution en Italie et en Hongrie.

Ainsi Bismarck pouvait poursuivre son action occulte ; il s'entourait d'hommes nouveaux, acquis à ses tendances, dévoués à sa personne ; sa dernière recrue était Camphausen, chargé de maintenir les finances dans un état qui permit de faire face à toute éventualité.

A Berlin, les agents étrangers, en particulier les représentants de la France, jouaient un rôle « qui finit par porter singulièrement sur les nerfs », écrivait Benedetti à La Tour d'Auvergne, dans une lettre privée du 13 décembre 1869 ; le roi n'acceptait aucune conversation politique, sous le prétexte de soigner sa santé ; Bismarck

dirigeait les affaires, mais ne consentait pas à en
conférer avec les ambassadeurs ; il les renvoyait
à de Thile ou à Delbrück, toujours très empressés
et tout à fait autorisés à traiter une question
d'extradition ou quelqu'autre puérilité, mais qui
ne savaient plus rien et devenaient muets dès
qu'on les plaçait sur le terrain politique.

L'instant parut bien choisi, à Paris, pour parler
de désarmement ; les milieux officiels prussiens
répondirent de façon évasive à nos propositions
et le journal berlinois la Poste déclara, dans son
numéro du 26 octobre, qu'une semblable initiative
serait pleine de dangers pour le pays, tant que
l'union des états du Nord et du Sud ne serait
pas un fait accompli ; moins d'un mois plus tard,
le député Lasker prenant la parole à la Chambre
des Représentants, s'écria que « la Prusse ne
pouvait et ne devait rien faire qui pût laisser croire
qu'elle renonçait à l'accomplissement de sa mission
en Allemagne » ; quant à Bismarck, il poursuivait,
pendant ce temps, les pourparlers entamés avec
la Bavière, en vue du transport éventuel des
troupes par chemin de fer...

* * *

Le plus grand reproche que l'on puisse adresser
à La Tour d'Auvergne c'est, connaissant cette
situation, de n'avoir point profité de son passage
au ministère des Affaires Étrangères pour opérer
un rapprochement durable entre la France et
l'Autriche ; tout l'y engageait ; c'était l'exécution
de la politique préconisée par Guizot et Drouyn

de Lhuys, à laquelle lui-même s'était constamment montré fidèle.

Si l'on parcourt la correspondance échangée, pendant le second semestre de 1869, entre le chef du département et Gramont, notre agent à Vienne, on est frappé par l'importance qu'y tiennent les questions secondaires.

Ce diplomate, âgé d'une cinquantaine d'années et marié à une riche anglaise, ne se distinguait ni par l'intelligence, ni par le caractère; au physique, son regard dépourvu d'expression n'animait pas des traits durs, coupés par une forte impériale ; personnage opulent, représentatif, de valeur médiocre, tel que l'Empire en compta trop, il donnait des fêtes somptueuses, renommées dans la société viennoise ; son intimité avec François-Joseph ne servait pas, de façon particulière, les intérêts de notre pays ; depuis 1868, bien qu'il n'y eût point, entre le Quai d'Orsay et le Ballplatz, de négociations proprement dites en vue d'une entente, on en causait ; mais Beust répugnait à se lier définitivement ; le 30 juillet 1869, dans un discours prononcé devant la Chambre hongroise, il avait affirmé ne s'être « enchaîné » à la France par aucun « lien compromettant » ; le 7 août, répondant à l'interpellation des députés Zsedenyi et Wettelschœfer, il avait répété sa déclaration, tout en reconnaissant que, si les relations avec nous étaient excellentes, il ne nourrissait aucune hostilité contre la Prusse ; il avait ajouté cette phrase typique : « Nous ne saurions tendre nos mains à des mains glacées. »

Avons-nous suffisamment mis à profit ces bonnes dispositions ? On ne saurait l'affirmer.

Au milieu de 1869, de sérieuses difficultés s'étaient élevées entre les gouvernements de Berlin et de Vienne, au sujet de l'interprétation à donner au traité de Prague; nous prîmes, dans le différend, une attitude de neutralité et, le 18 août, La Tour d'Auvergne écrivit à Gramont qu'une réserve absolue nous était commandée par les circonstances.

Dans le conflit turco-égyptien, lors des incidents de Cattaro, de Dalmatie, de Galicie, à l'occasion du concile œcuménique, l'accord fut complet entre Paris et Vienne ; en Extrême-Orient, les agents consulaires des deux nations reçurent l'ordre de se prêter un mutuel concours et le firent de bonne grâce ; Metternich prépara, avec les fonctionnaires du Quai d'Orsay, le programme du voyage que, sous le nom de comte Friedeck, fit, en France, l'archiduc Albert ; ce prince s'intéressa spécialement aux établissements militaires et nos troupes lui firent bonne impression.

Là s'arrêtèrent les tentatives de rapprochement entre les deux chancelleries ; Gramont se joignait trop souvent aux détracteurs prussiens de Beust qui, selon lui, ne se rendait pas bien compte de la différence existant entre les deux verbes : « remuer et avancer ».

Du côté autrichien, les troubles intérieurs, les incessantes réclamations des germanophiles, la crainte de compromettre le large mouvement d'affaires qui s'était développé depuis 1866, déconcertaient la bonne volonté du chancelier.

A Paris, on sentait confusément la nécessité d'une entente avec la double monarchie ; si La

Tour d'Auvergne n'eut point le mérite de la réaliser, sa conduite trouve son excuse dans l'existence d'une diplomatie cachée, dirigée par Napoléon III, en dehors du ministre des Affaires Etrangères et de ses agents ordinaires.

Les pourparlers occultes, engagés par le souverain, ne réussirent pas davantage ; l'entente verbale, préconisée par les deux chefs d'état et à laquelle s'étaient implicitement ralliées leurs chancelleries, avait un caractère défensif et un but pacifique ; elle tendait plutôt à prévenir la guerre qu'à la faire en commun à un ennemi déterminé ; le seul engagement précis, pris alors, consista dans une promesse verbale réciproque de ne pas s'entendre avec une tierce puissance, à l'insu l'un de l'autre.

Le 14 décembre 1869, Napoléon III, répondant à une lettre de François-Joseph, l'assura qu'en cas de conflit, il n'hésiterait pas à mettre toutes les forces de la France de son côté ; mais il ajouta qu'il ne fallait pas songer à consolider cette alliance à trois — l'Italie devait se joindre à nous —, à cause du danger d'indiscrétions, le simple bruit de cet accord ayant déjà rapproché l'Angleterre de la Prusse et de la Russie.

Ainsi, dans ce moment critique, le souci de ménager la susceptibilité britannique nous empêcha de parer au danger imminent qui nous menaçait.

** * **

Tandis que de graves événements menaçaient la paix européenne, notre ambassadeur à Rome, le marquis de Banneville, s'ingéniait à pénétrer le mystère du concile œcuménique qui allait s'ouvrir au vatican.

La Tour d'Auvergne, dans une lettre particulière du 7 août 1869, lui donna ses premières instructions ; l'empereur, y lit-on, ne pense pas se faire représenter aux séances du concile ; le gouvernement français, armé du Concordat, se bornera à s'opposer, le cas échéant, aux décisions contraires à nos lois intérieures ou à nos principes politiques.

Deux questions primordiales devront retenir l'attention des prélats : d'abord, celle de l'infaillibilité du pape ; on assure, remarque le ministre, que la plupart des évêques, déjà pressentis sur ce point par la cour pontificale, se seraient montrés « très réservés » dans leur réponse.

En ce qui concerne le second point, le pouvoir temporel du Saint Père, on désirerait beaucoup en élargir le « cercle actuel », à présent que l'Italie est devenue une grande puissance.

Dans un note du 24 octobre suivant, La Tour d'Auvergne développe sa pensée en ces termes : « Le Concordat de 1801 est à la base de nos relations avec l'Eglise Catholique; il garde, à nos yeux, l'autorité d'un acte établi par le mutuel accord des deux parties contractantes ; ceci doit être notre point de repère. L'ambassadeur de Sa Majesté n'aura pas d'opinion à exprimer en ce qui concerne la fixation des dogmes de la foi ou l'administration intérieure et purement spirituelle de l'Eglise ; cependant, nous ne pouvons oublier que les évêques, dont le Concordat a remis la nomination au chef de l'Etat et qu'il a revêtus ainsi, dans notre pays, d'un caractère public, sont dépositaires d'une somme de puissance dont le pouvoir politique, qui concourt à les investir, est, jusqu'à un certain point, le garant et qu'il a le devoir de ne pas laisser amoindrir et se perdre en leurs mains. L'ordre public est intéressé, en France, au maintien de la répartition actuelle de l'autorité même purement religieuse et il serait inadmissible qu'en appelant aux sièges épiscopaux ceux de ses sujets qu'il juge digne de sa confiance, le souverain ne leur conférât, d'accord avec le pape qui leur donne l'institution canonique, qu'un pouvoir presque nominal. C'est pourtant ce qui aurait lieu si toutes les causes de quelqu'importance devaient être évoquées devant le St Siège, malgré l'inconvénient, pour les parties, de ce recours onéreux à une juridiction lointaine, si l'intervention constante de la cour de Rome dans les détails de l'administration épiscopale était érigée en règle, enfin et surtout si la puissance suprême du pape exercée, en fait, par l'intermédiaire des congrégations romaines, venait à peser de tout le poids d'une infaillibilité absolue sur les pasteurs des églises particulières. »

Le dogme proposé est susceptible de beaucoup de distinctions subtiles et La Tour d'Auvergne espère que, si une déclaration le précise, elle sera rédigée en termes combinés avec une extrême prudence ; sinon, on risquerait « d'ouvrir la porte aux plus regrettables abus ».

Envisageant ensuite les relations de l'Eglise et de l'Etat, il continue ainsi : « Le gouvernement de l'empereur est fondé sur les idées modernes de progrès et de liberté, de tolérance réciproque entre les éléments si divers dont se compose la société française ; la doctrine de l'Eglise, au contraire, repose sur des dogmes immuables, sur des lois morales impérieuses ne faisant acception ni de la diversité des nations, ni de celle des temps. »

Aussi ne demande-t-il pas au concile d'accorder son approbation à tous les actes permis aux citoyens, mais il souhaite que les pères ne jettent pas le trouble dans les sociétés civiles par des condamnations radicales, « enveloppant à la fois ces libertés et les régimes qui les établissent ».

En terminant, La Tour d'Auvergne émet le vœu qu'ils ne soulèvent pas de redoutables orages par des déclarations « excessives ou équivoques » comme celles du Syllabus ; il laisse entendre que, si cet avertissement n'est pas compris, le gouvernement français envisagera la cessation de l'occupation de Rome.

Ces sages instructions serviront, pendant la durée de l'assemblée, d'aide-mémoire à notre ambassadeur ; les ministres successifs des Affaires Etrangères s'en inspireront et s'abriteront derrière elles pour répondre aux interpellations parlementaires.

Ce n'est pas dans la correspondance officielle qu'il faut chercher la pensée intime de Banneville ; on la trouve exprimée dans une lettre particulière adressée, le 17 novembre 1869, à La Tour d'Auvergne ; ce diplomate était trop avisé pour ne pas accepter le point de vue si raisonnable de son ministre ; il accueillit avec empressement les prélats français arrivant à Rome ; certains émettaient l'espoir de voir rajeunir les « rouages vieillis et rouillés » de la cour pontificale ; d'autres envisageaient la dépossession partielle de l'élément purement italien du sacré collège, au profit de dirigeants des églises étrangères ; à ceux qui sollicitaient ses avis, notre représentant conseillait de ne pas exposer leurs doctrines gallicanes ; elles les diviseraient entre eux et « agaceraient » l'épiscopat universel ; tout cela n'était, pour lui, qu'anachronisme et mirage de mots. « Du jour, mandait-il au ministre, où le Premier Consul a exigé du pape l'acte inouï dans l'histoire et exorbitant de prépotence, par lequel celui-ci a supprimé tous les évêchés existant en France et imposé aux évêques, qui en étaient encore titulaires, de se démettre de leurs postes, de ce jour-là, les divers gouvernements qui se sont succédé dans notre pays ont un peu perdu le droit de parler bien haut à Rome des franchises et des libertés de l'église gallicane qui a cessé de compter absolument sur eux pour la soutenir et la défendre dans ses velléités d'indépendance... On ne doit pas trop s'étonner, dès lors, de l'évolution qu'elle a opérée du côté de Rome... » Et, pris d'un tardif remords, il ajoute : « Gardez-moi, vis-à-vis de votre collègue des cultes, le secret de mes défaillances en fait de doctrines gallicanes. »

Que nos prélats, sans distinction de nuance, demeurent ou deviennent « français » ici, l'ambassadeur n'en demande pas davantage.

Mgr Dupanloup arrive à Rome, le 22 novembre 1869 ; il descend à la villa Grazioli, « élégante et spacieuse, ombragée et tranquille », où il reçoit, les jeudis et dimanches, les prélats ses compatriotes et bon nombre d'étrangers ; il s'était fait précéder par la publication d'une lettre contre l'infaillibilité dont certains pères auraient voulu qu'il donnât la primeur au concile.

Les partisans du nouveau dogme, signale Banneville à La Tour d'Auvergne, le 1er décembre, sont de plus en plus nombreux ; ils se concertent autour des archevêques de Westminster et de Malines, tandis que leurs adversaires en sont encore à se chercher ; l'armée des vicaires apostoliques et des prélats missionnaires se trouve tout entière dans la main du pape ; celui-ci répond par des « généralités un peu banales » aux supplications de Mgr Darboy qui le prie de ne pas compliquer l'œuvre déjà si ardue des gouvernements par des « agitations de consciences ».

Le concile s'ouvre enfin, le 8 décembre, devant huit cents pères ; Pie IX, dans sa première allocution, parle de la maison de Dieu plus violemment attaquée que jamais et manifeste l'espoir que l'assemblée portera les fruits les plus féconds et les plus désirables.

A Paris, les milieux officiels se montrent peu rassurés sur les tendances du concile ; le 11 décembre, Duvergier, ministre des cultes, prie La Tour d'Auvergne de se joindre à lui afin d'empêcher que la proclamation de l'infaillibilité vienne amoindrir le pouvoir des évêques ; Banneville, consulté à ce sujet, ne se fait point d'illusions; le parti ultra-romain occupe les principales positions ; notre épiscopat, tiraillé en tous sens, compte beaucoup d'hésitants ; une trentaine de prélats libéraux, dont Mgrs Dupont des Loges, de Las Cases, Meignan, Dupanloup, se groupent autour du cardinal Mathieu, archevêque de Besançon ; parmi les infaillibilistes de la première heure, on relève le nom de Mgr de La Tour d'Auvergne, le frère du ministre des Affaires Etrangères ; enfin, un tiers-parti se constitue, sous l'égide du cardinal de Bonnechose, archevêque de Rouen ; Mgr Lavigerie et plusieurs de ses collègues s'y rallient.

Le pape a publié le règlement de l'assemblée, décidant seul des questions à lui soumettre ; cet « acte d'autorité » choque La Tour d'Auvergne ; le 19 décembre, il écrit à Banneville : « Le souverain pontife ne comprend peut-être pas assez qu'il entre dans les vues de ses adversaires car cette manière de procéder révèle de plus en plus la tendance à prendre une situation isolée et ceux-là ont sujet de s'en réjouir qui professent la doctrine d'une séparation complète entre l'Eglise et l'Etat. »

Fort de ces instructions, l'ambassadeur se rend, le 22 décembre, auprès d'Antonelli qui, une fois de plus, plaide la bonne foi : le pape, dit-il, n'a rien imposé au concile ; il ignore ce que celui-ci décidera sur le principe de l'infaillibilité... il s'agit seulement de proclamer une doctrine de tous temps admise en fait par l'Eglise, à savoir que le souverain pontife, docteur suprême, parlant ex-cathedra, prononcera en matière de foi et de morale ; les pères diffèrent seulement d'avis sur l'opportunité de cette publication.

Dans sa réponse, Banneville montre la situation de l'Eglise très « débattue » en France où les partisans de la séparation sont nombreux ; il ne faudrait pas leur donner d'armes ; pour cela, le mieux est d'éviter, à Rome, de mettre le Concordat en jeu.

En rendant compte de cette conversation à La Tour d'Auvergne, l'ambassadeur signale les dissentiments graves qui ont éclaté parmi nos évêques partagés entre ultramontains et gallicans ; de part et d'autre, on s'est accusé de manquer de parole ; le résultat de ces querelles fut un échec complet lors de l'élection des membres des différentes congrégations.

Dans une dépêche du 26 décembre, le ministre conseille à notre représentant de tenter le possible pour ramener l'unité au sein de notre épiscopat ; mais il lui paraît difficile d'intervenir franchement ; le mieux serait de montrer aux prélats français les dangers de la division ; le Concordat a diminué leur nombre et leur influence ; s'ils veulent conserver quelque prestige, ils doivent rester unis.

Banneville voit Mgr Pie, évêque de Poitiers, chef des ultramontains ; il lui expose les inconvénients de la proclamation de l'infaillibilité du pape, susceptible d'amener, en France, la séparation de l'Eglise et de l'Etat, dont, certes, ce prélat ne veut pas ; mais celui-ci répond que le concile doit, avant tout, rassurer les consciences catholiques ; sans cela, l'autorité du pape, affaiblie, ne laisserait pas aux théologiens une liberté suffisante.

La correspondance de Banneville et La Tour d'Auvergne cesse avec les premiers jours de 1870, à la chute du cabinet ; il ne rentre pas dans le cadre de cette étude de commenter les dernières discussions du concile ; peu à peu, les infaillibilistes gagnèrent du terrain ; quelques opposants, plutôt que de prononcer le « non placet » en présence du pape, préférèrent, avec Mgr Dupanloup, quitter Rome et ne pas prendre part au vote final.

* * *

On aurait une opinion incomplète de l'œuvre accomplie par La Tour d'Auvergne au Quai d'Orsay, si on ne l'examinait également du point de vue commercial.

Nos relations économiques avec les pays étrangers retinrent son attention ; dans sa correspondance avec Mercier de Lostende, ambassadeur de France à Madrid, il dénonça l'existence, dans la nouvelle législation douanière espagnole, de taxes onéreuses pour notre industrie vinicole et n'hésita pas à annoncer des représailles de notre part.

Au Portugal, la situation n'était pas meilleure ; le 8 novembre 1869, le ministre invita notre représentant à Lisbonne, le baron de Meynard, à provoquer l'allègement des charges afférentes à nos importations.

Un peu plus tard, il signalait au comte de Favernay, chargé d'affaires à Washington, qu'ayant supprimé les surtaxes de pavillon pour les navires américains, nous attendions la réciprocité de traitement.

La sollicitude de La Tour d'Auvergne s'étendit encore au personnel des consulats ; on lui doit une nouvelle répartition de ces agents en trois classes qui restent attachées au titulaire, indépendamment du poste occupé par lui.

* * *

« Ollivier en veut à l'Auvergne, lit-on dans le Charivari du 15 décembre 1869 ; après avoir tenté de « chipper » (sic) le portefeuille de M. Rouher, c'est à M. de Latour... d'Auvergne qu'il s'attaque aujourd'hui. »

L'auteur de l'Empire libéral prétend, au contraire, qu'en prenant le pouvoir, il tint à s'attacher le ministre démissionnaire des Affaires Étrangères. « Je pressai La Tour d'Auvergne, écrit-il, de conserver son portefeuille ; il se retrancha derrière son état de santé et nous ne pûmes triompher de ses refus. »

Quoiqu'il en fut, des regrets sincères accompagnèrent le départ de ce parfait honnête homme; Lavalette, peu suspect de partialité à son égard, lui manda de Londres, le 29 décembre 1869 : « C'est tout à fait un chagrin pour moi de vous voir quitter les affaires étrangères ; elles étaient dans des mains correctes et loyales ; votre successeur aura-t-il votre prudence ? »

L'empereur récompensa les services de son ancien ministre en l'appelant à siéger au Sénat.

# XI

## A LA PRESIDENCE
## DU CONSEIL GENERAL DE LA VIENNE

Par son mariage, le prince de La Tour d'Auvergne avait pris pied dans le Poitou dont son fils était l'un des plus opulents propriétaires fonciers ; l'idée lui vint, au début de 1861, de conquérir un siège au conseil général de la Vienne.

Il s'ouvrit de ce projet à son homme de confiance dans le pays, un sieur Duchastenier ; celui-ci eut, le 14 mars, un entretien avec le sous-préfet de Loudun ; il en rendit compte à son commettant, sous la forme dialoguée, « pour plus d'exactitude » ; cette page est amusante ; elle vaut la peine d'être citée car elle nous montre comment se pratiquait alors la candidature officielle.

« Je viens, expose Duchastenier, pour vous entretenir confidentiellement, M. le sous-préfet, d'une affaire sérieuse : j'ai reçu, il y a peu de jours, de M. le prince de La Tour d'Auvergne une lettre qu'il termine en me disant avoir été prié par des électeurs de cet arrondissement de se porter candidat aux prochaines élections du conseil général, plus spécialement pour le canton de Moncontour où sont situés son château d'Angliers et une partie de ses propriétés ; il accepterait très volontiers cette candidature et en a écrit à M. de Persigny... »

« Je suis parfaitement disposé, pour ma part, m'a répondu le sous-préfet, à bien accueillir une candidature qui, couronnée de succès, serait certainement un bonheur pour l'arrondissement qui manque précisément d'un de ces hommes haut placés, dont on a toujours besoin dans les grandes affaires et M. de La Tour d'Auvergne a toutes mes sympathies ; « mais » où la poser ? Les membres actuels tiennent tous fortement à leur position ; puis, il n'y aura sans doute d'élections. cette année, que dans les cantons de Monts et Moncontour. »

— « C'est justement dans l'un de ces deux cantons, ai-je repris, qu'il faudrait que M. le prince de La Tour d'Auvergne fût porté.

— « Je l'entends ainsi, fit le sous-préfet ; « mais » le gouvernement ne retirera pas son appui aux membres qui ne lui ont pas fait la moindre opposition et n'ont jamais eu d'autre volonté que celle de l'administration. Il faudrait donc que M. Lesage, à Monts, ou M. Grimault, à Moncontour, consentit à se retirer en faveur de M. de La Tour d'Auvergne. L'élection se ferait alors sans difficulté et la nomination du prince ne serait pas douteuse. Or, voici ce que je sais : M. Lesage ne donnerait sa démission qu'au profit de M. de Montesquiou et par des motifs personnels entre eux, c'est ce qu'il m'a dit. Quant à M. Grimault, alors qu'il y a quelques années, M. de Sèze, désirant vivement entrer dans le conseil général, fit faire, s'il ne fit pas lui-même, les démarches les plus pressantes pour lui faire donner sa démission, il ne put rien obtenir et fut obligé de se retourner vers M. Bazille, nommé par le canton des trois Moustiers, qui consentit à lui céder sa place. Maintenant, M. Grimault serait-il plus accessible ? J'en doute. Je ne voudrais, dans tous les cas, lui faire de propositions à cet égard, qu'autant que l'ordre m'en serait donné. »

— « Ainsi, M. le sous-préfet, ai-je dit, en l'absence de la démission de l'un des membres actuellement sortants, il y a donc impossibilité de faire arriver celui dont la nomination, vous le reconnaissez, serait un bonheur pour le pays ? »

— « Impossibilité absolue, je ne dis pas cela, répliqua le sous-préfet, « mais » très grande difficulté. Quant à moi, je vous le répète, je désirerais beaucoup qu'une combinaison quelconque vint déterminer une élection si avantageuse à l'arrondissement. Avisez et, au besoin, comptez sur moi. »

Ces débuts promettaient peu ; La Tour d'Auvergne le comprit et s'adressa directement à son ami, le comte de Persigny, ministre de l'Intérieur, qui chargea le préfet de la Vienne, Levert, de cette difficile négociation ; celui-ci se mit, sans tarder, à la recherche d'une circonscription, mais s'aperçut bientôt que l'influence de son candidat était peu considérable dans un pays où la noblesse riche et influente conservait, vis-a-vis du pouvoir, une attitude violemment hostile ; La Tour d'Auvergne n'était connu, dans l'arrondissement de Loudun, que de ses régisseurs et de ses fermiers ;

les uns et les autres, d'ordinaire, attirent peu de popularité à leur maître.

Cependant, le préfet voulait aboutir ; il profita de la tournée de révision pour mieux étudier la carte électorale de la région ; le 21 mars, il rendit compte à Persigny de ses premières démarches . à Monts, le prince n'aurait aucune chance de succès ; le titulaire actuel, malgré « l'appui moral du gouvernement », se fera péniblement réélire ; à Moncontour, le conseiller sortant se démet de ses fonctions au profit du maire de cette localité contre qui toute lutte serait vaine ; il conviendrait donc d'attendre une vacance nouvelle, car l'échec d'un candidat aussi en vue que le prince, serait « politiquement » dangereux pour le gouvernement.

Le ministre de l'Intérieur partage cet avis et écrit, le 28 mai, à La Tour d'Auvergne : « Vous jugerez s'il faut exposer à un échec presque inévitable le nom que vous portez et l'autorité départementale qui vous patronnerait. »

Or, au moment où la situation paraissait si compromise, deux personnalités convoitaient, dans le canton voisin, à Availles, la succession d'un autre conseiller ; c'était le secrétaire général de la Préfecture du Pas-de-Calais, inéligible pour cause d'incompatibilité et un avocat de Poitiers, ami personnel du préfet, qui eut vite fait de le décider à s'effacer devant La Tour d'Auvergne.

Le 21 juillet 1861, Levert pouvait annoncer à ce dernier son élection, par 873 voix sur 939 suffrages exprimés et 1489 inscrits : c'était la « plus belle proportion du département ». Il ajoutait : « J'ai cru bien faire en remerciant les maires en votre nom et je leur ai fait espérer qu'à l'époque de la session, vous vous rendriez vous-même à Availles afin de vous entretenir avec eux de leurs besoins et de leurs intérêts. »

* * *

A la séance du conseil général du 26 août 1861, la dernière que présidât M. de Sèze, l'un des chefs de la cour impériale de Poitiers, La Tour d'Auvergne fut installé dans ses nouvelles fonctions, après avoir prêté, entre les mains du préfet, le serment prescrit par la constitution.

Il siégea, cette année-là, aux commissions des finances et du contentieux, rapporta plusieurs vœux relatifs au service hydraulique, puis, sans interruption jusqu'en 1870, fut désigné, chaque année, par décret impérial, pour présider les sessions de l'assemblée.

En dehors d'allocutions de pure courtoisie, ses discours furent peu nombreux ; il n'était pas, du reste, un président zélé ; le mauvais état de sa santé et ses fonctions diplomatiques le retinrent souvent loin de l'assemblée.

Pendant les neuf ans que dura son mandat, quelques importantes questions sollicitèrent son activité ; il hâta la concession des lignes ferroviaires de Poitiers à Nantes, de Paris à Bordeaux, de Bressuire à Loudun ; les chemins de fer d'intérêt local lui durent, en grande partie, leur développement ; afin, la mutualité eut, en lui, l'un de ses premiers défenseurs.

La Tour d'Auvergne n'assista point à la tragique séance du 26 septembre 1870 au cours de laquelle on délibéra sur les ressources applicables à l'armement du département de la Vienne; malade, déçu, terré dans sa retraite d'Angliers, d'où il ne devait plus sortir, l'ancien président ne s'était même pas fait excuser ; ses jours étaient comptés et il le savait.

# XII

## VIENNE

L'année 1870, commencée sous d'heureux auspices, n'a point tenu ses promesses ; les grèves, l'arrestation de Rochefort, la fin tragique de Victor Noir ont surexcité l'opinion publique et provoqué des troubles révolutionnaires.

Le cabinet Ollivier, en multipliant les réformes avec moins de succès que de bonne volonté, s'est montré impuissant à endiguer le mouvement qui sape le régime.

Malgré les illusions du plébiscite, l'Empire a perdu beaucoup de sa force : l'opposition gagne, chaque jour, en popularité ; à l'étranger, la victoire prussienne de Sadowa et l'expédition du Mexique ont été interprêtées comme des défaïtes de la France.

Un premier incident, habilement exploité contre Napoléon III, va suffire à provoquer le conflit souhaité par ses rivaux.

L'empereur a écarté la menace d'une république hibérique ; grâce à lui, les candidatures à la couronne d'Espagne du duc de Montpensier et du général Prim ont successivement échoué ; contrarié dans ses ambitions, ce dernier s'est alors tourné vers Léopold de Hohenzollern.

La présence, au-delà des Pyrénées, d'un cousin

du roi de Prusse à la tête d'une nation puissante, eût constitué un voisinage dangereux pour la France ; on conçoit donc l'émoi de Napoléon III.

Mais, dès le début de l'incident, la procédure diplomatique fut mal engagée ; il eût fallu, comme dans l'affaire du Luxembourg, user de ménagements à l'égard du cabinet de Berlin, ne point le contrecarrer de front, laisser, au moins en apparence, le soin à l'Europe de lui imposer une décision sauvegardant nos intérêts légitimes.

Au lieu de cela, Gramont, successeur médiat de La Tour d'Auvergne au Quai d'Orsay, prit immédiatement des airs comminatoires ; l'Allemagne du Sud, à l'en croire, ne lierait point son sort à celui de la Prusse et l'Autriche nous apporterait le concours de ses armées ; prenant la parole, le 6 juillet 1870, devant le corps législatif, il se montra agressif ; le retrait de la candidature Hohenzollern, intervenu la semaine suivante, ne satisfit pas le gouvernement français qui eût dû rester sur ce succès diplomatique ; Gramont, appuyé par l'impératrice, voulut pousser plus loin l'avantage, en exigeant de Guillaume I$^{er}$ l'engagement que son parent renonçât, à jamais, à la couronne espagnole.

Cette fois encore, les avertissements ne firent point défaut ; le 11 juillet, Beust adressa à Metternich la dépêche suivante, reproduite au second tome de ses Mémoires : « En observant ce qui se fait autour de vous, je me demande si je suis devenu imbécile... Je me fais cependant l'effet d'avoir ma tête à moi... Gramont ayant, à ce qu'il paraît, étudié notre dossier secret, parle de certaines stipulations, comme si elles avaient passé de l'état de projet à celui de traité... On était convenu de s'entendre partout et toujours sur une action diplomatique commune. Aujourd'hui, sans nous consulter, sans seulement nous prévenir, sans crier gare, on va hardiment en avant, on parle de guerre à propos d'une question qui ne nous regarde en aucune façon, et on présume, comme une chose qui s'entend, qu'il nous suffit d'en être informés pour que nous mettions notre armée sur le pied de guerre... »

Cette dépêche, si l'on en croit Gramont, ne lui aurait jamais été « montrée », ce qui se comprend ; mais il n'affirme point qu'on ne lui en donna pas la communication, c'est-à-dire le commentaire.

On ne sait pas davantage la vérité sur le conseil des ministres où le secours à la force fut décidé ; lord Malmesbury rapporte, dans ses mémoires, que Napoléon III voulait accepter la renonciation du prince de Hohenzollern mais se serait heurté à l'opposition des membres de son gouvernement; Gramont, au contraire, affirme s'être opposé à la guerre que souhaitaient l'empereur et surtout le maréchal Lebœuf ; celui-ci s'emportant contre ceux qui paraissaient douter de la victoire, serait allé jusqu'à jeter son portefeuille à terre !

Le Corps législatif subit l'entraînement général; le 15 juillet, il n'écouta pas la voix pressante de Thiers qui le suppliait d'attendre, avant de prendre une résolution aussi grave, l'arrivée du rapport de Benedetti sur l'incident d'Ems et les prétendus outrages dont celui-ci aurait été l'objet.

La déclaration de guerre porte la date du 17 juillet 1870.

Dès le lendemain, l'armée prussienne occupait le duché de Bade ; en ne la devançant pas dans ce mouvement, en n'attaquant pas brusquement l'ennemi, nous perdions la meilleure occasion de rallier l'Allemagne du Sud.

Cette faute militaire s'aggrava d'une faute diplomatique datant, il est vrai, de plusieurs années ; le Times du 25 juillet publia le texte d'un projet d'annexion de la Belgique, remis, le 20 août 1866, par Benedetti à Bismarck, sur papier officiel de notre ambassade ; le Staats-anzeiger du 29 juillet eût beau jeu, dès lors, à dénoncer les projets avides de la France.

Qu'un diplomate de l'expérience de Benedetti ait commis pareille erreur de jugement, c'est à n'y point croire.

Le Journal des Débats du 2 août, sans nier les faits, publia une réponse embarrassée ; cette divulgation, à la vérité, nous mettait en fâcheuse posture vis-à-vis de la Belgique, de l'Angleterre et même de la Russie.

Quelles avaient été les intentions réelles de l'empereur ? Les avis diffèrent à ce sujet ; pour Ollivier et de la Gorce, cette note, inspirée par Rouher, fut une aberration passagère de notre politique, une suggestion « soufflée » par Bismarck, faisant l'office de « démon tentateur » ; le baron Beyens, ministre du roi Léopold à Paris, pense, au contraire, que Napoléon III avait des vues positives, dangereuses pour ses voisins ; d'après ce diplomate, si, entre 1860 et 1866, l'empereur avait fait preuve de plus d'audace, la Belgique eût été l'innocente victime d'un complot ourdi contre elle, avec la complicité du cabinet de Berlin.

Telle est, semble-t-il, la vérité historique ; une note, découverte parmi les papiers saisis aux Tuileries (1), apporte un nouvel argument en faveur de cette thèse : « La France, écrit son rédacteur qui serait le secrétaire même de l'empereur, se place hardiment sur le terrain des nationalités ; il importe d'établir, dès à présent, qu'il n'existe pas une nationalité belge et de fixer ce point essentiel avec la Prusse. »

* * *

Lorsque la guerre lui parut inévitable, Gramont s'aperçut de notre isolement; il tenta aussitôt un rapprochement avec l'Autriche; pour une mission de cette importance, il fallait un homme sûr ; le 16 juillet, un décret impérial nommait La Tour d'Auvergne ambassadeur de France à Vienne.

Ce que furent les instructions de l'empereur et du ministre des Affaires Etrangères, on le conçoit aisément ; il fallait entraîner, le plus tôt possible, François-Joseph dans la guerre, afin de provoquer une diversion sur les derrières de l'armée allemande.

La Tour d'Auvergne partit, accompagné de son fils Godefroy, âgé de dix-huit ans, qui lui servait

---

(1) Poulet-Malassis, Papiers secrets et correspondance du Second Empire, p. 8.

de secrétaire ; le 19 juillet, il arrivait à Vienne et descendait au palais Lobkowitz, somptueuse résidence des ambassadeurs de France.

Cet immeuble est situé au centre de la ville, à quelques pas de l'église des Capucins où repose le roi de Rome ; construit, à la fin du XVII<sup>e</sup> siècle, dans le style rococo, de proportions élégantes mais d'aspect un peu triste, il eut des hôtes illustres : Pierre Romanow, tsar de Russie, l'habita ; le musicien Beethoven s'y révéla en ses plus beaux concerts ; le maréchal Berthier l'occupa quand, en 1810, il vint à Vienne épouser par procuration l'archiduchesse Marie-Louise ; pendant le congrès de 1814-1815, le palais Lobkowitz abrita les derniers espoirs de la France vaincue et humiliée ; Talleyrand y donna des fêtes splendides.

Sur cette ville, d'ordinaire si vivante et si gaie, planait une vague d'inquiétude lorsqu'au milieu de juillet 1870, le prince de La Tour d'Auvergne y arriva ; les viennois se demandaient anxieuse·ment s'ils ne seraient pas entraînés dans la guerre ; on avait l'impression que, tout en nous étant favorable, ce peuple, un peu frivole, ne délaisserait pas sans regrets sa douce existence.

Pour bien comprendre la dernière mission accomplie par l'ambassadeur dont nous retraçons la vie, il ne suffit point d'en suivre le développement dans les documents diplomatiques du Quai d'Orsay ; l'opinion des milieux autrichiens ne peut être négligée ; c'est aux archives d'Etat de Vienne qu'on apprend mieux à la connaître.

Le premier, le seul succès obtenu par La Tour

d'Auvergne, fut l'envoi par de Beust à Metternich de la dépêche du 20 juillet ; nous y lisons ceci : « Veuillez répéter à Sa Majesté et à ses ministres  que, fidèles à nos engagements, tels qu'ils ont été consignés dans les lettres échangées, l'année dernière, entre les deux souverains, nous considérons la cause de la France comme la nôtre et que nous contribuerons au succès de ses armes dans les limites du possible. » Pour bien marquer qu'il ne s'agissait pas d'une collaboration platonique, le chancelier ajoutait : « Dans ces circonstances, le mot neutralité, que nous prononçons, non sans regret, nous est imposé par une nécessité supérieure et par une appréciation logique de nos intérêts solidaires. Mais cette neutralité n'est qu'un moyen de compléter nos armements sans nous exposer à une attaque soudaine soit de la Prusse, soit de la Russie, avant d'être en mesure de nous défendre. »

Cette dépêche, si souvent reprochée à Beust, celui-ci déclare, dans ses mémoires, l'avoir écrite sur les sollicitations pressantes de La Tour d'Auvergne ; le ton, en effet, est changé, depuis la prudente communication du 11 juillet ; cette modification, de forme plutôt que de fond, est certainement due à son intervention personnelle ; Metternich, cette fois, ne conserve pas le document en poche ; dès le 24 juillet, il le communique au ministre des Affaires Etrangères, en l'informant verbalement que l'armée autrichienne pourra entrer en campagne au commencement de septembre.

Les termes de la dépêche du 20 juillet sont

assez explicites par eux-mêmes ; on y envisage, affirme Gramont, une collaboration armée ; cependant, il eût dû remarquer qu'on se référait aux lettres échangées, l'année précédente, entre les deux souverains ; or, nous le savons, elles ne contenaient pas la promesse formelle d'un semblable concours ; le malentendu subsistait donc.

Beust semblant acquis à notre cause, il s'agit maintenant d'y gagner également Andrassy, chef du cabinet hongrois, dont les vues personnelles peuvent influer sur les résolutions du Ballplatz ; des démarches sont faites dans ce but par La Tour d'Auvergne ; Gramont acquiesce et, toujours sous l'impression de la dépêche du 20 juillet, entend ne pas gêner, par une insistance exagérée, les préparatifs commencés.

Napoléon III, pendant ces négociations, gagne Metz et se met à la tête de nos armées ; le 1ᵉʳ août, Vimercati, ancien ami de Cavour, demeuré le confident de Victor-Emmanuel, arrive au quartier impérial, porteur d'un projet d'alliance entre la France, l'Autriche et l'Italie ; cette dernière puissance, y est-il stipulé, pourra résoudre, au mieux de ses intérêts, la question romaine ; l'empereur refuse d'approuver cette clause et ne signe pas la convention qu'on lui présente.

A présent, la conduite de la guerre l'absorbe complètement ; La Tour d'Auvergne lui signale, successivement, les lenteurs observées dans le ravitaillement en munitions des troupes prussiennes dans la Bavière rhénane, la pose de torpilles devant le port de Bremerhaven, le passage du Rhin, sur des pontons, par cinq divisions d'infanterie à Ottersdorf et Wecsdorf, la commande aux arsenaux français de cent mitrailleuses pour l'armement des honweds hongrois, etc.

Cependant, l'ambassadeur ne perd pas de vue le but essentiel de sa mission : l'entrée de l'Autriche dans la guerre; le Ballplatz cherche à gagner du temps, afin d'observer la tournure des événements ; pour ralentir les préparatifs militaires, on allègue, un jour, la nécessité de n'inspirer aucune inquiétude à la Prusse, une autre fois l'attitude de la Bohème hostile à la France et les vœux des populations autrichiennes de langue allemande ; tous les arguments sont bons pour retarder l'heure de l'action.

Gramont s'inquiète ; il presse La Tour d'Auvergne de redoubler de zèle ; celui-ci demeure en contact permanent avec Andrassy et Lonyay auxquels il rend visite jusqu'à deux fois par jour; l'idée d'une intervention armée de la double monarchie pénètre un peu partout ; le point de vue financier est réglé par lui, à la satisfaction du chancelier, mais il demande à être tenu au courant, le plus rapidement possible, des événements militaires. « Ce sera là, écrit-il, le principal élément de succès de ma mission. »

Un premier engagement favorable à nos armes est annoncé ; avant qu'on le démente, la bourse de Vienne en est bien impressionnée et les démarches de notre ambassadeur auprès d'Andrassy prennent un tour heureux ! « Nous venons de donner à Pest, lui confie celui-ci, un coup de fouet à l'Autriche et vous pouvez compter que, désormais, elle ne restera pas en arrière. Nous autres

Hongrois, lorsque nous sommes une fois fixés sur la route que nous devons prendre, nous allons de l'avant sans tergiverser. Nous ne devons pas nous laisser endormir par la Russie, qui sera évidemment, un jour ou l'autre, l'alliée de la Prusse. L'empereur Alexandre nous fait de belles promesses pour obtenir notre neutralité ; il nous donne, en même temps, à entendre que le moindre préparatif militaire de notre part serait considéré par lui comme une provocation à l'adresse de la Russie. Or, nous ne devons pas plus céder à ses promesses qu'à ses menaces. Si nous ne nous préparions pas à la guerre, nous nous trouverions, à un moment donné, complètement à sa merci et, si nous lui garantissions notre neutralité, nous nous exposerions peut-être à voir se conclure une paix boîteuse qui laisserait sans solution toutes les questions et ce ne serait qu'un acheminement vers une nouvelle guerre... »

En présence de ces excellentes dispositions du premier ministre hongrois, jusque là hostile à une intervention de son pays dans le conflit, La Tour d'Auvergne peut se croire assuré du succès.

Au surplus, dans un entretien du 4 août, Beust envisage avec lui comment il pourra « amorcer sa politique » ; il décide de se plaindre, à Munich, du peu d'égards qu'a le cabinet bavarois pour un ancien confédéré, en négligeant de le consulter sur la conduite à tenir dans la lutte engagée entre la France et la Prusse.

Nos revers vont bientôt briser ces fragiles espoirs ! Le 4 août, c'est Wissembourg, le 6 Reichshoffen, Frœschviller et Woerth, le 7 Forbach !... Failly se replie sur Vitry-le-François, Félix Douay sur Mourmelon où Mac Mahon va rallier ses troupes, tandis que Napoléon III, adoptant un plan logique, annonce la retraite générale de nos armées sur le camp de Châlons.

« Pouvons-nous démentir le télégramme, annonçant une victoire allemande ? » demande anxieusement La Tour d'Auvergne, le 5 août. Hélas ! On ne le peut !

Dès ce moment, la face des choses change brusquement ; les déconvenues se succèdent pour lui ; Beust refuse les modifications proposées au traité austro-italien ; notre représentant, insistant pour qu'il fasse une démonstration de nature à inquiéter la Prusse, il répond qu'en ce moment, il ne le pourrait sans soulever l'opinion publique contre lui et contre nous.

En post-scriptum à sa dépêche du 7 août, La Tour d'Auvergne écrit de sa main : « Les tristes nouvelles de l'armée circulaient déjà depuis quelques heures à Vienne où elles ont répandu la consternation. Mrs de Beust et Andrassy, que j'ai vus, paraissent, ainsi que tous nos amis, profondément découragés. Malheureusement, personne ne se montre animé d'assez de résolution et d'énergie pour que nous puissions compter immédiatement sur un concours dont nous aurions pourtant un si grand besoin. »

La presse autrichienne, en partie soudoyée par Bismarck, entre en action contre nous ; le Tagblatt se distingue par la violence de ses attaques ; le Wiener Abendpost, organe officieux, félicite le chancelier de sa politique prudente ; quant au

Fremdenblatt, jusqu'alors favorable à notre cause, il se borne à constater que le succès des armes allemandes pourrait bien avoir pour conséquence une défaite, au moins morale, de l'Autriche.

La Tour d'Auvergne, sans conserver d'illusion sur l'issue de cette affaire, continue ses démarches; il fait valoir à Beust les immenses ressources dont nous disposons, l'élan patriotique de tout un peuple, qui rendra impossible le triomphe définitif de la Prusse ; son interlocuteur l'écoute avec une courtoisie attristée, mêlée à la joie secrète d'être sorti indemne de l'aventure.

* * *

Examinons, à présent, les mêmes événements vus, de Paris, par l'ambassadeur d'Autriche, Metternich.

Dès le 15 juillet 1870, il a fait connaître, à ses chefs, son opinion sur les origines du conflit imminent ; la Prusse ne pouvait, selon lui, ignorer qu'en proposant un Hohenzollern pour le trône d'Espagne, elle blesserait, au plus haut degré, les susceptibilités de la France ; son agression a donc été préméditée.

Beust ne partage pas complètement cet avis ; pour lui, nous avons désiré la guerre, tout en y étant mal préparés, tandis que nos adversaires voulaient la paix mais se trouvaient admirablement prêts à engager la lutte ; quant à Napoléon III, l'un et l'autre admettent qu'il jouait sa dernière carte.

L'entrée éventuelle de son pays dans la guerre préoccupe naturellement l'ambassadeur d'Autriche; à plusieurs reprises, il aborde ce sujet avec les hôtes des Tuileries ; Napoléon III s'étonne que le Ballplatz conseille à l'Italie d'occuper Rome et d'accomplir un « acte de trahison ».

Le chancelier précise son point de vue dans un télégramme du 30 juillet : « Nous ne ferons rien, écrit-il, pour exciter les Italiens ; nous les calmerons dans la question de Rome que, d'ailleurs, ils ont résolue eux-mêmes par l'acceptation de la convention de septembre ; mais nous ne cesserons de représenter au gouvernement français les dangers qu'il y a, pour toutes les parties, excepté pour la Prusse et Garibaldi, à laisser les choses aller leur train, au lieu de s'occuper des moyens d'établir en Italie, par rapport à Rome, un état réel de sécurité pour le pape et pour le gouvernement italien. »

Ce langage n'est compris ni par l'empereur, ni par ses ministres ; l'insistance de Beust les déconcerte même.

Le 31 juillet, Metternich remet à l'impératrice la lettre pleine d'encouragements que François-Joseph a fait parvenir à Napoléon III et dont, un mois plus tard, le chancelier cherchera à rentrer en possession afin d'éviter un « agréable chantage ». (1)

L'ambassadeur tient le Ballplatz au courant des bruits fâcheux qui circulent déjà sur le sort de nos premières opérations militaires ; puis, nos défaites se succèdent : « L'armée est en pleine retraite, télégraphie-t-il à Beust, le 7 août. Je

_______________

(1) Arch. Etat Vienne, télégr. 4 sept. 1870.

rentre à Paris avec l'impératrice qui conjure notre auguste maître de faire quelque chose pour inquiéter la Prusse. J'ai promis de vous le mander quoique cela me paraisse inutile. » Le même jour, il fait connaître à Vienne que le sort de la guerre est réglé ; l'empereur n'a plus qu'un corps d'armée; il se porte en avant ; mais tout fait présumer qu'il ne pourra résister.

L'impératrice persiste dans ses illusions sur la possibilité d'un succès. « Elle espère, fait savoir Metternich au chancelier, le 9 août, que si la dernière bataille était perdue, l'empereur interviendrait diplomatiquement pour le maintien de l'intégrité de la France, quitte à laisser tomber la dynastie et ajoute que, si elle reçoit cette assurance, cela pourrait lui donner une grande force pour soutenir la lutte. »

Par contre, le 10 août, il trouve la souveraine découragée, attendant le « pire », d'un moment à l'autre ; nos insuccès se confirment ; deux jours plus tard, elle est à peu près abandonnée par tout le monde ; l'ambassadeur croit que, si un nouvel échec de nos armes est annoncé, la déchéance sera immédiatement proclamée à la Chambre.

Dans ce moment de grand désarroi, parvient à Paris la nouvelle que, devant la tournure des événements, Vitzthum, agent secret de l'Autriche, a reçu l'ordre de suspendre ses négociations avec le cabinet de Florence ; chacune des deux puissances recouvre sa liberté ; l'Italie, observe Beust, peut embrasser « activement » l'alliance française; mais il doute qu'elle y mette grand empressement;

comme le disait Gramont à Napoléon III, après les premières victoires allemandes : « Est-ce qu'on s'allie à un vaincu ? »

Malgré les prévisions de Metternich, l'agonie du régime se prolongea pendant près d'un mois ; la présence de La Tour d'Auvergne dans le cabinet qui remplaça celui d'Emile Ollivier le fortifia-t-il au point de retarder la fatale échéance ? Le diplomate paraît le croire ; le 13 août, en effet, il annonce au chancelier l'arrivée à Paris du nouveau chef du Quai d'Orsay, dont la présence, selon lui, « raffermit le ministère ».

L'action personnelle de La Tour d'Auvergne eut un résultat plus certain ; elle calma les « aigreurs » de l'opinion publique française, justement mécontente du lâchage autrichien.

## XIII

## LES FOSSOYEURS DE L'EMPIRE

Nos premiers revers ont rapidement emporté le cabinet Ollivier ; l'impératrice-régente, après le refus de Trochu, fait appel, pour constituer le nouveau ministère, à un militaire énergique, le général Cousin Montauban, comte de Palikao.

C'est, au physique, un beau vieillard de 74 ans, de taille élancée, de physionomie avenante, resté audacieux, malgré l'âge, et même un peu « fanfaron », si l'on en croit son prédécesseur.

Après une carrière orageuse, il a reçu le commandement de l'expédition de Chine ; cette campagne, relativement facile, s'est terminée par le pillage et l'incendie du palais d'été ; la commission des prises, composée d'officiers français et anglais, lui remit, dans sa part de butin, trois colliers de mandarin, en boules de jade vert ; après les avoir fait monter en chapelet, il les offrit à l'impératrice, avec l'assentiment de Napoléon III ; cette attention le rendit suspect à l'opinion publique et l'une des premières manifestations de l'initiative parlementaire recouvrée fut de refuser au vainqueur de Palikao la dotation de 50.000 francs proposée en sa faveur.

Au cours de cette brève campagne, le commandant de l'expédition se révéla capable de comprendre les besoins du soldat ; on admira son activité juvénile, sa prévoyance, son souci d'entretenir la bonne santé physique et morale de ses subordonnés ; dix ans plus tard, ces belles qualités n'avaient point complètement disparu et il conservait intacte sa popularité.

Le 9 août, à 10 heures du soir, une dépêche d'Ollivier avisait Cousin-Montauban, alors à la tête du 4e corps d'armée à Lyon, que l'impératrice l'appelait à Paris.

Le lendemain dans la matinée, le général arrivait aux Tuileries ; sans se faire d'illusions sur les difficultés de sa tâche, il acceptait, par dévoûment, le poste plein de péril qu'on lui offrait. Ayant gardé pour lui le portefeuille de la guerre et la présidence du conseil, il s'occupa de constituer un cabinet; dans ces circonstances tragiques, ce n'était point chose aisée ; Magne, après bien des hésitations, prit les Finances, Chevreau, préfet de la Seine, dont on escomptait à tort l'énergie, l'Intérieur ; Jérôme David alla aux Travaux Publics ; Emile Ollivier le considérait comme un « bravache élégant » ; il se montra, du reste, sans bienveillance pour ses successeurs : Brasme, ministre de l'Instruction Publique, était, d'après lui, un « hableur madré », Clément Duvernois, appelé au Commerce, un « homme de sac et de corde » ; Busson-Billault, président du Conseil d'Etat, n'était point préparé aux « actes vaillants » ; quant à La Tour d'Auvergne, « moribond, découragé, il n'avait plus, malgré sa bonne volonté, d'activité à consacrer à un office public ». (1)

Telle fut l'équipe des « fossoyeurs » de l'Empire.

On s'étonna que la régente n'eût pas imposé la nomination de ces hommes énergiques dont le concours, à cette heure, eût pu être décisif : Cassagnac, Haussmann, Persigny, Forcade, Rouher.

A la réception du télégramme lui annonçant sa nomination, La Tour d'Auvergne prit congé de l'empereur François-Joseph et, quoique la tâche lui parut au-dessus de ses forces, répondit au chef du gouvernement que l'hésitation ne lui semblait pas permise ; par l'Italie, il gagna Paris où il arriva dans la nuit du 14 au 15 août.

En rentrant au Quai d'Orsay, le nouveau ministre appela auprès de lui, en qualité de chef de cabinet, l'un des rares diplomates dont le nom survivra à nos désastres, le comte de Chaudordy, ancien collaborateur de Drouyn de Lhuys ; délégué pour les Affaires Etrangères au gouvernement de la Défense Nationale, à Tours et à Bordeaux, il tiendra tête à Bismarck et saura flétrir, en termes que l'histoire a retenus, les excès commis, en France, par les envahisseurs.

Dans quel état d'esprit La Tour d'Auvergne arrivait-il au pouvoir ? Il l'indique dans la note qu'il fit publier, dès le 15 août au matin : « Il ne saurait être question, un instant, de négociations pacifiques... »

_______________

(1) Emile Ollivier, l'Empire libéral, tome XVI, p. 475.

Le lendemain, il eut un premier entretien avec lord Lyons, ambassadeur d'Angleterre, venu pour lui apprendre la constitution d'une ligue des neutres ; ceux-ci avaient décidé de n'entrer dans la guerre qu'après un échange de vues entre eux ; tel était le dernier expédient imaginé par Granville, successeur de Clarendon au Foreign Office, pour détourner de nous l'Autriche et l'Italie.

La Tour d'Auvergne accueillit cette fâcheuse nouvelle avec calme et dignité ; il ne parut pas s'en émouvoir et donna à la conversation un tour plus général. « La France, dit-il, a éprouvé des revers au commencement de la campagne ; elle ne désespère pas de les réparer... Si la fortune des armes doit se déclarer contre elle, elle résistera pied à pied, ne serait-ce que pour laisser à ses amis une occasion de l'aider à obtenir des conditions équitables et nécessaires. Il y en a deux qui me paraissent indiscutables, en toute circonstance : l'intégrité du territoire de la France et le maintien de la dynastie ».

En s'exprimant de la sorte, le ministre entendait dénoncer, à la fois, les prétentions déjà officieusement connues du vainqueur et son ingérence éventuelle dans nos affaires intérieures ; son zèle bonapartiste l'égarait au point de lui faire commettre une erreur qu'Albert Sorel a relevée ; les Prussiens, en effet, s'opposèrent, après Waterloo, au rappel des Bourbons, non pour nous imposer un régime politique de leur choix, mais dans l'espoir de compléter leur victoire ; ils n'ignoraient pas, en effet, que Louis XVIII, une fois rétabli sur le trône, obtiendrait de l'Angleterre et de la Russie qu'elles empêchassent le démembrement de la France.

Si, comme patriote, le chef du Quai d'Orsay avait raison de rejeter toute idée de cession territoriale, peut-être eût-il été mieux inspiré en ne soulevant pas cette épineuse question ; même réservées à un entretien avec le représentant d'une puissance amie, ses paroles furent transmises au Foreign Office et de là, à Berlin ; Fleury en eut presque aussitôt connaissance ; dans une dépêche du 24 août, il en signala le danger ; Jules Favre les reprendra, tout au moins en ce qui concerne l'intégrité du territoire, et en fera la base de sa politique étrangère, ce qui ne facilitera point les négociations de paix.

Le 19 août, La Tour d'Auvergne revit Lyons ; il démontra l'impossibilité, pour nous, de consentir un sacrifice territorial ; le traité, mettant fin aux hostilités, devra s'inspirer d'une idée de justice. « En cas de retour de fortune, ajouta-t-il, nous nous bornerons à demander un arrangement équitable qui fit cesser l'antagonisme entre la France et la Prusse et mit un terme aux armements ruineux. »

L'ambassadeur britannique approuva cette longanimité éventuelle, mais évita, par une approbation trop précise, de livrer sa pensée.

Pour que la politique du ministre des Affaires Étrangères présentât une chance de réussite, un succès de nos armes, si minime fut-il, était nécessaire ; ce jour-là, il entamerait immédiatement les pourparlers dont sortirait la paix ; aussi avec quelle anxiété attendait-il un revirement de fortune ; son collègue Brasme le signala au cours de l'enquête parlementaire sur les actes du gouvernement de la Défense Nationale : « Lors de chaque mauvaise nouvelle que nous recevions, le prince de La Tour d'Auvergne, mon voisin de place au conseil des ministres, me répétait souvent : « Tout s'écroule ! » Et, en effet, tout s'écroulait depuis la déclaration de guerre. »

Clément Davernois le montre recevant les ambassadeurs à sa réception du jeudi, leur soumettant les deux points essentiels de sa politique — toujours les mêmes — : intégrité du territoire, maintien de la dynastie, et obtenant leur adhésion de principe ; mais il ignore le détail des négociations ouvertes par son collègue des Affaires Etrangères ; plus heureux que lui, nous allons les suivre dans leur développement ; elles sont, du reste, bien décevantes.

* * *

En arrivant au Quai d'Orsay, La Tour d'Auvergne trouva une dépêche chiffrée que, le 14 août, Fleury lui avait adressée de Russie ; le tsar, y lisait-on, guidé par la pensée d'être utile au roi de Prusse, s'était d'abord opposé, de toutes ses forces, à l'intervention de l'Autriche en notre faveur ; cependant, à la suite de nos premiers revers, sa manière de voir s'était sensiblement modifiée ; dès lors, l'ambassadeur se persuada que, si le chancelier Beust renonçait nettement à encourager les aspirations polonaises, avant d'intervenir dans le conflit, le cabinet de St Pétersbourg ne sortirait pas de sa neutralité.

Mais l'empereur Alexandre, bien que toujours animé d'« intentions loyales et honnêtes », était tiraillé par ses liens allemands et avait besoin d'être continuellement rassuré sur les dangers d'une révolution en France.

Fleury continuait donc ses démarches et, le 28 août, rendait compte au ministre d'un long entretien « plein d'épanchements et de réticences » qu'il venait d'avoir avec le souverain; celui-ci avait écrit au roi de Prusse pour lui déconseiller, en cas de victoire définitive, une paix fondée sur une humiliation de la France et qui serait une trêve dangereuse pour tous les états ; à cela, le roi Guillaume avait répondu qu'il lui était difficile de faire accepter par ses troupes l'abandon d'une partie des provinces conquises.

Nous avions épuisé la bonne volonté de l'empereur Alexandre, à notre égard ; peu après, il partait pour Moscou afin de « sonder » le cœur de la Russie et nous abandonnait, pour l'instant, à notre sort.

Clément Duvernois, au cours de sa déposition devant la commission d'enquête parlementaire, signale deux dépêches dont on ne trouve pas trace dans la correspondance diplomatique de l'époque ; la première serait relative à un entretien entre le tsar et Fleury, le 26 août 1870 ; le premier aurait dit alors au second : « J'ai vu les derniers événements avec déplaisir et j'ai peur que mon oncle sorte des limites de modération qui lui sont assignées. L'Allemagne est très surexcitée... il y a là un écueil... » Comme l'ambassadeur demandait au souverain si, au cas où il interviendrait en notre faveur, l'intégrité de notre territoire serait l'une des conditions posées par lui, celui-ci aurait répondu avec fermeté : « Au moment venu, je parlerai haut et je ferai tous mes efforts pour sauvegarder l'intégrité du territoire et pour assurer le maintien de la dynastie. »

Il fut également question d'une seconde dépêche, tout aussi consolante, arrivée à Paris le 4 septembre ; Clément Duvernois ne l'a point vue ; d'après lui, l'impératrice croyait à l'existence de ces documents et, sous l'impression que lui causa leur communication, elle aurait écrit d'Hastings, le 12 septembre, à Fleury pour le supplier de demander au tsar de conserver ses bons offices au gouvernement de la France, quel qu'il fût.

✣ ✣ ✣

Si, de St Pétersbourg, nous passons à Vienne, la situation n'est guère meilleure pour nous.

. Au cours de sa visite d'adieu au chancelier de Beust, La Tour d'Auvergne lui avait demandé de poursuivre activement un rapprochement avec la Russie dont il allait faire la base de sa politique ; or, l'opinion publique autrichienne se déclarait maintenant contre nous ; la Tages Presse et le Fremdenblatt accusaient le gouvernement impérial d'être la cause de nos revers ; la Neue Freie Presse critiquait l'absolutisme de Napoléon III ; « Voilà, y lisait-on, pourquoi l'effet des batailles perdues est si affreux... le régime personnel ne supporte pas d'insuccès. C'est la grande leçon qui ressort des derniers événements ; elle s'adresse aussi bien aux peuples qu'aux princes... »

Les membres du corps diplomatique, empressés jadis à faire la cour aux représentants de la France, s'éloignaient d'eux dans le malheur et, au Te Deum du 15 août, assista seul un attaché de l'ambassade de Turquie ; celle d'Italie n'y délégua même pas son chancelier !

L'un des premiers soins de La Tour d'Auvergne, en prenant la direction du département, fut d'envoyer à Vienne un diplomate ayant sa confiance, le comte de Mosbourg, afin d'assurer l'intérim en qualité de chargé d'affaires ; il le vit à Paris, avant son départ, et lui donna les instructions suivantes : dans le moment présent, nous n'espérons le concours immédiat d'aucune nation; nous comptons uniquement sur nos propres forces pour repousser l'ennemi; « mais nous avons foi dans l'esprit politique des grandes cours éclairées, aujourd'hui, sur les dangers qu'entraîne pour l'Europe une organisation militaire qui fait de l'Allemagne un camp d'où la Prusse menace tous ses voisins ».

Le 22 août, le ministre des Affaires Etrangères, après avoir fait un tour d'horizon dans une note destinée à cet agent, préconise toujours un rapprochement entre la Russie et l'Autriche ; il ne s'inquiète pas trop des tentatives de l'Angleterre sur l'Italie et conclut : « Plus seront nombreuses les voix amies de la France qui se feront entendre dans le concert de l'Europe, plus nous y trouverons de garanties en notre faveur... »

Mais, peu à peu, ses illusions disparaissent et le doute le gagne. « La France est seule ! » confie-t-il à Mosbourg, dans une dépêche du 25 août dont l'original est corrigé de sa main ; il croit encore aux puissances qui nous témoignèrent de la sympathie ; elles ont le « devoir » de nous venir efficacement en aide dans les négociations futures ; si l'Autriche en particulier veut nous être utile un jour, il faut qu'elle puisse parler haut et ferme ; pour cela, elle doit pousser activement ses armements...

Les premières impressions de Mosbourg ne sont pas favorables. « Est-il possible, écrit-il au ministre des Affaires Etrangères, le 27 août, de compter sur un concours actif de l'Autriche, qui puisse, en temps opportun, seconder nos efforts ? C'est ce que je n'oserais affirmer... »

Une fois de plus, la Russie et l'Angleterre se mettent en travers de nos projets ; elles s'entendent avec l'Italie pour demander à Beust de suspendre ses armements puisque la neutralité de la double monarchie se trouve dorénavant fortifiée par leur engagement collectif.

Sans se lasser, La Tour d'Auvergne répète à Mosbourg que, pour qu'une médiation aboutisse, elle doit pouvoir s'imposer ; quant à notre situation militaire, il le reconnaît, elle ne s'est pas améliorée, malgré la confiance qui règne « encore » parmi nous.

En désespoir de cause, notre chargé d'affaires à Vienne s'adresse à l'empereur François-Joseph : « Nous devons, lui dit ce dernier, nous estimer heureux de savoir que nous sommes équitablement jugés à Paris. Le prince de La Tour d'Auvergne avait bien compris notre situation. Il s'est rendu un compte exact des difficultés dans lesquelles nous nous sommes trouvés, en présence d'une guerre qui nous a pris au dépourvu... Il apprécie, je le sais, celles qui nous entourent encore et qui nous imposent la plus grande prudence ; mais il n'ignore ni les dispositions dont nous sommes animés à l'égard de la France, ni le désir que nous aurions de les lui prouver... »

C'est à Vienne que, nonobstant ces réticences, les regrets de nous voir écrasés sont les plus sincères ; Beust se voile la face pour ne pas assister à notre humiliation ; Andrassy répète encore à Mosbourg, le 2 septembre : « Il faut tout faire pour empêcher un démembrement ou un affaiblissement de la France dont nous ne tarderions pas à subir le contre-coup. » Enfin, le premier geste de pitié vient de François-Joseph quand, au lendemain de Sedan, il s'informe, auprès du grand quartier général allemand, de la façon dont on traite les prisonniers.

* * *

Malgré l'absence d'une alliance formelle, le concours de l'Italie était celui sur lequel nous pouvions compter le plus ; on n'y avait pas complètement oublié la confraternité d'armes de Solférino ; le roi Victor-Emmanuel témoignait à Napoléon III une amitié reconnaissante ; parmi ses conseillers, le ministre des Affaires Etrangères, Visconti-Venosta, paraissait animé des meilleures intentions à notre égard ; seul, au moins au début de la guerre, Sella, titulaire du portefeuille des Finances, défendait la politique d'abstention.

Nos premiers échecs firent, à Florence, une pénible impression bientôt suivie du sentiment qu'on éprouve après avoir évité une catastrophe ; le roi eut un mot de pitié pour son ancien allié ; puis, traduisant l'angoisse générale sous la forme primesautière qui lui était familière, il s'écria : « C'est égal, je l'ai échappé belle ! »

En même temps que s'accentuaient nos revers, notre pression se faisait plus forte pour amener l'Italie à nous secourir.

Notre représentant à Florence était alors le baron de Malaret, esprit pondéré, nullement enclin à prendre ses désirs pour des réalités ; dès le début d'août 1870, Gramont l'avait prié de sonder les intentions de Victor-Emmanuel et d'en obtenir une promesse de concours ; le 8 de ce mois, au matin, le diplomate avait eu avec Visconti et ses collègues un entretien auquel assistait le souverain ; celui-ci lui parut mieux disposé pour nous que ses ministres auxquels il fut impossible d'arracher un engagement formel ; le 10 août, la bonne volonté du roi s'était elle-même fort atténuée ; il fit dire à notre envoyé que les menées révolutionnaires l'empêchaient de dégarnir certaines villes de leurs troupes ; dès lors, toutes les raisons furent mises en avant pour éluder une coopération redoutée : nécessité de garder les frontières du royaume, même du côté pontifical, craintes concernant l'attitude de l'Autriche, formulées par Arèse, alors en mission à Vienne, impossibilité matérielle de mettre sur pied un corps d'armée avant vingt jours, difficultés parlementaires, etc....

Malaret mit son gouvernement en garde contre les déceptions possibles : « Les dispositions du cabinet, écrivait-il, le 12 août, ne sont pas de nature à décourager nos espérances ; cependant, je considère comme un devoir rigoureux de ne rien dire, dans une matière aussi grave, qui n'ait le caractère d'une certitude absolue. »

Nos revers persistaient ; Nigra conseillait au cabinet de Florence d'apprécier « librement et mûrement » la situation.

Pour se tirer d'embarras, celui-ci s'adressa alors au Foreign Office qui, dans le but de détacher définitivement l'Italie de nous, imagina, comme on le sait, la création de la ligue des neutres.

Malaret avait prévu le coup ; le 13 août, il avertissait La Tour d'Auvergne que Visconti cherchait, à présent, son mot d'ordre à Londres ; mis en demeure de s'expliquer, celui-ci répondit que son pays restait libre de s'unir avec nous pour la guerre, sauf à en aviser le gouvernement britannique. « Malgré cette explication, observait notre représentant, je n'aime pas ces arrangements pris en dehors de nous et sans nous consulter. »

Cependant, Victor-Emmanuel n'était pas au bout de ses peines ; Napoléon III n'admettait point pareil oubli des services rendus ; une suprême tentative allait être faite, au palais Pitti, pour toucher le cœur de l'ancien allié.

Le 19 août, l'empereur entra dans la baraque occupée, au camp de Châlons, par le prince

Napoléon et lui dit : « Nos affaires vont mal. Il nous reste une chance de succès, à la vérité assez précaire ; c'est que l'Italie se déclare pour la France, entre en guerre à nos côtés et s'efforce d'entraîner l'Autriche. Tu es particulièrement qualifié pour entreprendre cette mission auprès de ton beau-père et de son peuple. Il faut partir sans retard pour Florence. »

Napoléon III ajoutait que l'armée allait se retirer sous Paris où se livrerait la bataille décisive pour laquelle son cousin serait de retour.

Fort de cette promesse, le prince quittait, le même jour à midi, le quartier impérial et, par Meaux et Paris, gagnait l'Italie où il arrivait le 21 août.

La Tour d'Auvergne, en apprenant ce voyage, s'offensa de voir se nouer, en dehors de lui, d'aussi importantes négociations ; il désapprouvait au surplus l'initiative impériale dont l'échec lui paraissait certain ; aussi, pour couper court à l'incident, offrit-il sa démission à l'impératrice ; il fallut les insistances réitérées de celle-ci pour qu'il acceptât de la reprendre.

A Florence, le prince Napoléon, venu pour tout demander, n'avait rien à offrir, pas même Rome; il reçut un accueil très froid de la cour, des ministres et du général Cialdini ; il ne parvint pas à les convaincre du peu de résistance que rencontrerait un corps italien entrant en Allemagne; tous les hommes politiques renouvelèrent les objections connues ; les militaires répétèrent que l'armée n'était point prête.

Rebuté partout, le cousin de l'empereur ne se

découragea pas ; pour appuyer sa démonstration et lui donner plus de force, il fit demander au général Trochu, gouverneur de Paris, sur quel point les troupes italiennes pourraient se concentrer pour agir efficacement ; de Lyon, lui fut-il répondu, elles menaceraient le flanc gauche de l'invasion par une marche parallèle, en direction de Belfort et de Langres.

Les choses n'en vinrent point là ; chaque jour, les nouvelles du théâtre des opérations nous étaient plus défavorables ; le 27 août, le prince dut annoncer à l'empereur l'échec de ses démarches ; il ajouta : « Selon vos ordres, j'ai refusé toute discussion sur une intervention diplomatique... On m'écrit de Paris que l'on attaque ma mission ; que l'on interpellera à la Chambre et que le ministère me défendra mal. Dans cette situation, veuillez me donner des ordres positifs. »

Le même jour, Napoléon III lui répondit de rester où il était, pour... suivre la négociation.

La conduite du prince Napoléon, pendant la guerre, fut sévèrement jugée ; le 17 juin 1871, accusé par Jules Favre, à la tribune de l'Assemblée Nationale, d'avoir fui devant l'ennemi, il se défendit avec sa véhémence habituelle et mit en cause La Tour d'Auvergne qui lui avait fait savoir, à Florence, que la situation militaire était grave, mais non désespérée. L'échec de sa mission et l'issue malheureuse de la guerre seraient dûs, d'après lui, à l'occupation de Rome et au maintien du pouvoir temporel du pape ; il s'en est expliqué dans un discours prononcé, le 24 novembre 1876, à la Chambre des Députés : « Il est incontestable, dit-il, que, si nous avions eu des alliances sérieuses, le résultat de la guerre eût été tout autre... Eh bien, ces alliances, tous les documents diplomatiques le prouvent, elles étaient faites ; elles existaient ; seulement, il n'y avait qu'une question pendante ; c'était celle du pouvoir temporel des papes. Si on l'avait abandonné, on aurait eu une alliance immédiate et une alliance éloignée qui ne se serait pas fait attendre long-temps. La France, alors, entrait en campagne avec 5 à 600.000 hommes de plus et elle se trouvait dans une situation qui aurait certaine-ment gêné nos ennemis. »

On rechercherait en vain, dans les documents diplomatiques auxquels l'orateur se réfère, la trace d'un traité d'alliance ; il y eut entre Paris et Vienne les pourparlers que nous connaissons, rien de plus.

La remise de Rome à Victor-Emmanuel, faite avant la guerre, eût amené l'Italie à se ranger à nos côtés et, par la force de l'attraction, rallié peut-être l'Autriche à notre cause.

Napoléon III ne le voulut pas ; il mit un faux point d'honneur à maintenir le pape dans sa capitale ; l'avenir devait démontrer que la pos-session de celle-ci n'était nullement nécessaire à l'indépendance du Saint-Siège ; par le traité de Latran, Pie XI renonça librement à sa royauté terrestre ; soixante ans plus tôt, Pie IX l'eût fait sous l'empire de la contrainte.

En février 1929, le souverain pontife décida de s'en remettre à l'Italie du soin d'assurer sa sauvegarde ; d'aucuns croient qu'il le regrettera un jour ; en France, on s'étonna surtout de l'entendre prononcer ces paroles devant une assemblée du clergé : « Pour ce qui est d'autres garanties, on a vu quel compte on peut en faire. Alors que le pouvoir temporel figurait encore sur les cartes géographiques, qu'ont donc fait les puissances ? Peut-être même ne pouvaient-elles rien faire ? »

Celui qui parlait de la sorte avait la mémoire bien courte ; il oubliait les nombreux Français tombés aux sièges de Rome et à Mentana, les douze années pendant lesquelles nos soldats montèrent la garde au Vatican pour défendre Pie IX contre son peuple même, le geste chevaleresque de Napoléon III sacrifiant l'alliance italienne et peut-être son trône, pour ne pas l'abandonner...

* * *

A Londres, lord Granville a succédé à Clarendon comme principal secrétaire d'Etat aux Affaires Etrangères ; il n'éprouve pas, pour nous, la sympathie apparente de son prédécesseur ; de plus, la publication, par la presse anglaise, de la note de Benedetti relative à la Belgique, l'a, non sans raison, mis en défiance.

La Tour d'Auvergne n'ignore rien de ses intentions concernant la ligue des neutres ; une dépêche adressée en clair par Gortschakoff au chargé d'affaires de Russie à Paris, l'a mis au courant des pourparlers engagés ; il presse Lavalette d'avoir une explication franche avec Granville, qui est obligé de reconnaître, le 17 août, l'existence de négociations avec l'Italie ;

la semaine précédente, dit-il, le gouvernement de Florence avait avisé Londres que, se trouvant en butte à des sollicitations « venant de plus d'un côté », il pourrait difficilement se maintenir en dehors du conflit, s'il n'y était aidé ; le Foreign Office avait alors répondu favorablement à ces ouvertures.

L'entretien devint pathétique ; Lavalette montra l'effet douloureux que produisaient, chez nous, des négociations tendant à circonscrire la guerre, au moment où elle était portée au cœur de la France et à paralyser les sympathies susceptibles de se manifester en notre faveur.

Granville ayant reproché au cabinet des Tuileries d'avoir fait pression sur les neutres. l'ambassadeur répondit que nous étions libres de rechercher des alliances à l'heure des grandes épreuves et il demanda si c'était bien à l'Angleterre de nous contester un droit dont elle avait toujours si largement usé ? Appartenait-il à la nation pour laquelle le gouvernement impérial avait « tout fait » de défendre l'Italie contre l'entraînement de son cœur et de l'empêcher de s'acquitter d'une dette de reconnaissance contractée envers nous, le jour où nous l'avons « créée » au prix de notre sang ?

La Tour d'Auvergne approuva ce langage plein de dignité ; il put faire d'amères réflexions sur le peu de solidité de l'amitié britannique ; aussi conserva-t-il, dès ce moment, une attitude plus tranchante dans ses relations avec le Foreign Office ; à lord Lyons lui demandant d'autoriser le transport, sur les lignes ferrées belges et luxembourgeoises, des blessés prussiens, réunis à Sarrelouis, il répondit par un refus formel, faisant valoir, notamment, que le dernier armistice avait permis à l'ennemi d'amener des renforts et de nous attaquer ensuite dans des conditions favorables ; malgré les sollicitations du cabinet de Londres, il marqua la même énergie en réglant le sort des ressortissants allemands demeurés sur le sol français ; sans prendre, à leur égard, une mesure générale d'expulsion, il procéda à leur éloignement de la capitale et fit reconduire à la frontière ceux qui n'acceptèrent pas de se retirer au sud de la Loire.

* * *

Le cabinet Palikao, sentant l'issue de la guerre compromise, s'était mis courageusement à l'œuvre pour accomplir sa « grande corvée », comme disait le maréchal Baraguay d'Hilliers.

La vie des ministres était laborieuse : tous les matins à 8 heures ½, ils se réunissaient, en conseil, sous la présidence de l'impératrice ; jusqu'à midi ½, les questions les plus graves étaient débattues : organisation générale, ravitaillement et armement de la capitale, rapport journalier du Comité de Défense présidé par le maréchal Vaillant, puis par le général Trochu ; à une heure, les ministres regagnaient leur hôtel et, une demi-heure plus tard, se rendaient au Corps législatif pour prendre part aux séances ou renseigner les commissions permanentes.

Pas plus que l'impératrice, Palikao ne voulait, pour des raisons de politique intérieure, du retour de Napoléon III vaincu à Paris ; il le poussa donc, avec son habituel entêtement, à rester à la tête de l'armée de Châlons et à marcher au secours de Bazaine ; en ceci, tous les stratèges lui donnèrent tort et Thiers qui, à défaut de science militaire, possédait du bon sens, lui dit : « Vous avez déjà un maréchal bloqué, bientôt vous en aurez deux. »

On peut également lui reprocher, avec Jules Simon, de s'être obtiné à ne pas armer la garde nationale, ce qui permit à l'ennemi de s'emparer, sans coup férir, de certaines villes, d'avoir écarté des concours utiles, en s'opposant, par exemple, à l'entrée de trois parlementaires dans le Comité de Défense ; au moment où l'appui des Chambres était si utile, c'eût été de bonne politique.

Malgré ces fautes inévitables, les membres du cabinet accomplirent une œuvre considérable ; ils reconstituèrent, à Châlons, une armée de 140.000 hommes et mirent Paris en état de défense ; leur mérite est d'autant plus grand qu'ils agissaient dans une atmosphère de démoralisation complète.

Le 1ᵉʳ septembre 1870, La Tour d'Auvergne stigmatisa, devant le Sénat, les procédés de guerre du commandement allemand : saisie de l'ambulance de la Presse, usage de balles explosibles, emploi d'insignes de la Croix Rouge sur des caissons de munitions et d'approvisionnement, assujettissement des paysans alsaciens au creusement des tranchées devant Strasbourg, ce qui obligeait les défenseurs de cette place à tirer sur leurs compatriotes, etc....

A l'issue de la séance du 3 septembre au Corps législatif, les ministres furent avisés de la défaite de Sedan et de la captivité de Napoléon III ; Chevreau, ministre de l'Intérieur, en avait communiqué la nouvelle à l'impératrice qui, après une scène pénible, s'était évanouie ; puis, ayant repris la maîtrise de soi, elle réunit un conseil de cabinet aux Tuileries ; des dispositions furent prises pour porter la triste nouvelle à la connaissance de la population ; à 8 heures du soir, une proclamation affichée sur les murs de la capitale remplissait cet objet.

Le lendemain était un dimanche ; Paris s'éveilla sous un soleil radieux ; les ministres, convoqués pour 9 heures du matin, s'assemblèrent sous la présidence de la souveraine ; dans le désarroi général, certains députés avaient engagé Palikao à prendre la dictature pour sauver le pays ; celui-ci refusa, ne voulant pas, disait-il, manquer à l'honneur ; devant l'agitation grandissante du peuple qui réclamait « un bon général et la république »,  le cabinet s'avisa, d'abord, de scinder le gouvernement en deux parties, l'une restant à Paris, l'autre se retirant, avec l'impératrice, à Orléans ou à Tours ; mais cette résolution fut repoussée comme pouvant entraîner la guerre civile ; on proposa alors la nomination d'un conseil de régence ayant à sa tête un lieutenant-général qui nommerait les ministres, dirigerait leur action et pourrait être Palikao lui-même.

Tel fut le projet mort-né issu, le 4 septembre, de la dernière délibération du cabinet : on connait la suite de l'aventure ; quelques jours plus tôt,

Thiers avait eu deux entretiens avec Prosper Mérimée, ami sincère des Tuileries, venu, probablement en son nom personnel, pour lui demander conseil ; il reprocha au régime de l'avoir traité en ennemi, alors qu'il ne l'était point, et refusa un concours jugé par lui inutile.

Aujourd'hui, le vieil homme d'état était donc à l'aise ; aucun engagement ne le liait au pouvoir; devant le Corps législatif réuni, le 4 septembre au matin, il réclama, au nom de la gauche, la désignation d'un « conseil de gouvernement » ; Palikao n'admettait qu'un « conseil du gouvernement » ; on perdit un temps précieux à discuter ces arguties; l'impératrice, résignée, acceptait d'avance ce que décideraient ses ministres; chacun se mit alors à la recherche d'une formule capable de contenter tout le monde ; la proposition de déchéance, soutenue par Gambetta, ne paraissait pas devoir être prise en considération par l'assemblée quand, à 1 heure $\frac{1}{2}$, la séance fut suspendue ; la motion de Thiers allait réunir une forte majorité ; Brasme, Buisson-Billault, Jérôme David s'y ralliaient successivement ; Clément Duvernois revenait des Tuileries avec l'agrément de l'impératrice.

A ce moment, la garde du palais Bourbon ayant été retirée, le peuple envahit la salle des séances ; le président Schneider quitta son fauteuil sous les huées, tandis que Jules Favre, pour éviter de regrettables excès, entraînait l'émeute à l'hôtel de ville où allait se constituer un nouveau gouvernement.

Le lendemain, le Journal Officiel de la République Française déclarait le Corps législatif dissous et le Sénat aboli.

* * *

Le 4 septembre, vers 4 heures, La Tour d'Auvergne quitta, en compagnie de Clément Duvernois, le Corps législatif où le peuple venait de pénétrer ; tous deux se dirigèrent vers le ministère le plus proche, celui des Affaires Etrangères ; au cours d'un bref entretien, le premier dit au second : « Ce qui se passe est épouvantable pour le pays, parce que nous avions, ce matin, l'appui de l'Europe conservatrice et que nous l'avons perdu ce soir. »

Clément Duvernois partageait cette illusion ; pour lui, l'abandon de leur poste par la plupart de nos ambassadeurs devait rendre impossibles les négociations de paix.

Palikao se réfugia à Namur ; quant à Metternich, après avoir aidé à mettre l'impératrice en sûreté, il adressa, le 5 septembre, à son gouvernement cette curieuse dépêche conservée, sous le N° 148, aux archives de Vienne : « D'après ce que nous voyons, la résistance ne sera pas vive. La révolution est molle et sans poil au derrière. Dans deux jours, les communications seront coupées. Tenez-vous à ce que je reste ? Ma position vis-à-vis des bourgeois ministres est bête. Il est évident que, si cela pouvait être utile, je resterais, quoique le spectacle de l'entrée des Prussiens me semble insupportable pour moi personnellement. »

L'ambassadeur d'Autriche fut prié de demeurer à Paris, ce qu'il fit.

Lorsque, le 5 septembre, Jules Favre, appelé à diriger le département des Affaires Etrangères, se présenta au palais d'Orsay, son prédécesseur était déjà parti ; il obtint de lui un entretien qui dura plusieurs heures et, si l'on en croit Albert Sorel, fut très cordial ; La Tour d'Auvergne l'édifia sur l'égoïsme de l'Europe et l'isolement de la France ; Favre ne pensait pas la situation aussi compromise ; il décida de ne rien changer, pour l'instant, aux directives données et pria le personnel de demeurer en fonctions ; il tenait particulièrement à conserver auprès de lui Chaudordy, directeur du cabinet, qui accepta de lui continuer sa collaboration, sur les pressantes instances de son ancien chef.

Ce fut le dernier service que La Tour d'Auvergne rendit au pays.

✳ ✳ ✳

En arrivant au Quai d'Orsay, Jules Favre trouva une dépêche, datée du 5 septembre, que, de St Pétersbourg, Fleury adressait au ministre des Affaires Etrangères ; nos amis, y lisait-on, se demandent si le moment ne serait pas venu, pour la France, de laisser intervenir la ligue des neutres et de négocier la paix, car les quatre armées prussiennes vont marcher sur Paris ; « un miracle seul nous sauverait ! »

Jules Favre partagea cet avis ; il profita de l'intervention du tsar Alexandre auprès de Guillaume I^er et obtint l'entrevue de Ferrières

(19 septembre) ; avec l'opinion publique, il croyait que l'adversaire ne continuerait point la guerre contre un peuple libre.

Reprenant, pour partie, le mot de La Tour d'Auvergne, il décida de ne céder « ni un pouce de notre territoire, ni une pierre de nos forteresses ».

Mais, à Ferrières, les deux antagonistes n'étaient point de taille ; d'une part, Bismarck, grand et fort, les traits durs, énergiques, communs, n'inspirant aucune sympathie, mais dont la volonté dominait toute la physionomie et lui donnait son caractère ; dans son uniforme blanc, sur lequel se détachait la plaque de la croix de fer, il apparaissait bien comme le vainqueur inexorable.

En face de lui, Jules Favre, petit, chétif, portant, sur une figure expressive, le collier de barbe, cher alors aux avocats ; c'était un rhéteur sentimental, plein de l'idéologie républicaine, éloquent, passionné, sachant admirablement plaider une cause et se dépensant tout entier quand il s'agissait de celle de la France.

Le premier était positif, calme, sûr de soi ; le second impulsif, pressant, emporté ; ne parlant point le même langage, ils ne pouvaient finir par se comprendre.

Le roi de Prusse, malgré l'opposition de son ministre, ne réclamait alors que la remise préalable de Toul et Strasbourg avec leurs banlieues.

Jules Favre refusa ; la guerre continua.

L'avenir lui donna tort, car les conditions du traité de Francfort furent autrement rigoureuses pour nous ; mais qui songerait à le blâmer de s'être opposé à toute cession d'une parcelle de la terre française, avant une lutte décisive dont on pouvait escompter le succès et qui sauva plus que l'honneur national ?

Quant à l'appui de l'Europe conservatrice qu'espérait La Tour d'Auvergne, nous en connaissons maintenant la valeur : Ferrières fut tout ce qu'elle put faire en notre faveur.

Le dernier ministre des Affaires Etrangères de l'Empire eût-il été plus heureux ? Il est permis d'en douter ; bien que ne possédant pas toutes les illusions de Jules Favre, il eût difficilement accepté la perte de ces deux belles cités.

En admettant qu'il ait persévéré, lui aussi, dans ce patriotique entêtement, il faut reconnaître que leur commune erreur avait son excuse.

## XIV

## RETRAITE A ANGLIERS
## ET MORT DE LA TOUR D'AUVERGNE

Non loin de Loudun, sur la route conduisant
de Saumur à Limoges, s'élève, au milieu des marais
poitevins coupés, de ci, de là, par quelques bois
et terres labourables, un petit bourg d'aspect
agréable : c'est Angliers.

Ses environs sont riches en souvenirs historiques ; à peu de distance de la localité, on
aperçoit la métairie fortifiée du Cloudé dont, au
XV<sup>e</sup> siècle, les larges murs soutinrent l'assaut des
Anglais fort occupés, par ailleurs, à dévaster et
rançonner la contrée ; le château, construit vers
1680 par René Laurent, « maistre architèque »,
appartenait, à la Révolution, au sire de la Tullaie,
conseiller au Parlement de Bretagne ; par les
Bertrand, il passa dans la famille Montault des
Iles ; une cour d'honneur flanquée, de part et
d'autre, par de vastes dépendances, donne accès
au corps de logis principal que domine un dôme
central de forme élégante ; les collections artis-
tiques réunies en cette demeure étaient célèbres
dans tout le Poitou.

C'est là qu'au lendemain du 4 septembre, La

Tour d'Auvergne, malade, découragé, se retira en compagnie de sa mère et de son fils.

Il y vécut isolé, au milieu d'une population qui lui demeurait fidèle, heureux d'éviter le contact des hordes germaniques; « Godefroy, écrivait-il, à cette époque, à son ami de Senévrier, travaille bien ; il se distrait en montant à cheval et en faisant l'exercice comme volontaire dans la garde nationale sédentaire... pour ce qui est de moi, je lis beaucoup et j'écris un peu. C'est ainsi que s'écoule notre vie, dans l'espérance de temps meilleurs. »

Parfois, des nouvelles lui parvenaient de Magdebourg où son frère cadet, fait prisonnier à Sedan, avec l'Empereur, avait été emmené en captivité et se remettait lentement de blessures reçues à l'ennemi : « Il va bien, au moral, mandait-il au même correspondant, mais il n'est pas moins triste que nous de tout ce qui se passe... »

Les malheurs de la Patrie l'affectaient profondément ; il ne pouvait supporter qu'en sa présence, son fils, qui touchait le piano avec beaucoup d'art, se livrât à son passe-temps favori ; la musique troublait ses douloureuses méditations et il n'admettait pas qu'on parût se divertir lorsque la France souffrait tant...

Les derniers mois de son existence furent attristés par d'atroces souffrances supportées avec stoïcisme.

Sentant sa fin prochaine, le prince de La Tour d'Auvergne rédigea ses dernières volontés : « J'espère, écrivit-il sur son testament, que mon fils fera un sage et noble usage de sa fortune ;

qu'il sera bon et généreux et qu'il saura, dans toute circonstance de sa vie, se montrer digne de son nom. La pensée que cet appel que je fais ici à son cœur sera entendu de lui, est une douce consolation pour moi en quittant la vie... »

Sur son lit de douleur, il connut les conditions rigoureuses imposées aux vaincus par le roi de Prusse et protesta encore qu'il aurait pu en obtenir de plus douces, si la révolution du 4 septembre ne s'était produite.

Le 5 juin 1871, il s'éteignit, à l'âge de 47 ans et 8 mois, entre les bras de sa mère, après avoir répété à son fils : « Souviens-toi que je n'ai jamais menti ! »

Ses funérailles furent simples ; Chaudordy vint rendre un suprême hommage à son chef vénéré ; Bourbeau, ancien ministre, comme le défunt, du cabinet Forcade, s'exprima en ces termes : « Les passions politiques l'ont toujours épargné ; il est une vertu que chacun respecte, admire et loue : c'est l'honnêteté ; elle resplendissait dans son langage, dans ses actes, dans sa vie tout entière et désarmait les inimitiés » ; à la séance du conseil général de la Vienne du 23 octobre suivant, le doyen d'âge de l'assemblée et le préfet célébrèrent les mérites de « l'homme éminent, dont la représentation locale du Poitou gardera, avec une juste fierté, le souvenir ».

Depuis lors, le silence s'est fait sur le dernier ministre des Affaires Etrangères de l'Empire...

# CONCLUSION

Dans l'immense cour de la citadelle d'Arras construite par Vauban, s'élève une chapelle, aujourd'hui désaffectée ; sur sa façade, d'une architecture du XVIIIe siècle, sont sculptés les médaillons de Louis XIV et de Napoléon III ; le premier est intact, mais le second a été mutilé par le peuple, le 4 septembre 1870.

Si le sort de ces images fut différent, par contre les règnes des souverains qu'elles représentent eurent certains points de similitude ; tous deux connurent des débuts heureux ; la victoire les combla de faveurs ; leur autocratie ne se discutait pas car elle paraissait servir les véritables intérêts du pays ; vinrent les années mauvaises, l'opinion publique, longtemps contenue, sortit de sa léthargie pour maudire ses maîtres ; la monarchie de droit divin puisa alors, en elle-même, une force suffisante pour survivre aux défaites et tenter de les réparer ; au contraire, l'empire, né d'un coup d'état, succomba le jour où la fortune l'abandonna.

Après avoir longtemps médité l'exemple de Louis-Philippe qui perdit sa couronne pour s'être opposé au mouvement d'émancipation démocratique, Napoléon III voulut faire mieux ; il reprit à son compte la théorie des nationalités.

La Révolution française avait proclamé, avec Condorcet, que chaque peuple peut seul se donner des lois ; pour elle, aucune intervention étrangère dans les affaires intérieures d'un pays n'était légitime ; à la suite de nos victoires, cette règle primordiale fut quelque peu perdue de vue ; on y revint quand le sort des armes nous fut contraire ; Napoléon I<sup>er</sup>, assagi par le malheur, en fit le thème de plusieurs entretiens à Ste Hélène ; puis, l'école libérale, désireuse de doter la France d'un autre idéal que la guerre de conquête, décréta, à son tour, le droit des peuples de disposer d'eux-mêmes.

Béranger, Lamennais, Armand Carrel furent au nombre des premiers apôtres de la théorie nouvelle ; le prisonnier de Ham s'y rallia, pendant sa longue détention ; aussi, lorsque les républicains arrivèrent au pouvoir, en 1848, en firent-ils la base de leur diplomatie ; Lamartine s'en inspira dans son manifeste aux puissances étrangères ; il y déclara que le nouveau régime ne ferait, chez ses voisins, aucune propagande par respect pour les nationalités.

Ainsi, nous répudiions, à la fois, la conception du droit divin, chère à l'ancienne monarchie, la doctrine de Pitt qui admettait les interventions armées pour éviter la contagion des actes subversifs et même la politique d'équilibre pratiquée, jusque là, par tous les cabinets européens.

Parvenu au pouvoir, Louis-Napoléon Bonaparte chercha à concilier ses opinions antérieures avec les nécessités du gouvernement; c'était chose difficile car, dans le domaine des faits, l'occupation de Rome venait démentir la théorie des nationalités; les républicains le lui reprochèrent amèrement.

Lorsque la proclamation de l'Empire eût couronné ses vœux, le nouveau souverain ne comprit pas qu'outre-Rhin, on se faisait de ce même principe une arme contre lui ; on s'y essayait non pas à doter les peuples du droit de disposer d'eux-mêmes, mais à réunir sous une même autorité, au besoin par la force, tous ceux qui possédaient des affinités ethniques ou linguistiques.

Il serait cependant erroné de croire que Napoléon III fut un cerveau médiocre; le partisan qui réussit le coup d'état du 2 décembre, l'initiateur des campagnes de Crimée et d'Italie ne marchait pas constamment la tête perdue dans les nuages ; il savait ce qu'il voulait, où il allait ; ne tombons donc pas dans le travers de ceux qui inscrivent les bonnes mesures à l'actif de ses ministres et le rendent personnellement responsable des mauvaises.

Ne voyons pas davantage en lui le généreux champion des peuples opprimés ; sans doute, l'Italie lui dut sa libération et, s'il avait pu suivre les mouvements de son cœur, il eût brisé les fers de la Pologne ; mais ses interventions étaient rarement désintéressées ; dès son avènement, il crut avoir reçu la mission providentielle de rendre à la France ses limites de 1814, ou même de 1795 et, pour pouvoir les revendiquer un jour, il mit le principe des nationalités en harmonie avec la théorie des frontières naturelles ; par l'annexion de Nice et de la Savoie, fut remplie la première partie de sa tâche ; restait la seconde, la plus délicate : obtenir la rive gauche du Rhin.

Cette pensée le tourmenta constamment ; elle obséda l'impératrice ; lorsqu'on relit la lettre de Metternich à Rechberg du 22 février 1863, citée en tête de cet ouvrage, on saisit la pensée dominante, l'objet des incessantes méditations des souverains : les traités de 1815 ne seront vraiment caducs, le nouvel empereur n'aura réparé les défaites du grand ancêtre que le jour où le drapeau tricolore flottera sur les vieilles cités romanes du Rhin, la forteresse de Luxembourg, les forêts des Ardennes, les plaines wallonnes et les côtes flamandes.

Les hésitations commencèrent quand il s'agit d'envisager les moyens propres à atteindre ce but.

Les campagnes de Crimée et d'Italie nous avaient coûté trop d'hommes et d'argent ; l'empe.eur, prématurément vieilli par les excès d'une trop amoureuse nature, voulut éviter les hasards d'une guerre qui serait impopulaire ; il procèdera désormais par étapes d'autant plus longues qu'il s'agira d'annexer des populations de langue et de traditions germaniques ; mais voici que se dévoile un adversaire dont il n'est plus à la taille et qui, au nom du même principe des nationalités, s'oppose à toute immixtion étrangère dans les affaires de l'Allemagne.

La France n'obtiendra-t-elle pas, du moins, quelques compensations ? A différentes reprises, on peut le croire ; c'est, par exemple, lorsqu'en

1866, le prince Napoléon revient de Berlin avec la promesse verbale qu'on nous laissera les mains libres sur l'Escaut, ou quand sont signées les conventions relatives à l'exploitation des chemins de fer belges.

L'illusion dure peu ; les cartes s'abattent ; le complice de la veille apparait maintenant comme un ennemi redoutable dont le « jeu foudroyant » déconcerte le souverain.

* * *

A défaut du parfait équilibre des facultés que, vers la fin de son règne, Napoléon III ne possède plus, compte-t-il, au moins, parmi ses ministres, des auxiliaires doués des qualités qui lui manquent ? Non, car l'Empire a été un grand consommateur d'hommes : Morny, excellent tacticien qui se révéla l'intelligence du régime, n'est plus ; Walewski, triomphateur du congrès de Paris, dont Cavour redoutait la perspicacité, Thouvenel acquis, par contre, à la cause italienne, ont disparu ; Drouyn de Lhuys, homme d'état d'une droiture éprouvée, est écarté du pouvoir ; il médite sur l'échec de son système des compensations ; Moustiers achève, dans la maladie, un ministère sans éclat ; Ollivier est un idéologue, plus disert qu'habile ; Lavalette se laisse souvent dominer par l'orgueil ; Rouher, avocat de l'autocratie, a perdu toute influence sur les masses ; Daru cache, sous une extrême courtoisie, son inexpérience en matière diplomatique ; quant à La Tour d'Auvergne, il est plus apte à retenir son maître qu'à l'entraîner vers de grandes entreprises.

Les agents formés à l'école de Desages ont du tact, de la tenue, de la finesse même, un style clair, une excellente méthode de travail, une irréprochable conscience ; mais ils manquent, d'ordinaire, d'initiative ; Benedetti apparait comme le prototype de ces diplomates qu'on eût préféré voir dans les postes sédentaires de l'administration centrale.

Les noms de leurs émules, à l'étranger, se sont bien souvent rencontrés sous ma plume : Cavour, Bismarck, Antonelli.

Les deux premiers n'ont point leurs pairs, en France ; La Tour d'Auvergne qui poursuivit maintes négociations avec eux, ne possédait ni l'esprit réaliste du premier, ni la force de volonté et l'absence de scrupules du second ; il avait, par contre, bien des points de ressemblance avec le troisième : intelligence toute en nuances, distinction des manières, amour du faste ; les relations avec lui, comme avec le cardinal, sont aussi sûres qu'agréables car jamais ces galants hommes ne renièrent une parole donnée ; mais leurs qualités étaient négatives ; l'un et l'autre cherchaient à durer, en contournant les obstacles, non à les vaincre ; l'action leur répugnait également car nul n'appréciait plus qu'eux la douceur de vivre ; leur politique devait avoir le même aboutissement : l'un vit la fin du pouvoir temporel du pape, l'autre Sedan et la débâcle de l'Empire.

L'histoire a retenu les noms de Cavour et de Bismarck ; elle a oublié les deux autres.

A côté de l'empereur, de ses serviteurs que n'illumine aucune étincelle de génie, on trouve encore l'impératrice, fière compagne cherchant à cacher au public la déchéance physique et l'affaiblissement intellectuel du souverain ; son influence ne s'est pas toujours exercée dans un sens défavorable aux intérêts du pays et M. Paléologue, après avoir fait justice de certaines légendes tenaces, lui a restitué sa véritable physionomie ; après Sadowa, elle tint le langage de la raison, sans parvenir à se faire entendre et la guerre de 1870 ne fut point son œuvre unique ; mais son secret n'était qu'utopie ; ses affinités espagnoles et catholiques nous valurent l'expédition du Mexique et la défense du pouvoir temporel des papes, les deux principales fautes du règne ; enfin, au moment du péril, elle ne sut pas faire abstraction de ses préférences personnelles.

Reste le prince Napoléon, l'un des esprits les plus brillants du siècle, si l'on en croit Renan ; il avait sur son cousin l'avantage de jouer franchement les mauvais garçons ; son caractère sarcastique s'exerça souvent au détriment du régime auquel il devait sa situation ; mais ses conseils ne manquaient, d'ordinaire, ni d'intelligence, ni d'opportunité ; si, malgré ses défauts évidents — jalousie envers le pouvoir, parti pris contre les catholiques, absence de continuité dans les vues —, on avait fait plus souvent appel à lui, il eût puissamment aidé à réaliser l'alliance italienne.

* * *

Pour compléter la conquête des frontières naturelles de la France, deux politiques s'offraient à l'heureux vainqueur de Solférino ; il pouvait continuer de gouverner par la dictature, avec l'appui des éléments conservateurs, accaparer à son profit la force morale qu'est le pape et s'appuyer, à l'extérieur, sur l'alliance autrichienne; ce parti avait la faveur de l'impératrice ; Drouyn de Lhuys, Walewski, La Tour d'Auvergne en eussent été les bons serviteurs ; après bien des contradictions, des hésitations, on y revint, à la suite de nos premières défaites, quand il était trop tard pour sauver le régime.

Napoléon III pouvait encore se rallier franchement au principe des nationalités et favoriser la marche vers l'unité des jeunes nations, avides d'indépendance ; pour atteindre ce but, il devait prévoir et encourager leurs aspirations légitimes, rejeter toutes les conceptions batardes, telles que l'Italie érigée en royaume sans Rome, ou l'Allemagne reconstituée sous l'ingérence, même partielle, de l'Autriche ; cette politique généreuse aurait l'appui de l'Angleterre et des peuples intéressés ; elle serait approuvée en France par les anciens républicains ralliés à l'Empire et par les libéraux ; le prince Napoléon et ses amis lui apporteraient leur concours.

Il fallait choisir ; l'empereur ne sut point s'y résoudre ; il n'osa ni mécontenter les carbonari, par crainte d'un attentat contre sa personne, ni abandonner les catholiques dont l'appui l'avait porté au trône ; il subit les influences divergentes de son entourage ; la maladie, l'absence de conseillers éclairés, la dualité de sa politique, la marche des événements qui parfois le dépassaient, aboutirent à de singulières incohérences.

Suivant qu'un groupe ou l'autre avait la faveur des Tuileries, on se rapprochait ou l'on s'éloignait de certaines puissances ; à ce jeu de balance, nous perdîmes bien des sympathies; nos avances paraissaient toujours suspectes, notre assistance intéressée ; on se demandait ce que cachaient d'intrigues nos propositions et quelle en serait la durée ; bientôt, c'en fut fait de notre crédit à l'étranger et nous abordâmes, dans un complet isolement, la crise où sombra l'Empire.

Cet écueil, la troisième République l'évita ; elle put ainsi s'entourer de solides amitiés qui, au jour de l'agression allemande, ne l'abandonnèrent pas.

Ceci restera à l'honneur de sa diplomatie.

## SOURCES

## I. — SOURCES MANUSCRITES.

J'ai consulté, pour composer cet ouvrage, de nombreux documents inédits.

Le lecteur pourra, cependant, s'étonner de n'y voir figurer aucune référence relative aux archives du Vatican ; il n'était pas dans mes intentions de négliger cette source d'informations ; Mgr Bonnard voulut bien demander, en mon nom, l'entrée de ce dépôt ; malheureusement, il lui fut répondu par le bibliothécaire, notre compatriote Mgr Tisserand, que les pièces relatives à la période postérieure au règne de Grégoire XVI n'étaient pas communiquées au public.

Il m'a été facile de combler cette lacune ; à Rome, comme ailleurs, les affaires diplomatiques étaient le plus souvent traitées verbalement par nos ambassadeurs ; parfois, ceux-ci laissaient entre les mains du secrétaire d'état une note précisant l'objet de leur visite ; si ces aide-mémoire n'ont pu être compulsés par moi, j'ai eu connaissance, au Quai d'Orsay, des rapports infiniment plus complets adressés par nos représentants au ministère des Affaires Etrangères et des instructions que celui-ci leur faisait parvenir ; ainsi, j'ai pu reconstituer, dans leurs différentes phases, les missions qui m'intéressaient.

Sur chaque événement important, j'ai recueilli, en outre, l'opinion des agents accrédités par les autres puissances.

## 1° **Archives du Ministère des Affaires Etrangères.**

J'ai demandé, d'abord, communication des documents ayant trait à la carrière diplomatique du prince de La Tour d'Auvergne.

Dans la correspondance politique de nos représentants, j'étudiai successivement sa première mission à Rome, en décembre 1845 ([1]), son œuvre à la conférence de Gaëte (novembre 1848) ([2]), sa collaboration avec M. de Corcelles et le général Oudinot ([3]), son rôle comme secrétaire d'ambassade à Rome (1850-1854) ([4]) ; je le retrouvai ensuite ministre plénipotentiaire à Weimar (1854-1855) ([5]), à Florence (1855-1857) ([6]), à Turin (1857-1859) ([7]), à Berlin (1859-1862) ([8]), puis ambassadeur de France à Rome (1862-1863) ([9]), à Londres (1863-1869) ([10]) et à Vienne (1870) ([11]).

Le prince de La Tour d'Auvergne devint, à deux reprises, ministre des Affaires Etrangères, d'abord dans le cabinet dont Forcade La Roquette fut, de juillet 1869 à janvier 1870, la personnalité dominante ; j'ai parcouru la correspondance échangée, alors, entre le département et nos principaux agents, ceux, notamment, de Berlin ([12]), Londres ([13]) et Rome ([14]) ; dans

---

([1]) Arch. Etr. Cor. pol. Rome 986. — ([2]) Rome 988. — ([3]) Rome 991, 992, 993. — ([4]) Rome 993 et s. — ([5]) Saxe 7. — ([6]) Toscane 192, 193, 194. — ([7]) Turin 343. — ([8]) Berlin 335. — ([9]) Rome 1022, 1023. — ([10]) Londres 727, 748. — ([11]) Vienne 503. — ([12]) Berlin 375-376. — ([13]) Londres 749-750. — ([14]) Rome 1044-1047.

cette dernière ville, allait s'ouvrir le concile œcuménique du Vatican ; il faut lire, à ce sujet, les communisations adressées par Banneville et Lefebvre de Béhaine aux chefs successifs du département, La Tour d'Auvergne, Daru, Ollivier et Gramont, ainsi que les curieux rapports transmis au chancelier de Beust par le comte de Trauttmansdorf, ambassadeur d'Autriche-Hongrie auprès du St Siège.

Sur le voyage de l'impératrice Eugénie en Egypte et l'inauguration du canal de Suez, qui eut lieu à la même époque, j'ai consulté les relations qu'a laissées de ces événements M. Tricou, consul de France à Alexandrie. ([1])

Comme ministre des Affaires Etrangères dans le cabinet Palikao (9 août-4 septembre 1870), La Tour d'Auvergne entretint une correspondance relative à l'entrée de l'Italie et de l'Autriche dans la guerre, avec nos agents à St Pétersbourg ([2]), Florence ([3]), Londres ([4]) et Vienne ([5]) ; je l'ai dépouillée.

Ces recherches m'ont été grandement facilitées par l'extrême obligeance de M. Espinas, archiviste au ministère des Affaires Etrangères.

## 2° Archives de la famille de La Tour d'Auvergne.

Les nombreux documents recueillis à cette source se distinguent suivant qu'ils sont réunis en volumes ou en liasses.

---

([1]) Egypte 46. — ([2]) St-Petersbourg 244. — ([3]) Florence 379. — ([4]) Londres 753. — ([5]) Vienne 503.

## A. — VOLUMES.

Les quatre registres sur lesquels sont transcrites les dépêches et correspondances diplomatiques de La Tour d'Auvergne, pendant sa mission à Turin (1857-1859), portent la marque Karl Kühn et Söhne, de Berlin ; c'est donc dans cette ville que ces documents ont été recopiés.

Le tome I (1857-1858) contient 95 dépêches échangées entre La Tour d'Auvergne et Walewski, le tome II (1858-1859) 137 autres des mêmes personnages ; dans le tome III (1859-1860), on trouve 81 dépêches et télégrammes officiels auxquels font suite la copie des lettres particulières et confidentielles qu'ils s'adressèrent de 1857 à 1860 (43 missives de La Tour d'Auvergne à Walewski et 26 du second au premier) et le texte de la lettre autographe de Napoléon III à Victor-Emmanuel du 20 octobre 1859 ; le tome IV renferme la suite de la correspondance privée de La Tour d'Auvergne et de Walewski, plus 19 lettres de Cavour avec, en annexe, la copie de l'ultimatum autrichien du 19 avril 1859, deux lettres de Salmour, son secrétaire, une du général Frossard, du 23 avril 1859, puis des pièces et mémoires divers relatifs à la campagne d'Italie, à la neutralité du pape, etc.... (communications de Cavour, de Pallavicino et d'autres hommes d'état italiens).

Trois volumes sont consacrés à la mission de Berlin ; le tome I (1860) contient 70 dépêches et lettres particulières composant la correspondance officielle de La Tour d'Auvergne avec Thouvenel ; la suite s'en trouve au tome II (1860-1861) dans 137 communications, puis au tome III (1861-1862) dans 262 autres, dont une lettre confidentielle du 15 septembre 1862 de l'ambassadeur à son ami Baude, sur la reconnaissance du royaume d'Italie.

Enfin, un dernier volume se rapporte à la mission de Rome (1862-1863) ; 60 dépêches et lettres particulières, non numérotées, y ont été réunies.

## B. — LIASSES.

### a) Documents diplomatiques.

La correspondance de La Tour d'Auvergne avec Thouvenel contient trois lettres curieuses de ce dernier relatives aux prétentions de la Suisse sur la Savoie (1860) ; celle échangée avec Drouyn de Lhuys comprend les brouillons de 20 dépêches en 1863, de 205 en 1864, de 203 en 1865 ; la plupart sont de la main du diplomate ; de nombreuses ratures témoignent du travail fourni pour donner à sa pensée une forme définitive.

En 1866, La Tour d'Auvergne a échangé 211 dépêches avec Drouyn de Lhuys et le marquis de Moustiers, en 1867, 249 avec ce dernier seul, en · 1868, 302 avec Moustiers et Lavalette, en 1869, 184 avec celui-ci ; notons, enfin, un rapport de La Tour d'Auvergne au ministre des Affaires Étrangères sur la situation de Rome en 1853.

Les vérifications que j'ai effectuées dans la correspondance politique de nos agents permettent de croire que ces documents ont bien été expédiés et reçus dans la forme que revêtent les brouillons et les copies conservés aux archives de la famille de La Tour d'Auvergne.

b) Correspondance privée.

Plusieurs centaines de lettres écrites par le prince, entre 1853 et 1870, à différents membres de sa famille, ont été dépouillées par moi ; elles contiennent d'intéressants renseignements sur les événements diplomatiques, politiques et militaires.

Vingt-six missives, qu'il adressa à son ami Charles de Senévrier, de 1856 à 1871, nous documentent sur certains incidents survenus à Florence, Turin, Berlin et Londres.

La collection dite des autographes des hommes du siècle comprend des correspondances du prince Joseph-Napoléon Bonaparte, des maréchaux de St Arnaud, Vaillant et Canrobert, des généraux Oudinot et Bedeau, du comte de Durkheim, du marquis de Moustiers, des ducs de Bassano et d'Harcourt, de Granville, Clarendon, Palmerston,

Stanley, Russel, Richard Wallace, Metternich, Witzthum, de Guizot, Persigny, Drouyn de Lhuys, Gramont, Lavalette, Viel-Castel, Dupin, Isabey, Lachaud, de Mgr Lavigerie, etc.... Deux lettres du prince de Galles, le futur Edouard VII, ont trait, l'une à la paix de 1866, l'autre à l'exposition universelle qui eut lieu, à Paris, l'année suivante.

Quinze lettres d'Elise Veuillot et une de son frère Louis à la princesse Laure de La Tour d'Auvergne nous dévoilent, une fois de plus, leur caractère.

J'ai également découvert, dans ce fonds si riche, un certain nombre de communications personnelles de nos représentants à l'étranger ; deux émanent de Benedetti, cinq du général Fleury, etc.

Une collection de télégrammes chiffrés de Napoléon III et les brouillons des réponses de La Tour d'Auvergne concernent l'entrée de ce dernier dans le ministère, en juillet 1869.

Je citerai, enfin, parmi les documents d'intérêt secondaire, le texte d'un discours, préparé par La Tour d'Auvergne pour le Corps législatif, le 3 décembre 1869, la correspondance échangée, par lui, avec le préfet de la Vienne et le sous-préfet de Civray, à l'occasion de son élection au Conseil général, un grand nombre de pièces iconographiques, etc....

### 3° **Archives d'Etat, à Vienne.**

Ce dépôt m'a fourni des documents de trois ordres :

a) la dépêche envoyée, le 22 février 1863, par Metternich, ambassadeur d'Autriche-Hongrie à Paris, au chancelier de Rechberg-Rothenlowen pour lui raconter l'entretien qu'il a eu, la veille, avec l'impératrice Eugénie ; tous deux ont parcouru la carte d'Europe, remaniée selon les vues de la souveraine qui, en nul endroit, n'apparaissent en aussi vive lumière (Dossier France, rapports, 1863) ;

b) la correspondance adressée, du 15 juillet au 4 septembre 1870, par Metternich au Ballplatz ; l'œuvre diplomatique de La Tour d'Auvergne, pendant sa mission à Vienne et son second ministère, s'y trouve exposée et commentée (Dossier France, rapports, 1870) ;

c) les dépêches expédiées, à la même époque, par le Ballplatz à l'ambassadeur de l'empereur François-Joseph à Paris ; on y suit le développement de la pensée du gouvernement austro-hongrois relativement à la participation éventuelle de la double monarchie à la guerre (Dossier France, Expéditions, 1870).

Mon étude a été facilitée par le gracieux concours que m'a apporté M. André Leval, correspondant du journal Le Temps à Vienne.

### 4° **Archives d'Etat de Turin.**

Au cours de mes investigations dans ce dépôt, j'ai découvert trois lettres de La Tour d'Auvergne à Cavour ; la première, de simple courtoisie, porte la date du 22 septembre 1857 ; dans la seconde, du 22 octobre 1857, une politique prudente est recommandée à l'Italie, en Orient ; la dernière est la plus intéressante ; écrite après Magenta, elle est relative à l'entrée du roi à Milan ; le diplomate s'y associe à la joie des populations qui reçoivent leur « libérateur ».

Je dois à M. le professeur Luzio, l'accueillant conservateur de ces archives, de sincères remercîments.

### 5° **Musée Napoléonien, à Rome.**

Ce musée, installé dans le palais Primoli, contient de riches souvenirs de la famille impériale : portraits, mobilier provenant pour partie de la demeure de la princesse Mathilde à St Gratien, lettres, manuscrits, etc....

J'ai pris connaissance, en cet endroit, de la correspondance adressée, en 1859 et 1861, par Victor-Emmanuel II à cette dernière, pour lui demander son appui.

Le conservateur du musée, M. Diégo Angeli, m'y fut le guide le plus averti ; ma gratitude lui est acquise.

### 6° **Musée et Bibliothèque du Risorgimento, à Rome.**

C'est dans les importantes collections conservées dans ce dépôt, que j'ai étudié la physionomie de la plupart de mes personnages : Victor-Emmanuel II, dont le portrait, peint en 1860, par Cesare Coghetti, est si expressif, Léopold II de

Toscane auquel Bonaiuti consacre une belle gravure sur bois, Pie IX, Cavour, Antonelli, Ricasoli, Pallavicino, etc....

Cette documentation iconographique a été aimablement mise à ma disposition par M. le professeur Menghini.

## II. — SOURCES IMPRIMEES.

Pour comprendre cette existence, c'est toute l'histoire du second Empire qu'il faut évoquer ; publier ici la nomenclature des lectures que j'ai faites serait fastidieux ; les ouvrages consultés peuvent se diviser en deux catégories suivant que j'y ai relevé des opinions susceptibles d'être discutées, ou des éléments de documentation.

a) Je citerai, parmi les premiers, « l'Histoire du second Empire » par Pierre de la Gorce, « l'Histoire diplomatique de la guerre franco-allemande » par Albert Sorel, « Un grand réaliste, Cavour » par M. Paléologue, « l'Histoire des rapports de l'Eglise et de l'Etat en France » par Debidour, le « Manuel historique de politique étrangère » de E. Bourgeois, « l'Empire libéral » et « le Concile du Vatican » par Emile Ollivier, « Un ministère de la guerre de 24 jours » par le général Cousin Montauban, comte de Palikao, « L'Influence de la Russie et de l'Italie dans la formation de l'unité allemande » par de Guichen, les « Souvenirs diplomatiques » de Rothan, etc.

b) La seconde catégorie d'ouvrages comprend, en particulier, les mémoires de Beust, Bismarck,

Hubner, Hohenlohe, de la princesse de Metternich, de Circourt, Drouyn de Lhuys, Mgr de
Ségur, Grisalli, Beyens, de Broglie, les papiers du
général Fleury, le « Secret de l'Empereur » par
Thouvenel, le « Journal d'un diplomate » par
Henri d'Ideville, les « Ricordi diplomatici » de
Nigra, la « Further correspondance », « l'Enquête
parlementaire sur le gouvernement de la Défense
Nationale », de septembre 1871, les « Papiers
secrets et la Correspondance du second Empire »,
les « Origines diplomatiques de la guerre de
1870 (tome I à XIX inclus), etc....

## III. — LE CADRE.

Je me suis efforcé de replacer le prince de La
Tour d'Auvergne dans le milieu  où il a vécu ;
pour cela, j'ai tenu à visiter les lieux où se déroula
sa courte existence et à consulter les principaux
ouvrages qu'on leur a consacrés ;  à Paris, j'ai
retrouvé sa maison natale, rue de l'Université ;
le village d'Etrun, dans lequel s'écoula sa première
enfance, m'était aussi familier qu'à lui-même ; je
connaissais, de longue date, Weimar, où il débuta
comme ministre plénipotentiaire, Berlin, témoin
des avances que lui fit Bismarck, Londres, qui
n'a pas complètement perdu son souvenir puisque,
dans un club de cette ville,  on conserve une
curieuse caricature de ses traits, Vienne enfin,
terme de sa carrière diplomatique ; j'ai revu Rome,
dont il suivit les deux sièges, avec notre armée ;

l'étude de mon sujet me conduisit encore à Florence où il eut de douces joies et un grand chagrin, à Turin qui garde pieusement le petit cabinet où il se rencontrait avec Cavour.

Mon ami M. Colonna-Césari, consul général de France à Florence, fut, pour moi, le guide le plus averti, dans cette admirable cité ; je dois également des remercîments à M. de Fleuriau, qui représente notre pays à Londres, à M. Dayet, secrétaire à l'ambassade de France à Berlin et à M. de St Félix, attaché à celle que nous entretenons près du St Siège.

Imprimerie Jos. VERMAUT, Paris & Courtrai.
(Imprimé en Belgique.)

八

# TABLE DES MATIÈRES

## VI

### TURIN



## VII

### BERLIN

## VIII

### ROME



## IX

### LONDRES

# XII

## VIENNE



# XIII

## LES FOSSOYEURS DE L'EMPIRE